脳科学からの
第二言語習得論

英語学習と教授法開発

大石晴美 Oishi Harumi 著

昭和堂

リスニング課題遂行時脳内活性状態 （課題提示20秒後画像：赤：血流状態、青：安静状態）

実験1

実験参加者	初級学習者	上級学習者
脳内部位	左脳（左図）と右脳（右図）	左脳（左図）と右脳（右図）
課題	準1級用	準1級用
光トポグラフィ画像	左脳言語野の血流増加が認められない	左脳ウェルニッケ野に血流増加
TOEFL	320点	580点
海外経験	無し	米国6ヵ月

実験2

実験参加者	中級学習者	上級学習者
脳内部位	左脳（左図）と前頭葉（右図）	左脳（左図）と前頭葉（右図）
課題	準1級用	準1級用
光トポグラフィ画像	左脳全体に血流増加	縁上回　角回／言語野に選択的に血流増加
TOEFL	453点	600点
海外経験	無し	米国6ヵ月

実験3

左脳

	初級学習者	中級学習者	上級学習者1	上級学習者2	母語話者
TOEFL	320点	457点	620点	623点	

上級学習者1：縁上回、角回、聴覚野、ウェルニッケ野

* 課題遂行時の光トポグラフィ画像：第6章−第9章　実験1-6（資料Ⅰ、Ⅱ参照）

リスニング課題遂行時脳内活性状態 (課題提示20秒後画像：赤：血流状態、青：安静状態)

	実験参加者	中級学習者	上級学習者
実験4	脳内部位	左脳	左脳
	課題	難課題（準1級用）と易課題（2級用）	難課題（準1級用）と易課題（2級用）
	光トポグラフィ画像	難課題遂行時 ／ 易課題遂行時 易課題の方が血流少ない	難課題遂行時（縁上回、角回）／ 易課題遂行時（縁上回） 聴覚野 ウェルニッケ野 易課題の方が血流少ない
	TOEFL	453点	600点
	海外経験	無し	米国6ヵ月
実験5	実験参加者	中級学習者	上級学習者（実験4と同じ）
	脳内部位	左脳	左脳
	課題	準1級用	準1級用
	光トポグラフィ画像	情報提示無 ／ 情報提示有 情報提示有の方が血流少ない	情報提示無 ／ 情報提示有 情報提示有の方が血流少ない
	TOEFL	453点	600点
	海外経験	無し	米国1年6ヵ月
実験6	実験参加者	初級学習者（実験1と同じ）	上級学習者（実験1と同じ）
	脳内部位	左脳	左脳
	課題	準1級用繰り返し提示	準1級用繰り返し提示
	光トポグラフィ画像	1回目提示 ／ 2回目提示 1回目と2回目変化なし	1回目提示 ／ 2回目提示 2回目の方が血流多い
	TOEFL	320点	580点
	海外経験	米国6ヵ月	無し

リーディング課題遂行時脳内活性状態 （課題提示20秒後画像：赤：血流状態、青：安静状態）

実験1	実験参加者	初級学習者	上級学習者
	脳内部位	左脳（左図）と右脳（右図）	左脳（左図）と右脳（右図）
	課題	準1級用	準1級用
	光トポグラフィ画像	左脳右脳とも全体的に血流増加	縁上回　角回／聴覚野　ウェルニッケ野／左脳言語野に血流増加
	TOEFL	320点	580点
	海外経験	無し	米国6ヵ月
実験2	実験参加者	中級学習者	上級学習者
	脳内部位	左脳（左図）と前頭葉（右図）	左脳（左図）と前頭葉（右図）
	課題	準1級用	準1級用
	光トポグラフィ画像	左脳全体に血流増加	左脳言語野に血流増加
	TOEFL	453点	600点
	海外経験	無し	米国6ヵ月

実験3　左脳

初級学習者	中級学習者	上級学習者1	上級学習者2	母語話者
TOEFL 320点	457点	620点	623点	

リーディング課題遂行時脳内活性状態 (課題提示20秒後画像：赤：血流状態、青：安静状態)

	実験参加者	中級学習者	上級学習者
実験4	脳内部位	左脳	左脳
	課題	難課題（準1級用）と易課題（2級用）	難課題（準1級用）と易課題（2級用）
	光トポグラフィ画像	難課題遂行時 / 易課題遂行時 易課題の方が血流少ない	難課題遂行時（縁上回、角回）/ 易課題遂行時 聴覚野 ウェルニッケ野 易課題の方が血流少ない
	TOEFL	453点	600点
	海外経験	無し	米国6ヵ月
実験5	実験参加者	中級学習者	上級学習者（実験4と同じ）
	脳内部位	左脳	左脳
	課題	準1級用	準1級用
	光トポグラフィ画像	情報提示無 / 情報提示有 情報提示有の方が血流少ない	情報提示無 / 情報提示有 情報提示有の方が血流少ない
	TOEFL	453点	600点
	海外経験	無し	米国1年6ヵ月
実験6	実験参加者	初級学習者（実験1と同じ）	上級学習者（実験1と同じ）
	脳内部位	左脳	左脳
	課題	準1級用繰り返し提示	準1級用繰り返し提示
	光トポグラフィ画像	1回目提示 / 2回目提示 2回目血流変化なし	1回目提示 / 2回目提示 2回目血流変化なし
	TOEFL	320点	580点
	海外経験	無し	米国6ヵ月

脳科学からの第二言語習得論
―― 英語学習と教授法開発 ――

目 次

口　絵

序　論 ……………………………………………………………… 1

第1章　ことばはどのように習得されるのか ……… 8

1.1　言語情報処理のしくみ …………………………… 8
 1.1.1　意識的処理と自動的処理 ……………………… 8
 1.1.2　無意識的に注意するには ……………………… 10

1.2　第二言語習得モデル ……………………………… 12
 1.2.1　ノン・インターフェイスの立場 ……………… 12
 1.2.2　インターフェイスの立場 ……………………… 17
 1.2.3　言語知識は変化する …………………………… 25

1.3　脳科学的解明の可能性 …………………………… 27

第2章　言語習得における注意の役割 ……………… 29

2.1　注意と気づきのメカニズム ……………………… 29
 2.1.1　意識的注意は気づきをおこす ………………… 29
 2.1.2　意識は注意を調整する ………………………… 32

2.2　選択的注意：学習におけるはたらき …………… 34
 2.2.1　選択的注意とは ………………………………… 34
 2.2.2　情報処理のための選択的注意 ………………… 35
 2.2.3　選択的注意は学習を促進させる ……………… 37
 2.2.4　選択的注意は知識を蓄積する ………………… 40
 2.2.5　効率的な選択的注意が学習を成功させる …… 42

2.3　選択的注意：脳と認知のメカニズム …………… 44
 2.3.1　脳の働き ………………………………………… 44

2.3.2　認知の働き ……………………………………… 45
　　　2.3.3　脳で支配 ………………………………………… 47
　2.4　意識と注意の測定方法 ………………………………… 49
　　　2.4.1　脳機能測定装置を使って ……………………… 49
　　　2.4.2　脳内メカニズム解明の重要性 ………………… 50
　2.5　脳科学的観測の展望
　　　　──最適脳活性状態の解明へ向けて── ………… 50

第3章　言語理解のメカニズム …………………… 52

　3.1　情報処理のしくみ ……………………………………… 52
　　　3.1.1　ボトムアップ処理 ……………………………… 52
　　　3.1.2　トップダウン処理 ……………………………… 54
　3.2　スキーマ理論 …………………………………………… 55
　　　3.2.1　スキーマとは …………………………………… 55
　　　3.2.2　スキーマは理解を促進する …………………… 56
　3.3　インタラクティブモデル ……………………………… 57
　　　3.3.1　相互作用は理解を促進する …………………… 57
　　　3.3.2　読みは認知行為 ………………………………… 58
　　　3.3.3　注意と読みのモデル …………………………… 60
　3.4　新しいボトムアップ処理理論 ………………………… 61
　　　3.4.1　ボトムアップ処理の自動化 …………………… 61
　3.5　Levelt のモデル ………………………………………… 62
　　　3.5.1　メンタルレキシコンと言語知識 ……………… 62
　　　3.5.2　聞くことと読むことの情報処理経路 ………… 63
　3.6　リーディングとリスニングのメカニズム …………… 64
　　　3.6.1　リーディングモデル …………………………… 64
　　　3.6.2　リスニングモデル ……………………………… 65
　　　3.6.3　第一言語のリスニングとリーディング ……… 66

3.6.4　第二言語のリスニングとリーディング ……………………… 68
3.7　言語能力とは ……………………………………………………… 70
　3.7.1　言語能力―言語知識として ………………………………… 70
　3.7.2　言語能力と脳のしくみ ………………………………………… 71
　3.7.3　言語能力のモジュール性仮説 ……………………………… 72
　3.7.4　言語能力と言語運用能力 …………………………………… 74
　3.7.5　PDP モデル …………………………………………………… 74
3.8　脳科学データの必要性
　　　――言語処理モデル検証のために―― ………………………… 75

第4章　言語とワーキングメモリ …………………………… 77

4.1　ワーキングメモリとは ………………………………………… 77
　4.1.1　人の記憶のしくみ ……………………………………………… 77
　4.1.2　ワーキングメモリの役割と容量 ……………………………… 78
4.2　二貯蔵庫モデル ………………………………………………… 79
　4.2.1　情報のフィルタリングとリハーサル ………………………… 79
　4.2.2　情報の処理と保持 …………………………………………… 80
4.3　ワーキングメモリと選択的注意 ……………………………… 81
　4.3.1　Baddeley のワーキングメモリ ……………………………… 81
　4.3.2　ワーキングメモリの概念 ……………………………………… 82
　4.3.3　言語のワーキングメモリ ……………………………………… 83
4.4　第一言語のワーキングメモリ ………………………………… 83
　4.4.1　Carpenter & Just のモデル ………………………………… 83
　4.4.2　ワーキングメモリの活性化 ………………………………… 84
4.5　第二言語のワーキングメモリ ………………………………… 85
　4.5.1　ワーキングメモリと学習者の記憶容量 …………………… 85
　4.5.2　ワーキングメモリと読解能力 ……………………………… 86

- 4.6 ワーキングメモリと脳 …………………………………………… 87
  - 4.6.1 ワーキングメモリの領域局在説 ………………………… 87
  - 4.6.2 ワーキングメモリの分散協調説 ………………………… 88
- 4.7 脳科学データの必要性
  ——ワーキングメモリモデル検証のために—— ……………… 89

第5章　言語と脳 …………………………………………………… 91

- 5.1 言語と脳の研究の歴史 ………………………………………… 91
  - 5.1.1 失語症患者から始まる ……………………………………… 91
  - 5.1.2 健常者を対象にした研究 …………………………………… 93
- 5.2 脳のしくみ ……………………………………………………… 94
  - 5.2.1 ブロードマンの脳図 ………………………………………… 94
  - 5.2.2 ことばと脳のモジュール性 ………………………………… 96
  - 5.2.3 認知と脳 ……………………………………………………… 97
- 5.3. 言語処理の脳 …………………………………………………… 99
  - 5.3.1 脳のネットワーク …………………………………………… 99
  - 5.3.2 脳のさまざまな情報処理経路 ……………………………… 101
- 5.4 第二言語と脳 …………………………………………………… 103
  - 5.4.1 第二言語は脳のどこで処理されるのか …………………… 103
  - 5.4.2 習熟度と脳の働き …………………………………………… 104
- 5.5 意識と脳 ………………………………………………………… 107
  - 5.5.1 意識は脳を活性化する ……………………………………… 107
  - 5.5.2 言語と意識と脳のモジュール性 …………………………… 108
- 5.6 最近の脳機能イメージング法 ………………………………… 109
  - 5.6.1 PET, fMRI, ERPとその研究 ……………………………… 109
  - 5.6.2 光トポグラフィによる研究 ………………………………… 112
- 5.7 脳機能イメージング法の応用
  ——言語理解メカニズムの解明に向けて—— ……………… 113

第6章　光トポグラフィで脳をみる……115

6.1　光トポグラフィ……116
6.1.1　光トポグラフィのしくみ……116
6.1.2　光トポグラフィの利点……118
6.1.3　光トポグラフィの限界……119
6.2　英語学習者の脳をしらべる……121
6.2.1　脳の自動化の可能性をさぐる……121
6.2.2　脳をしらべる6つの実験……121
6.3　光トポグラフィで英語学習脳をしらべる……126
6.3.1　パイロット実験……126
6.3.2　英語学習で脳血流増加……127
6.3.3　英語教育への応用の可能性……127
6.4　英語教育への応用
　　　──英語学習者の脳内メカニズム解明のために──……128

第7章　英語は脳のどこで学習されるのか……130

7.1　左脳優位説をたしかめる……130
7.1.1　左脳と右脳をみる（実験1）……130
7.1.2　左脳が優位か？……132
7.1.3　左脳と右脳を調べる方法……132
7.1.4　左脳が優位─英語力は分析能力……134
7.1.5　なぜ左脳優位か……137
7.1.6　学習環境が脳活性状態に影響……140
7.2　脳内は協調するか……142
7.2.1　左脳と前頭葉をみる（実験2）……142
7.2.2　前頭葉が優位か？……143
7.2.3　左脳と前頭葉をしらべる……144

7.2.4　前頭葉の活性が弱い ……………………………………… 145
　　　7.2.5　なぜ前頭葉の活性が弱いのか ……………………………… 147
　　　7.2.6　ワーキングメモリの低減と計測の限界 …………………… 150

第 8 章　英語学習者の最適脳活性状態 …………………152

8.1　英語処理脳は母語処理脳に近づくのか ……………………… 153
　　　8.1.1　最適脳活性状態とは（実験 3） …………………………… 153
　　　8.1.2　習熟度によって脳活性状態が違う？ ……………………… 153
　　　8.1.3　習熟度別に脳活性状態をしらべる ………………………… 154
　　　8.1.4　習熟度別脳活性パターン …………………………………… 155
　　　8.1.5　学習は脳を変える …………………………………………… 158
　　　8.1.6　最適脳活性状態へ導く可能性 ……………………………… 161

第 9 章　教授法開発で脳活性化 ……………………………163

9.1　課題の難易度は脳を変化させるか …………………………… 163
　　　9.1.1　むずかしさと脳の働き（実験 4） ………………………… 163
　　　9.1.2　課題の難易度で脳活性度は変化する？ …………………… 164
　　　9.1.3　課題の難易度を変えてしらべる …………………………… 164
　　　9.1.4　難易度による理解度と脳活性度変化 ……………………… 166
　　　9.1.5　適度な難易度が脳活性を促進 ……………………………… 169
9.2　脳科学によるスキーマ理論 …………………………………… 171
　　　9.2.1.　スキーマと脳の働き（実験 5） …………………………… 171
　　　9.2.2.　スキーマが脳を活性化する？ ……………………………… 173
　　　9.2.3　スキーマの有無で脳活性状態をしらべる ………………… 173
　　　9.2.4　スキーマ活性による理解度と脳活性度 …………………… 175
　　　9.2.5　スキーマは脳活性度を促進する …………………………… 181

9.3　繰り返しの脳 ……………………………………………… 182
9.3.1　繰り返しは効果があるか（実験6） ……………………… 182
9.3.2　課題の繰り返しは脳を自動化する？ ………………… 183
9.3.3　課題を2回繰り返して脳活性状態をしらべる ………… 184
9.3.4　2回の繰り返しでは自動化しない ……………………… 185
9.3.5　2回の繰り返しよりスキーマ活性が効果的 …………… 188

第10章　英語教育における今後の課題 ……………… 190

10.1　英語学習成功のカギ …………………………………… 190
10.2　教授法開発の展望 ……………………………………… 195

あとがき ……………………………………………………………… 198

参考資料 ……………………………………………………………… 201
　Ⅰ　実験用資料 ………………………………………………… 201
　Ⅱ　光トポグラフィについて ………………………………… 212
　Ⅲ　光トポグラフィと従来技術との比較 …………………… 215

参考文献 ……………………………………………………………… 217
索　引 ………………………………………………………………… 247

序　論

研究の位置づけ

　本書は、言語習得理論を脳科学の立場から論じたものである。最近の第二言語習得および外国語学習の分野での研究動向において、言語情報処理過程の研究は重要な位置を占めており、言語を処理するときの意識（consciousness）に焦点があてられ研究が進められてきた。1970年代から、第二言語の学習を重ねるにつれて言語処理は意識的処理から自動的（無意識的）処理に移行していくのかどうかということについて研究が始まり、現在なお、議論が分かれている。従来の研究では、認知的経験則から言語習得モデルが提唱されているが、本書では、これらモデルについて脳科学的立場から検証をする。

　Krashen (1977)では、言語を身につける方法をその環境によって「習得」と「学習」に明確に区別して説明している。母語のように自然の言語習得環境において「習得」された言語は、無意識的に処理される。しかし、教室内での人為的に設定された学習環境において「学習」された言語は、常に意識的に処理される。そして、「学習」によって得られた言語知識（learnt knowlege）が「習得」された言語知識（acquired knowledge）に変化することはないとしている。

　一方では、この区別を明確にせず「学習」によって身につけた言語知識においても、学習が進むと「習得」された知識に変化し、言語処理は、意識的処理から自動的処理に移行していくという立場が提唱されている。たとえば、McLaughlin et al. (1983)では、Attention-Processing Modelを構築し、学習者は、初級レベルでは、言語を意識的に処理をし、上級レベルになるにつれ自動的に処理をする状態になっていくとしている。また、Bialystok (1982)では、知識の操作性において、学習者自身の言語知識へのアクセスの容易さの度合いから、

アクセスが自動的になされている場合の「＋自動性」と自動的になされていない場合の「－自動性」に分け、初級者から上級者になるにつれ言語処理は「－自動性」から「＋自動性」に移行していくとしている。

Bialystok & Sharwood-Smith（1985）では、従来の理論的枠組みを修正、発展させ「知識」と「統制」という概念を使用して説明している。「知識」とは、言語の体系が学習者の内面で示される方法で、「統制」とは、知識から必要な情報を引きだす手続きのことである。手続き的処理には、知識を引き出す手続きそのものと、その遂行の能率性が含まれるとしている。

第二言語の学習過程中の学習者の言語を中間言語（interlanguage; Selinker, 1972）とよび、Tarone（1988）で、Bialystok & Sharwood-Smith（19985）の理論にさらに批判、修正を加え、学習者の知識は、どの習得段階でどの知識が使用されるかに統一性がないとする中間言語の「可変性（variability position）」（ゆらぎ説：大喜多，2000）を提唱し、学習者が言語情報に向ける注意の程度によって、使用される言語の知識が選択されるとしている。Hulstijin（1990）でも、学習者の習熟度にかかわらず、言語処理をしているときは、内面で絶えず知識の調整と再構成が繰り返されているとし、可変性を支持している。

言語情報に向ける「意識（consciousness）」の働きは、言語理解のために「気づき（noticing）」、「注意（attention）」を引き起こし、学習のインプットに大きな役割があるとされ、国内外でこれまで多くの研究がなされてきた。そのメカニズムは、言語に意識が向けられれば、「気づき」がおこり、それにより情報のインプットを促進し、インテイクがおこり、学習が促進される（Schmidt, 1990,1995; Robinson, 1995; Ellis, 1995; Muranoi, 2000）とされている。母語話者や言語の熟達者は、インプットからインテイクへの移行が、自動的に進んでいると考えることができる。

こうした第二言語習得モデルについての理論的枠組みは、学習者およびその指導者である観察者の主観的な認知的経験則から提唱されたもので、客観性に乏しいと指摘されてきた。近年、技術革新により、fMRI（機能的磁気共鳴画像法）、PET（陽電子放射断層法）、MEG（脳磁図）などの新しい脳機能イメージング法（画像法）が開発され、その技術が人間の内面的メカニズムの客

観的観察法として、脳神経学の分野だけでなく心理学、言語学の面でも脚光を浴びている。第二言語習得や外国語学習の分野でも、言語処理の自動化の研究において、脳機能イメージング法による調査が注目されている。たとえば、Segalowitz (2001) では、Raichle et al. (1994) および Fischler (1998) での言語処理の自動化と脳機能の関連性についての研究を紹介し、その研究の重要性を主張している。Tomlin & Villa (1994) においては、Posner & Petersen (1990) および Posner & Carr (1992) が、注意と脳血流の関連性を PET で明らかにしたとして、第二言語習得と注意の脳科学的研究の必要性を主張している。しかし、従来の外国語教育研究において、とくに、日本人英語学習者を対象にした言語処理過程と脳機能の研究においては、fMRI や PET が大型装置であり、騒音をともなうために研究が進んでいない。

　大型装置の制約を補うために、近年、光トポグラフィ装置（日立メディコ）がわが国で開発された。光トポグラフィとは、簡易的な脳機能計測装置である。そのしくみは、第6章で詳しく述べるが、大脳皮質の血流量変化をヘモグロビンの濃度により計測し、それを2次元的な画像に表す。課題に注意が向けられ神経活動が活発になると、その神経近傍の脳内局所の血行動態が変化する。つまり、脳内が活性化すると大脳皮質が活動し、活動に必要な酸素を供給するために酸素を運ぶ酸化ヘモグロビンの濃度が増すことが医学の分野で確認されており血液中のヘモグロビンの量により、大脳の活性状態が観測できる。

　従来神経学の分野では、言語の脳機能を測定する方法として、fMRI や PET などが使用されてきた。先にも軽く触れたが、これらの方法では、大がかりな実験設備が必要となり言語学習者のデータ採取には困難をともなう。一方、光トポグラフィでは、日常の環境下において、比較的簡易的に測定できるため、言語学習者の脳内メカニズムの解明に適している。しかし、これまでこの機器を使用した研究はたいへん少ない。本装置がわが国で開発されたこともあり、海外での研究蓄積はほとんど皆無であり、国内でも、まだ緒についたばかりである。とくに第二言語習得や外国語教育の分野では、大石 (2002a) が初めてである。

　本書では、日本人英語学習者を対象とし、光トポグラフィを使用して、これ

まで大型機器の制約などで取り組まれてこなかった英語のパラグラフリスニングとリーディングに焦点をあて言語処理のメカニズムを脳科学的に解明する。

本書の目的

　本書の目的は、日本人英語学習者の言語処理過程を脳科学的に解明することである。従来の第二言語習得モデルにおける注意の役割および言語処理の自動化についての研究は、認知学的視点からの主観的観測に留まっているため、現在、客観的な視点からの検討が求められている。そこで、本書では、光トポグラフィを用いて、英語学習者のリスニングとリーディング課題遂行中の脳内の活性状態を観測し、第二言語習得のメカニズムを脳科学の視点から客観的に解明することを目的とした。

　本書は、10章から構成されている。第1章から第5章は、言語習得に関する理論的枠組みを概観する。第6章から第9章は、近年開発された新しい脳機能測定装置である光トポグラフィを使用した実証研究を紹介し従来のモデルを検討する。具体的な方法論と光トポグラフィを使用することの意義、装置とデータ処理方法については第6章で触れている。第10章は、言語教育と脳科学における今後の課題を言及した。本書全体の流れと目的は次の通りである。

　前半の第1章から第5章では、言語情報処理理論における選択的注意の働きを言語処理の自動化の観点から概観し、従来の研究の問題点と今後の脳科学的研究の可能性を論じている。具体的には、第1章では、言語習得モデルにおける自動化についての研究、第2章では、言語習得過程における注意と意識に関する研究、第3章では、言語習得における選択的注意の働きについての研究、第4章では、言語とワーキングメモリについての研究、第5章では、言語と脳機能についての研究を取り扱っている。そして、従来の研究の問題点として、言語習得モデルが、指導者と学習者の認知的経験則から得られたものであるため、客観的観測によるデータを含めた総合的考察が必要であることを指摘している。さらに、近年の技術の進歩とともに飛躍的に進んできた脳研究の分野に踏み込み、第二言語、外国語学習者の言語処理過程における脳内メカニズムの

解明の必要性とその可能性について言及している。

　後半の第6章から第9章では、日本人英語学習者を対象に、英語のリスニングとリーディング課題遂行時における脳内の活性度を観測する実証研究の紹介と検討を行った。実験課題は大きく分けて三つある。第一番目は、英語を処理する脳内部位の推定、第二番目は、該当する脳内部位の最適活性状態の模索、第三番目は、中間言語の可変性を脳科学的に検証することである。

　第一番目の課題では、学習者は、脳内のどの部位で英語を処理しているのであろうかという疑問を解明すべくアプローチをする。第二言語処理時の左脳説、右脳説については、バイリンガルの失語症の研究に始まり長い間議論がなされてきている (Obler & Gjerlow, 1999)。母語を理解する場合には、左脳の言語野、いわゆる、ウェルニッケ野、ブローカ野、角回、縁上回とされ、近年は、これらの部位がモジュール構造をなし相互に関連しあいながら言語が処理されているという見解が強い (Homae et al, 2002)。しかし、第二言語を処理する際には、右脳で処理されるのか、左脳で処理されるのか議論が分かれている。その見解が異なる要因としては、習熟度、学習方法、学習開始年齢などがあげられている。

　第7章の実験1では、段階仮説 (the stage hypothesis)(「習熟度の高い学習者ほど左脳が活性化する。」)についての検証を行う。方法としては、日本人英語学習者の課題遂行時の左脳と右脳の活性度を比較する。同時に、学習の習熟度によって、脳内活性部位が異なるのかに注目した。第7章の実験2では、左脳と前頭葉を比較し、言語のモジュール性仮説の検証に導いた。もし、左脳の方が顕著に活性化されていれば、言語は、左脳の言語野でモジュール構造を為して処理されるという言語のモジュール性仮説が肯定されることになる。しかし、前頭葉が、左脳と同様の活性度および左脳より明確な活性度を示せば、認知活動である言語処理は、前頭葉、いわゆる、ワーキングメモリーが局在するとされる部位でのみ観測可能であると言える。これら実験1と2の結果から、日本人英語学習者である本実験参加者において英語を処理するときに最も活性化される部位を推定することができることになる。

　第二番目の課題については、第8章の実験3において、実験1と2で推定された言語野に焦点をあて、TOEFLの得点をもとにして分類した初級学習者、

中級学習者、上級学習者を対象に、光トポグラフィで計測した脳血流の増加量から言語野の脳活性度を観測する。同時に英語の母語話者の脳活性状態を自動的処理状態の例としてあげ、日本人英語学習者の脳活性状態を習熟度別に比較し、習熟度が高くなるにつれて、英語学習者の脳内での言語処理状態は、母語話者のように自動的処理状態に近づいていくのかどうかを検証する。

　第三番目の課題では、同一実験参加者に、教材の難易度や提示方法を変えて、脳活性状態の変化を測定する。第9章の実験4で、提示する課題の難易度を2つに分け、難易度の高い方の課題処理時より難易度の低い方の課題処理時の方が実験参加者の脳活性状態は自動的処理状態に近づくのかについて観測する。第9章の実験5で、課題遂行前に、内容に関する情報を与えない場合と与える場合の課題遂行中の脳血流量を比較する。これによって課題遂行前に情報を提供することの脳活性度に与える影響について観測する。つまり、スキーマ（背景知識）を活性化することによって、脳内での言語処理状態は自動的処理状態に近づくのかどうかについての検証をする。ただし、この結果は、課題を2回繰り返し提示をした繰り返しの効果も含む可能性を否定できないために、第9章の実験6では、実験5の補足実験として、単に課題を2回繰り返し提示する実験を実施する。そして、1回目と2回目の脳活性状態を比較し、繰り返しの効果の有意差を調査する。

　第10章では、本書の総まとめとして、第二言語習得、外国語学習過程においての言語処理の自動化、および選択的注意の働きを脳科学の面から考察し、残された問題点および今後の課題について議論する。

　脳血流量の解釈については、脳血流量が脳活性状態を計測することになるのかということが疑問として浮上するが、それについては、先行研究でいくつか報告されている。神経学の分野では、Fox et al. (1986) で、脳血流量はさまざまな自律神経の関与が考えられるが、現在のところ刺激負荷による脳の活動を調査する場合、脳血流量が高感度に脳内の変化を捉えうる、としている。人間の情報処理における注意研究の分野でも、Posner & Petersen (1990) では、注意および意識が脳内のどの部位で機能するのかという単一なモジュールは見られないが、注意と脳内機能の関わりはかなり高いとして、血流量と注意量に

は正の相関関係があるとしている。すなわち、血流量は、言語処理時の実験参加者の注意量、つまり、課題に対してどれだけ選択的に注意が向けられているのか、また、注意が無意識的に向けられているのか意識的に向けられているのかを判断する指標になると考えられる。

　脳血流のデータは言語処理メカニズムを判断することの一つの指標になるものの、実際のところ脳血流量のみでは、脳活性度と言語処理のメカニズムの関係を明確にすることは不十分である。脳内の血流状態の意味を裏付けするために、言語処理時の脳活性を引き起こすさまざまな要因との関連性を考慮に入れる必要がある。そのため、本書においては、脳科学的現象として捉えられる脳血流とメタ認知的現象として捉えられる学習者の英語力、理解度テスト、学習歴、使用するストラテジーなどの両面から、英語学習者の言語処理時の脳内メカニズムを統合的に分析することとした。

第1章　ことばはどのように習得されるのか

　われわれは、日々、新聞を読んだりテレビのニュースを聞いたり、きわめて多量で複雑な情報の中で生活している。人間の情報処理能力には限界があるとされているが、溢れる情報の中から、自分に必要な情報をどのようにして入手し理解しているのであろうか。Cherry (1953) では、「カクテルパーティ現象」（第2章参照）を提唱し、人間は多くの情報の中で、同時にいくつかのことを見たり聞いたりし、情報を得る際に、不必要な情報は排除し、必要な情報のみを選択しているとしている。

　第二言語習得理論は、人間の情報処理理論を基本としている。第二言語を聞いたり読んだりするときは、第一言語の情報処理と同様に、多くの情報の中から必要な情報だけを選択することが学習の効率性につながる。言語学習の熟達者は、情報をすばやく正確に理解することは周知のことであるが、第二言語習得の理論研究において、学習を重ねると母語を使用するときのように自動処理状態になるのかどうかということは、これまで長い間、議論の対象になっている。本章では、言語処理の自動化の観点より人間の言語情報処理のメカニズムを探り、第二言語習得モデルを概観する。

1.1　言語情報処理のしくみ

1.1.1　意識的処理と自動的処理

　言語情報処理過程における意識の研究は、人間の情報処理理論に始まった。これまでに最も知られている例としては、Posner & Snyder (1975) での二段階情報処理モデルである。人間の情報処理方法は、一般的に二段階あり、それらは、意識的注意（conscious attention）と自動的活性化（automatic activation）

からなるとし、次のように定義をしている。意識的注意とは、自分自身が意識的コントロールの下で、情報に注意を向けて処理をする意識的な処理の段階であり、情報を処理する容量（processing capacity/心的資源：mental resource）が限られている。一方、自動的活性化とは、その人の意識的コントロールを受けずに起こる自動的（無意識的）な処理の段階を示し、処理容量の制限を受けない段階としている。

　この二段階説は、従来の言語処理における注意研究において重要な理論となった。そして、これら二つの処理方法の特徴として次のように説明されている。意識的処理の特徴は、1）情報が処理されるのに時間がかかる、2）情報の受け手の意識的注意を必要とする、3）意味的に無関係な情報を処理する場合、記憶情報の検索を抑制する。一方、自動的処理は、1）情報が非常に速く処理される、2）意識的注意を必要とせず情報が処理される、3）意味的に関連のない情報には、注意は活性化されず、記憶情報の検索には影響しない、とされている。さらに、情報処理過程について、意識的処理の段階から自動的処理の段階に移行していく過程のことを自動化（automatization）としている（Posner, 1978; Posner, Inhoff, Friedrich, & Cohen, 1987）。

　言語情報処理において、自動的処理状態とは、言語が流暢に扱えるということである。Fillmore（1979）によれば、「流暢さ」の定義付けを、ディスクジョッキーやスポーツアナウンサーのように、「流れるように多くのことばを操作できる人や日常会話においても話題の質や内容が豊富で、その進行が流暢である人」としている。第二言語でコミュニケーションをする場合にも、流暢な話し手とは、話す質、量ともに豊富で、メッセージを送る相手に正確に意志伝達ができる人である。流暢な聞き手についても、素早く情報が理解でき、相手とのコミュニケーションがスムーズにできる人である。

　注意と流暢さについては、学習者は、学習の初期段階では注意を必要とし、練習を重ねると注意を向ける必要がなくなり、そして、注意資源を高度な認知活動に向けるために費やすことのできる後期段階に移行し、流暢に言語が処理できるようになると考えられる。言語処理が流暢な学習者は、言語を簡潔に正確に処理できるので、言語的負荷が少なく、無意識のうちに重要な情報に注意

が向き情報選択の効率がよい。一方、流暢さに欠ける学習者は、言語理解に時間がかかったり、正しく理解できなかったりするため多くの注意を向け、不必要な努力をしている（Lennon, 1990）。

　ただし、Logan（1988）では、Instance theory を提唱し、自動化されていないときは、規則に基づいて課題が遂行されるが、自動化されると、課題はすでに学習した知識を検索することによって遂行される。そのため、練習を積み重ねると蓄積される知識量が増加し、検索しやすくなる。つまり、課題に注意が向けられると、必然的に情報が記憶に符号化され、情報が記憶から検索される。人が新しい情報に触れた場合は、それぞれに記憶に符号化され、貯蔵され、検索される、としている。すなわち流暢さは、言語処理の自動化の結果によるものではなく、文法規則など演算的で法則に基づいた処理方法（rule-based）が、瞬時の記憶に基づいた処理方法（memory-based）に変化した結果であるとしている。

　英語学習において聞くこと、話すこと、読むこと、書くことの4技能の処理が流暢な学習者は、短時間に多くの言語情報が処理できると言える。学習において注意の果たす役割は大きい。

1.1.2　無意識的に注意するには

　意識が向けられない情報、いわゆる自動的に注意が働く場合には、情報は、どのように処理されているのであろうか。最近では、プライミング効果と言われる現象から説明され、明らかになってきた。プライミング効果とは、先行刺激を与えることによって、後続して提示される情報の処理を促進することである。この研究でこれまでに明らかになっていることは、自動的処理が起こるメカニズムについて、先行刺激が提示されたことによって、後続刺激が自動的に処理されるわけではなく、われわれが持っている記憶構造の中で、情報が意味的に関連するものとなった場合に、自動的処理がなされるとされている。つまり、人がこれまでの学習や経験によってすでに持っている知識に、新しく意味的に触れた情報がマッチし、理解されたときに自動的に処理されることになると考えることができる。

Posner & Snyder (1975) でも、文字マッチングにおけるプライミング効果の研究において、実験参加者を注意群と非注意群に分け、先行情報による注意の働きについての結果を報告している。先行情報として単語刺激を与える方法により実験参加者の注意を直接操作し、情報処理に向ける注意の操作方法の効果を検討した。注意の操作方法を実験参加者の反応時間で測定しており、実験参加者に提示された先行刺激に対してターゲット刺激が意味的に関連のあるものは、反応時間が短縮され、情報処理も促進される。一方、先行刺激に対してターゲット刺激が意味的に関連がなければ、反応時間が遅くなり情報の処理も抑制されるとしている。そして、プライミング効果のタイプ、いわゆる、課題遂行前の刺激のタイプによって結果が異なるのではなく、実験参加者の注意の操作方法によって反応が異なるとしている。つまり、先行刺激とターゲット刺激が意味的に関連があれば、注意は自動的（無意識的）に働き、意味的に関連がなければ、意識的に働くとし、課題遂行時の注意の操作方法が情報処理に大きな影響を与えることを明確に示唆している。

　一般的に、自動的（無意識的）処理については、意識が介在せずまったく受け身の行為であると考えられるが、前述したプライミング効果のように、自動的な処理はわれわれの記憶構造に依存して処理されているとされ、研究が進みつつある。自動的処理が記憶構造の働きであるとすると、その記憶構造は、次にどのような情報が提示されるのかを予測していることになる。

　言語習得におけるスキーマ理論（第3章3.2参照）も同様の立場である。情報の受け手にスキーマ（背景知識）がある情報は、理解されやすい。これは、背景知識がない場合には、認知活動が低減し、テキスト理解がうまく進まず、新しい情報に意識的に注意を向けなければならないからである。そうした場合には、情報処理が非常に効率が悪く、労を攻して益少なしということになる。スキーマは、テキストを理解するための準備状態を作るガイド役として機能していることになる。第二言語習得において、多くの情報を記憶構造の中に蓄積し、自動的言語処理ができるようになることが、学習者の到達目標であると言える。

　先に説明したプライミング効果のように、ある情報を処理した直後は、関連した情報が処理されやすくなるということは、われわれの認知構造は、情報を

蓄積すればするほど、新しい情報を処理しやすくなるような準備を行っていると解釈できる。人間の情報処理において、情報を蓄積する過程で、意識的処理から自動的処理に移行（自動化、Segalowitz, 2001）が完了した状態が最適な言語処理状態であると考えることができる。

1.2 第二言語習得モデル

　言語習得は、しばしばピアノやスポーツなどの技術の習得と類似した習得過程であるとされる。技術の習得では、練習を積み上げれば積み上げるほど上達し、自動的（無意識的）にプレイするようになっていくプロセスがある。言語習得の過程も同様で、言語習得の成功者は、言語に触れたとき、自動的に注意が向き、言語処理が進む状態であることが言える。
　しかし、Krashen（1977）で、言語知識は「習得」された知識と「学習」から得られた知識に分けられ、前者は、潜在的知識および暗示的知識（implicit knowledge）とよばれ、無意識的な知識であり、後者は、顕在的知識および明示的知識（explicit knowledge）とよばれ、意識的な知識であるとされている。前者の知識が後者の知識に変化するのかどうかについては、議論が分かれるところであり、変化するという立場をインターフェイスの立場（interface position）とよび、変化しないとする立場をノン・インターフェイスの立場（non-interface position）とよんでいる。歴史的には、ノン・インターフェイスの立場が先に提唱され、数年後、インターフェイスの立場から反論された。

1.2.1 ノン・インターフェイスの立場
　ノン・インターフェイスの立場で代表的な言語学者は、Krashen（1977）で、外国語として言語を習得した場合には、言語処理が意識的処理状態に留まり、自動的処理状態への移行は不可能であるとしている。その理由を、言語を習得する環境についてとりあげ、母語のように自然な状態で言語に接触する環境で身につける場合と学校などで人為的に設定された環境で身につける場合とでは性質上顕著な違いがあると主張している。そして、これらの習得方法とその結

果については、相互に相容れないものであるとしている。言語知識は母語習得のような自然な環境では無意識的なプロセスで処理され、教室での人為的な環境では意識的なプロセスで処理されると説明している。この仮説を、言語の習得方法の観点から「習得―学習仮説」、言語の習得段階の観点から「インプット仮説」、処理方法の観点から「モニター仮説」、心理的作用としての観点から「情意フィルター仮説」と提唱し、「習得」と「学習」の二つの方法を明確に区別している。次に4つの仮説を順に述べる。なお、Krashen の仮説のうち、「自然習得順位仮説」(the Natural Order Hypothesis) は、言語を身につける環境が「学習」であっても「習得」であっても、特定の文法形態素（grammatical morpheme）の習得順序は予測できると主張するものであり、言語処理の自動化とは関連が薄いため、本書ではあえてとりあげないこととする。

まず、「習得―学習仮説 (the Acquisition-Learning Hypothesis)」では、大人の第二言語学習者には、言語を身につけるときに二通りの処理パターンがあるとして、次のように説明している。英語圏で母語を習得するように、自然な環境で言語に接触する方法を「習得」(acquisition) とよび、ここで入力された言語知識は、無意識的に処理される。これは、学習者の言語システムを構成する直感的プロセスであるとしている。他方、教室内で言語に接触した場合には「学習」(learning) とよび、ここで得られた知識は意識的に処理される。学習過程において、学習者自身の理解プロセスを学習者自身が意識的にモニターしている。そして、この二つのプロセスは永遠に相容れないもので、「学習」された知識が、「習得」された知識と同一になることはなく、それぞれに単独の知識として学習者の内面に蓄積されるとしている。

次に、「インプット仮説」(the Input Hypothesis) では、学習者が言語習得に成功するのは、「i + 1」という特別なインプットを受けた場合であるとしている。ここで、「i + 1」とは、(i) 学習者の現在の知識より、(1) ほんの少し未習得の要素が加わった学習環境であり、このレベルの言語情報に触れたとき、学習者は理解可能なインプット（comprehensible input）が得られ、人間に生得的に備わっている言語習得装置（LAD: Language Acquisition Device：この装置は人間のすべての言語習得に作用するものであるとされている。（第3章

3.7.2参照))が働くとしている。この仮説では、「i + 1」のみのインプットが言語習得装置を作動させ、言語習得は無意識的に進められ、学習者の言語能力向上に役立つことになる。インプットの概念や役割については、これまでにも、Macnamara (1973) や Wagner-Gough & Hatch (1975) で報告されているが、インプット仮説でも、第二言語におけるインプットの役割に注目しており、言語情報の意味に焦点がおかれ、理解可能なインプットを受けることにより言語は習得される。そして、学習者にとって難しすぎる課題を与えられた場合、意味に焦点をおくことができず、言語習得の助けにはならずインプットは得られない。学習者にとって容易すぎる課題を与えられた場合も、たとえそれが理解可能であってもインプットはおこらないとしている。

　なお、Corder (1967) では、言語が習得する過程でインプットされた情報がさらに移行して、内在化されることを「インテイク」とし、その概念を提唱している。インテイクされた情報は、学習者の長期記憶の貯蔵庫に蓄えられ、必要なときに選択的に利用される。そして、学習者は、情報をインテイクすることで、言語発達を促進することができる。

　Bley-Vroman (1988) でも、Krashen (1977) と類似し第二言語や外国語は意識的に処理されるものであると主張し、意識的に得られた言語知識や能力は、自動的処理をすることはないとしている。反論として、Odlin (1986) では、Krashen が、学習者の学習過程を「習得」と「学習」と二分化する根拠がはっきりしておらず、悪名高きごまかしの概念（the notoriously slippery notion）だとして批判している。

　「モニター仮説（the Monitor-Hypothesis)」(Krashen, 1977) では、モニター機能（図1-1）は、「学習」された言語知識を使用する場合に働き、正しく言語が処理されているかどうかの「見張り役」(watchdogging) をする装置であるとしている。いわゆる、学習者が自ら使用した言語が、文法的、構文的、意味的に正しいのかどうかを確認する機能である。さらに、モニターが機能するための条件は、次の3つがあると主張している。①十分な時間があること。②言語の正確さに焦点があてられていること。③学習者が言語規則をすでに知っていること。モニターが過剰に機能している場合には、言語形式に過度な意識が

第1章 ことばはどのように習得されるのか 15

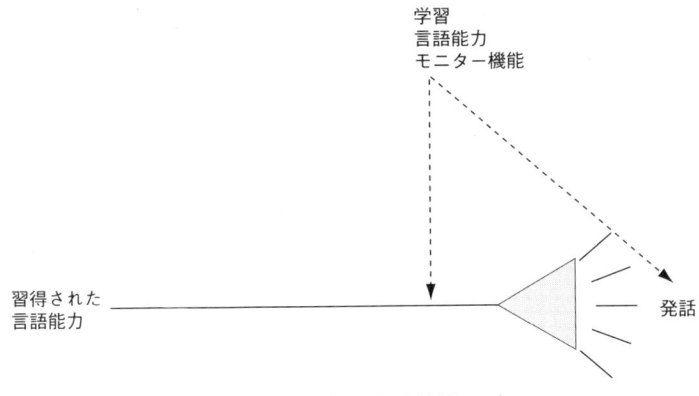

図 1-1 成人の第二言語使用モデル
(Krashen & Terrell, 1983 にもとづく)

向けられ、また、モニターがまったく機能しない場合には、言語形式に意識が向けられず誤りが多くなり、言語処理がスムーズに行われない。言語使用において、モニターは適正に機能することが好ましいと主張している。

この仮説では、モニター機能が働くのは、意識的に「学習」された顕在的知識を利用するときのみであるという点が強調されているものの、実際のコミュニケーションの場面では、「習得」した潜在的知識を使用する場合にも、モニター機能が働いている可能性を否定はしていない。したがって、第一言語、第二言語にかかわらず、言語を使用するとき、潜在的な知識が学習者の内面で処理される過程において、必要ならばモニター機能が働く可能性もあると考えられる。

「習得」と「学習」の峻別にあたって、そのあいまいさについて批判されており、学習者の能力が「習得」された知識によるものなのか、「学習」された知識によるものなのか明確に区別することは不可能であるとし、モニター機能が、いつ、どのような状況で働くのかということについて明らかにされていない (Mitchell & Myles, 1998) と指摘されている。

最後に、Krashen がとりあげているのは、「情意フィルター仮説 (the Affective Filter Hypothesis)」である。情意フィルターとは、言語を処理する際の、心理的、感情的な障壁 (mental block) である。言語処理時に心理的に障壁が

あると、学習者の動機が欠けたり、課題に対して興味や関心がなくなったりする。また、自分の実力に自信がない場合、心理的にフィルターがかかってしまい、言語情報をインプットしようとしても無意識のうちに障壁ができてしまい、インプットが受けられない。たとえインプットが受けられたとしても、言語習得装置が働かず、潜在的な知識として情報が蓄積されないとしている。注意の働きとして考えてみると、情意フィルターがかかると、注意が向けられなくなったり、注意過剰になってしまったりすると考えられる。反論として、Gregg (1984) では、情意フィルターの概念は漠然としたイメージが提示されているだけで、動機づけが低い学生になぜフィルターがかかるのかが理論的に説明されていないと批判している。

なお、情意フィルター仮説は、不安 (anxiety) の研究とも関連している。Alpert & Haber (1960) では、不安を、促進性不安 (facilitating anxiety) と抑制性不安 (debilitating anxiety) とを区別することによって説明しているが、言語課題に対して、不安が過剰状態である場合、あるいは、まったく緊張感のない状態の場合には学習を妨げるが、緊張感が適度にあった場合には、学習を促進するとしている。Scovel (1978) では、促進性不安は、学習時に新しいタスクと「格闘」するように動機づけ、逆に、抑制性不安は、学習者を新しい学習タスクから「逃避」するように動機づけているとしている。Nagasaka (2003) でも、不安度と言語学習の習熟度について、学習者自身の感じる不安と実際の学力には相関性があるとしている。言語タスクに向ける注意も同様に解釈できるのではないだろうか。これについては本書第8章で取り扱っている。

まとめると、Krashen の仮説では、第一言語習得のように、学習者の注意が意味に向けられ、インプットが行われた場合のみ「習得」された潜在的知識が、無意識的に処理されると考えられている。しかし、これが正しいとすると、教室内で「学習」された知識は顕在的知識となり、つねに注意が意識的に集中しておりスムーズなコミュニケーションができないことになる (Grass & Selinker, 1994)。それに対して、Ellis (1990) や Doughty (1991) は、人為的環境で学習者が意識的に得た顕在的知識もコミュニケーション能力の向上に役立つとしている。さらに、McLaughlin (1983, 1990) や Schmidt (1990) でも、学

第1章　ことばはどのように習得されるのか　17

	言語情報処理過程	
言語情報への注意	コントロール処理 （新しい技術の習得、処理容量に制限がある）	オートマティック処理 （熟練された能力、処理容量はかなり多い）
焦点的注意	（A）文法規則の使用	（B）テストを受ける時
周辺的注意	（C）暗示的学習、類推学習	（D）コミュニケーションの場

図1-2　McLaughilinの注意－処理モデルの実用的応用

（McLaughlin et al. 1983にもとづく）

習者が得た知識は、潜在的、顕在的の区別をすることはできず、むしろ、教室内において意識的に処理された新しい知識を長期記憶に留めておくことにより、次第に知識を自動的に使用できるようになり、顕在的知識は潜在的知識に変化することが可能であるとしている。

1.2.2　インターフェイスの立場
（1）McLaughlinのAttention-Processing Model

　McLaughlin et al.（1983）では、Krashenが、「習得-学習仮説」で学習者の知識を峻別し、「習得」から得られた知識は、潜在的知識であり、「学習」から得られた知識は、顕在的知識であるとしているが、このような大まかな区別はせず、学習者が情報処理をする際の注意（attention）の操作方法をとりあげ、注意-処理モデル（Attention-Processing Model）を提唱している（図1-2）。そこでは、学習者の言語情報処理方法を、コントロール処理とオートマティック処理とし、それらを連続線上に位置づけ、言語処理は学習を重ねるうちにコントロール処理からオートマティック処理に移行していくとしている。コントロール処理される知識は「一時的な能力」でありオートマティック処理される知識は「かなり永遠の能力」である。コントロール処理は、学習者が、初めて触れる言語情報を理解するときの処理方法で、これは、何か物事に取り組み始めたばかりの初心者の特徴的処理方法であると考えられている。この方法では、学習者にとって言語情報を理解するのが困難であり、ほんの少しの事柄しか学習者の記憶には保持されない。

　言語だけでなく、どのような技能習得方法についても同様のことが言える。

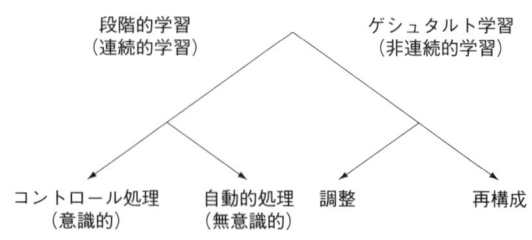

図1-3　McLaughlinによるSLA簡易化モデル
(Scovel, 2001にもとづく)

　たとえば、テニスのプレイで、ボールをラケットで打って、そのボールがネットを越えて、しかも、相手側のコート内に入らなければならないというルールが、初心者にとっては、とてつもなく複雑なことに感じることと同じである。一方、オートマティック処理では、初心者の頃難しいと感じていたことが容易になり、熟達した能力が発揮できる。コンピュータにたとえるなら、オートマティック処理とは、ハードディスクドライブに蓄えられている数限りない情報を自由自在に操作でき、いくつかの機能を同時に作動させることができる処理方法である。人間の情報処理では、脳内に蓄えられている多量の情報を同時に自動的に処理をして、言語情報を再構築するプロセスであると考えることができる。このプロセスの中では、注意が無意識的に働き、目的のために必要な機能を自動的に選択し処理することになる。学習者の言語情報処理も同様で、オートマティック処理とは、必要な言語情報に無意識的に注意が向けられ、自動的に処理がなされることである。
　Scovel (2001) が紹介したMclaughilin (1987) のモデルを示しておく (図1-3)。Mclaughilin (1987) のモデルは、Schneider & Shiffrin (1977) に基づいており、Krashenの「習得―学習仮説」を批判している。第二言語の学習方法は、まず、段階的学習 (incremental) とゲシュタルト学習 (gestalt) に分けられるとしている。段階的学習とは、ステップ　バイ　ステップで、一段階ずつ上の段階に進む方法である。料理をレシピに従って作っていく方法に似ている。一方、ゲシュタルト学習とは、学習を積み重ねた後、ある日突然習得できる方法である。

幼少のころ、自転車の練習をしている際、何度も何度も転びながら、ある日突然できるようになった記憶はないだろうか。

段階的学習は、さらに、コントロール処理（意識的）と自動的処理（無意識的）に分けられる。これらは、さらに、焦点的注意（focal attention）と、周辺的注意（peripheral attention）を働かせて作業をしている場合がある（図1-2）。車の運転にたとえるなら、運転をするときは、焦点的注意（focal attention）が中心となり、車のエンジンをかけてアクセルを踏んで発車させるが、同時に運転中は周囲に走っている車にも周辺的注意（peripheral attention）を向けながら運転していることで説明できる。

注意を集中している場合の焦点的注意が意識的で、周辺的に向けている場合の周辺的注意が無意識的であると解釈することもできるが、必ずしもこの類推はあてはまるとは言えず、意識的処理も自動的処理もどちらも焦点的処理の場合も周辺的処理の場合もあるとしている。一方、これらは、両方とも意識的作業であるとするHulstijin（1990）の考え方もある。

ゲシュタルト学習方法は、調整（tuning）と再構成（restructuring）に分けられる。調整とは、学習者が自らの仮説を検証する方法で、背景知識にぴったり合ったものを組み立てていく方法である。再構成は、学習者が誤解していた知識を修正する方法である。

段階的学習は、コントロール処理から始まり、言語処理やタスクに慣れるに従い、次第にオートマティック処理に移行していく。「このようにして、学習者が次第に高度なレベルに到達するにつれて、コントロール処理とはオートマティック処理に移行するための、いわば「踏み石」を敷くことである」（McLaughlin, 1987）としている。最初は、たどたどしくコミュニケーションしているが、躊躇しながらことばを出し始め、次第に流暢に話ができるようになる学習者は、コントロール処理からオートマティック処理に移行していることになる。この点から考えると、このモデルは「低いスキル」と「高いスキル」への連続性に焦点をあてたもので、いわゆる言語処理の自動化開始から完了するまでの過程に焦点をあてたモデルであるといえる。

以上の点から、言語学習者のコミュニケーションの究極目標は、言語情報処

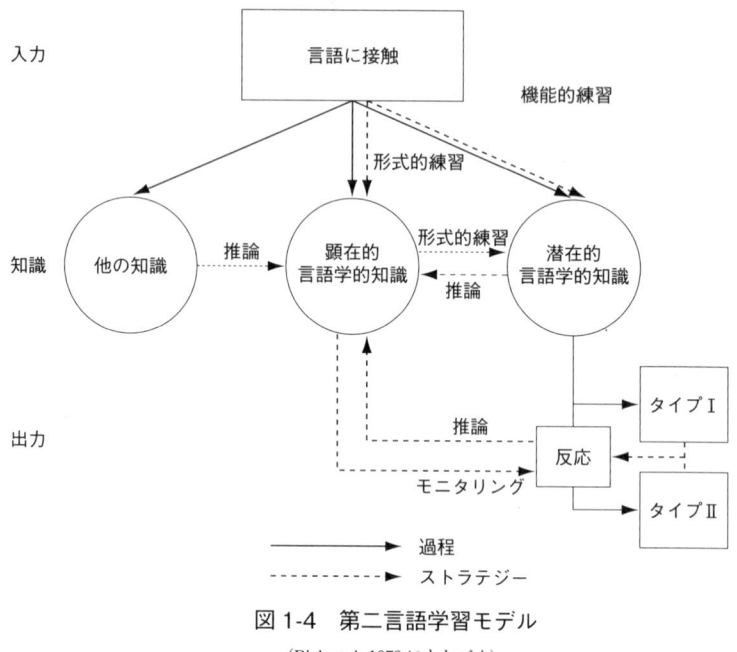

図1-4　第二言語学習モデル
(Bialystok 1978にもとづく)

理過程における注意が、自動的処理にアクセスできることだと考えられる。つまり、学習者が言語情報を自動的にインプットし、そしてインプットした知識をインテイクに移行できるようになることであり、そうした言語処理状態が最適な状態である。

(2) Bialystokの言語習得モデル

　Bialystok (1978) のモデル (図1-4) は、第二言語習得において学習者の知識を顕在的知識 (explicit knowledge) と潜在的知識 (implicit knowledge) に分類し、顕在的知識とは、学習者が意識的に使用する知識で、潜在的知識とは、無意識的に使用する知識であるとしている。このように人の知識を二つに分類しているものの、Krashen (1977) でこれら二つの知識が相容れないものであるとする主張に対して、これらの知識を使用するストラテジーは個人によって異なるが、言語処理過程は普遍的なものであるとしている。図1-4のモデルの中の「反

(A) ＋分析性 －自動性	(B) －分析性 ＋自動性
(C) ＋自動性 －自動性	(D) －分析性 －自動性

図 1-5　分析性と自動性による中間言語運用の可変性

(Bialystok, 1982 にもとづく)

応」は、メッセージを受け取る側の反応であり、タイプ I は、自動的な反応で、タイプ II は、時間差反応で、相手のメッセージに対して、少し遅れた反応であるとしている。

　数年後の Bialystok (1982) のモデル (図 1-5) では、知識を、分析性と自動性に分類し、これら二つの知識は、相互に作用しているとし、言語処理は、「－自動性」から「＋自動性」になり学習や慣れによって自動的処理に移行されるとしている。このモデルでは、言語使用の場面は教室内であったり実際のコミュニケーションの場であったりする。それぞれの場面において、認知的、言語的、社会的な要求によって必要とされる知識が異なっており、学習者はその要求を自分の運用力で満たすことができる場合においてのみ言語使用は成功する。

　この要求を満たすことができる要因は二つある。一つは知識の分析性 (analytic) で、もう一つは、知識の操作性 (control) であるとしている。知識の分析性とは、「知識の構造を心の中で分析的に表示できる程度」と定義され、分析的な知識 (＋分析性) においては、学習者が知識の構造化を明確に分析的に把握している。一方、非分析的な知識 (－分析性) においては、学習者が知識の構造化を自覚していない状態である。学習者の知識構造の発達段階は、初期の頃はあいまいな潜在的知識であるが、次第に明確な顕在的知識になり形式的知識になっていくとしている。さらに、習得を重ねるとそれは、再度潜在的知識に移行していくと考えられる。知識の操作性については、「学習者が自分の言語知識に対して持つアクセスの容易さの相対的度合い」と定義されている。この操作性は、自動的にアクセスできる段階 (＋自動性) と自動的にアクセスできない段階 (－自動性) に分けられる。操作性の概念を拡大し、学習の究極

目標は、リアルタイムで情報を選択、調和、統合することであるとした。したがって、注意も言語知識の操作性が高まるほど、無意識的に働くと考えることができる。

　ここで、Anderson（1983）によるACTモデル（Adaptive Control of Thought）を記しておく。ACTモデルは、認知心理学からの情報処理モデルである。このモデルによれば、知識は、宣言的知識（declarative knowledge）と手続き的知識（procedural knowledge）がある。宣言的知識は、スキルに対する意識的な知識で、手続き的知識は、スキルをどのように使用するかという無意識的な知識である。スキルの学習には、①あるスキルを意識的に使用する段階、②理解したスキルを使用して作業をする段階、③スキルを自動的に行う段階、の3段階ある。宣言的知識を繰り返し使うことでスキルが上達し、③の段階になると手続き的知識を取り出すだけですむ。つまり、宣言的知識は、手続き的知識として蓄積することができ、スキルは自動化されるとしている。

　その後、Bialystok（1982）のモデルは、Bialystok & Smith（1985）で修正が加えられた。新しいモデルでは、二つの次元が「知識（knowledge）」と「統制（control）」という概念で説明されている。「知識」とは「その言語の体系が学習者の心の中で表示される仕方」のことである。どの程度までその「知識」が分析的であるかについては、Bialystock（1982）でのモデルと同じであるが、「統制」については、「実際に知識を運用するにあたって、その知識を統制する処理体系である。」と定義されている。いわゆる、「統制」とは「知識」の中に蓄えられている情報の中から必要な情報を「統制」によって引き出すことであるとしている。手続き的処理には、情報を引き出す知識そのものと、知識を使用する能率性が含まれる。

　初期のモデルでは、「知識」を使用する「能率性」を自動性とし、「知識」と「統制」の区別を、図書館とその利用法にたとえて説明している。蔵書が言語知識であり、蔵書を借り出す方法が知識を処理する方法であると区別している。つまり、図書館には数多くの蔵書があり、その本の配列は、一定の規則に従って配列されている。図書館利用者は、本を探すときに必要とする情報が含まれている本を見つける手続きを知らなければならない。利用者は目的にあった本

がどれであるかを特定し、その本の場所を知ることとそれをいかに効率的に借り出すかを知っておく必要がある。つまり、本の所在場所と本から必要な情報を選択して入手する方法を知っておかなければならない。したがって、このたとえから学習者が注意を有効に働かせ、言語知識の中から必要な言語情報を引き出すことで、言語処理が能率的に行われることになる。

　Bialystok (1990) では、自らのモデルをさらに発展させ、コントロール処理がリアルタイムで行われるのであれば、効果的なコントロール処理は、言語使用の流暢さおよび言語処理の自動性に関わっている。つまり、流暢な言語使用者、いわゆる、熟達した学習者は、注意をコントロールするレベルが高い状態であり、その処理が自動化されている。したがって、言語処理をする際に、必要以上の労力を要しないとしている。一方、Hulstijin (1990) では、学習が発達するにつれ、操作性は高い方から低い方に移行していくとして Bialystok のモデルを批判している。この点において、言語使用が流暢になるほど、注意を要求されるコントロール処理から、注意をまったく要求されないかほんの少し要求されるオートマティック処理に移行していくことは確かである。しかし、もし、熟達した学習者の向ける焦点が注意だけでなく、リハーサルや、検

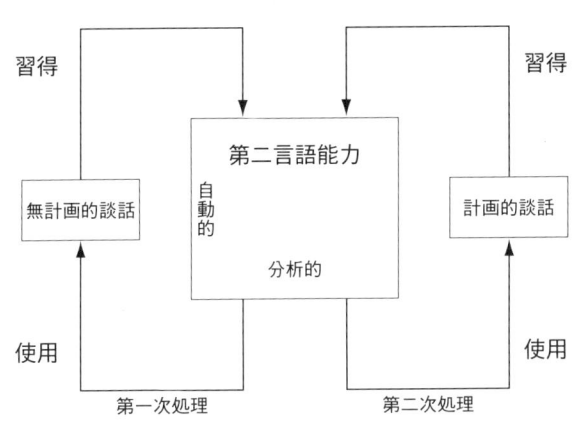

図 1-6　第二言語の可変的能力モデル

(Ellis, 1985 にもとづく)

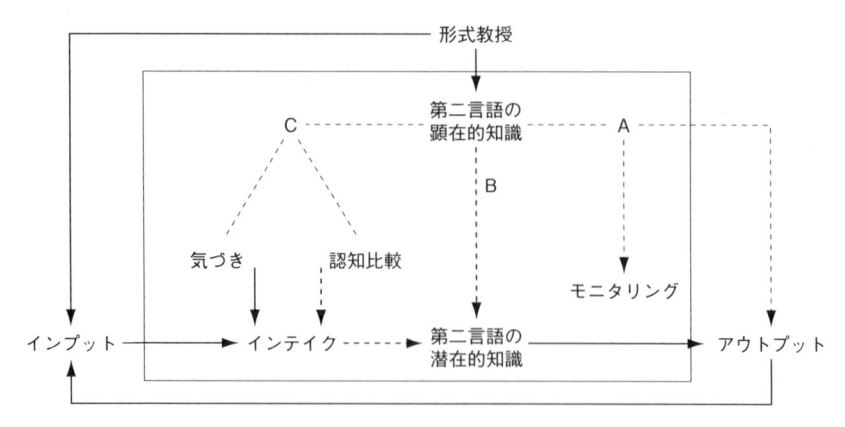

図1-7　第二言語習得モデル
(Ellis, 1995　にもとづく)

索、プランニング、モニタリングなどの処理に意識が向けられていれば、その面で、「操作性」が低いレベルに方向づけられるとしている。

　こうして考えてみると、言語学習者においても、言語処理の自動化が完了する過程では、コントロール処理からオートマティック処理になり言語の操作性は高まり、言語処理が容易になると言える。注意も自動的に働くことになるが、一旦、言語処理の自動化が完了してしまうと、注意の容量に余裕ができるために、言語理解だけに留まらず、再度、リハーサル、検索、プランニング、モニタリングなど、より高度な認知的機能が働くようになっていくと考えることができる。

(3) Ellis の言語習得モデル

　Ellis (1985) の可変的能力モデル (variable competence model) (図1-6) でも、注意の働きが効果的な役割を担っていることを説明することができる。このモデルは、Bialystok (1990) と Tarone (1988) を統合したものであり、二つのレベルから構築されている。一つは、Tarone の理論を取り入れた談話レベルで、言語習得を無計画性から計画性の談話に移行していく過程として説明している。もう一つは処理過程レベルで、Bialystok の理論を取り入れ、習得された言語

知識そのものとその知識を実際に利用する手続き的処理を含むものとして示され、知識そのものも分析性と自動性の観点から区別されていることが特徴である。

　Ellis (1995)（図1-7）では、これまでの言語習得理論を統合したモデルを示した。このモデルでは、学習者は、まずリスニング、リーディングに関わらず、さまざまな形で言語のインプットを受ける。受けたインプットは、注意が向けられず消えて行く部分も多いが、その中で学習者が選択的に注意を向けたものがインプットされた知識となり、それが、インテイクされ、潜在的知識として貯蔵される。アウトプットは、潜在的知識として脳内に貯蔵された言語データの中から引き出される。インプット、インテイク、アウトプットの順に移行するためには、選択的注意が活性化し、必要な情報だけが残され、操作運用される。しかし、脳内に蓄積される言語データはすべてが正しくインプットされ保存されるわけではなく、徐々に削除される言語データもある。中には、いずれかの過程で誤った形が保存されてしまい、アウトプットされる場合もある。言語習得を効果的に進めるためには、インテイクの量を増やし潜在的知識の量と質を確保することが必要である。インテイクの量を増やす段階で重要な役割をしているのが「気づき」であるとされている。したがって、より適切に選択的注意が向けられ「気づき」がおこることが、言語処理の自動化につながると言える。

1.2.3　言語知識は変化する

　前項までは、Krashen の「習得―学習仮説」で、潜在的知識と顕在的知識は相容れないものであるとされていることに対して、Bialystok (1979, 1981)、McLaughlin et al. (1983)、Ellis (1985) などの言語習得モデルにおいては、二つの知識には可変性があり、顕在的知識が潜在的知識に変化しうるとし、言語処理は、意識的に行われる場合と自動的（無意識的）に行われる場合があるということについて説明した。後者の主張では、学習者は、学習を積み重ねるにつれ、言語処理が、意識的処理段階から自動的処理段階へ移行していくことができる。また、大石・木下 (2002a) でも、ライティングの指導において、形式的教授で得られた顕在的知識は、潜在的知識に変化すると考えることができ

た。

　こうした現象は中間言語の可変性として説明されている。言語処理が意識的処理状態から自動的処理状態に移行していく過程で、第二言語および外国語学習者の言語知識は、目標言語の母語話者レベルに向かって限りなく近づいていくことになるが、どの学習者にも同様の言語知識が使用されるかどうかについては一致していない。この説によれば、学習者が第二言語を運用する際に使用する知識は、Krashen が潜在的と顕在的とに明確に区別したことに対して、学習者の能力とその学習者が取り組んでいる課題の難易度や内容によって異なる。ある課題をこなすときには、潜在的な傾向の強い知識が運用され、別の課題をこなすときには、より顕在的な傾向の強い知識が運用される。したがって、使用される言語の知識は、学習者が言語情報に向ける注意の度合いによって決定されることになる。

　Tarone (1988) は、言語習得過程において、中間言語の可変性のメカニズムを潜在的意識と顕在的意識を連続性の中でとらえている。文法事項が正しく使用されているかどうかについて、次の4つの課題を与えた場合で比較している。1) 英文が記述された文中、2) native speaker との対話、3) ビデオの内容の伝達である。その結果として、1) から3) になるに従い、学習者の使用している言語は、目標言語から離れ中間言語に近づき、文法事項に注意が向けられる度合いは減少すると推測された。そして、言語知識を運用する場合、注意を向ける量は、学習者の習熟度ではなく、与えられた課題によって異なることが報告されている。

　Ellis (1985) でも、中間言語の可変性を説明するために、2次元的に自動的 (automatic) な知識と分析的 (analytic) な知識の枠組みを用いている。ここで「自動的」と「分析的」の区分は、学習者が知識にアクセスする難易度を相対的に示す指標である。短時間に容易にアクセスできる知識を（＋）、アクセスするのに時間がかかる知識を（－）としている。そして、「分析的」知識とは、学習者にとって、知識がどの程度顕在的であるかということの指標になっており、運用される知識のうち、顕在的知識の度合いが強い方が（＋）、潜在的知識の度合いが強い方が（－）としている。つまり、学習者の知識は、どの学習者に

おいても自動的と分析的の区分において、両極に分化しているのではなく、その連続上にあって、課題の難易度によって移動していると考えられている。学習者にとって一番難易度の高い課題が提示されたときには、「＋分析的」かつ「－自動的」な知識の運用をすることになる。逆に、難易度が低く理解が容易になされる課題が提示されたときには、「－分析的」かつ「＋自動的」な知識の運用になるになる。なお、難易度が高く、知識にアクセスできない場合には、「－分析的」かつ「－自動的」になる。注意も同様に、課題によって異なり、その度合いは連続線上で変化すると考えることができる。この実証研究の結果は、第9章に記してある。

1.3 脳科学的解明の可能性

　外国語に熟達した人はどのような言語処理をしているのであろうか。多くの技術鍛錬のトレーニングと同様に、何度も繰り返し、慣れることによって言語処理はスムーズに行われていく。聞く、話す、読む、書くといった言語処理が流暢にできる人が、言語学習の成功者と言える。人間の情報処理過程においては、意識的処理と自動的処理の2段階に分けられている。毎日の習慣でルーティン化していることは無意識のうちに行っているが、新しいことに取り組むとき、初期の段階では、意識的に注意を払って行動することが不可欠となる。
　言語習得においても同様に、言語情報の処理方法は、意識的処理と自動的処理がある。Krashen はこれらの処理方法はまったく単独の処理方法で、意識的処理で得た知識は、自動的処理状態になり得ないとしているが、McLaughlin (1983) の Attention-Processing Model および、Bialystok (1978, 1982)、Ellis (1985, 1995) などの言語習得モデルにおいては、言語知識には可変性があり、言語処理は、自動的に行われる場合と意識的に行われる場合があるとしている。この場合、言語学習者の熟達者は、学習を重ねた結果、言語を意識的に操作する段階から自動的に操作する段階に移行させることができた状態であると解釈することができる。しかし、いったん言語習得が上級者レベルに達したとしても、その学習者とって、なじみのない内容であったり、現在の能力以上に難易

度の高い教材が与えられれば、同じ学習者であったとしても自動的処理状態になるとは限らない。

　こうしたことから、注意の操作性は、与えられた課題の難易度によって異なると考えられる。学習者にとって、文法的に難しかったり、構文的に複雑であったり、理解できない内容であったりすると意識的に課題に向ける注意量が増す。一方、容易に理解できる内容であれば、多くの注意量は必要とされず、自動的に処理されることになる。言語処理における自動化の可能性については、認知的経験則よりこれまで長い間議論されてきたが、明確な見解は得られていない。近年脳機能測定装置が開発されたことによって言語処理の脳内メカニズムの解明に注目がおかれている。Krashenの「習得-学習仮説」の自動化不可能説かBralystokらの自動化可能説か、脳科学の立場から決着がつくのではないだろうか。これについては本書第8章で取り扱う。

第2章　言語習得における注意の役割

　前章では、人間の情報処理の自動化、とくに言語知識およびその処理における自動化のモデルを概観した。本章では、言語処理の自動化における学習者の内面的変化について脳科学的・認知学的側面より扱う。これまでの言語習得理論においても、言語処理時に学習者の注意（attention）とそれによっておこる、「気づき」（noticing）と「意識高揚」（consciousness raising）がインプットをひきおこしインテイクに結びつくとされていた。Corder（1967）では、インプットがさらに移行して学習者に理解され、内面化される過程で、実際に有効に利用できる知識となることをインテイクとしている。なお、本書でも、この定義を用いている。では、学習者がどのようなメカニズムで注意を無意識的に活性化させており、言語のインプットやインテイクを引き起こすのであろうか。ここではそのメカニズムに焦点をあて、情報処理のメカニズムの中で大きな役割をしている選択的注意について考えてみる。選択的注意とは何なのか。そして、意識と「選択的注意」の関係、人間の情報処理における注意の概念、学習におけるメタ認知ストラテジーとしての「選択的注意」の概念、および脳内機構における「選択的注意」の機能について述べる。

2.1　注意と気づきのメカニズム

2.1.1　意識的注意は気づきをおこす

　Krashen はインプット仮説において、言語習得が可能になるのは、英語圏で言語を習得するような自然な環境の中で、学習者が適切な言語情報のインプットを得たときであるとしている。では、脳内でインプットはどのように促進されるのであろうか。Schmidt（1990）の掲げる「気づき仮説」（noticing hypothesis)において、学習者の内面で気づきが起こるときは、意味に焦点が向けられ、インプットが増強される。また、意味の焦点化が起こると、脳内のワーキングメモリで注意を操作することができる。この時点において、注意はワーキングメモリ内に情報をインプットするためとワーキングメモリ内の情報を検索するために有効に働くとしている（第4章参照）。

　Van Patten（1994）では、学習者が情報のインプットを受けるときは、言語の形式よりも意味処理に焦点が向けられる傾向がある。意味に焦点が向けられるため、インプットがおこるときに文法項目が見落とされてしまいがちであると指摘している。ただし、この原因は、言語情報をインプットするための脳内のワーキングメモリの容量には限りがあるためであり、注意の焦点が、言語形式にあてられるのか意味にあてられるかについては、学習者がどのような内容の題材を理解するのかによるとしている。また、Schmidt（2001）も、学習者の脳内の情報処理能力には限りがあり、注意を向ける能力にも限りがあるので選択的に注意の容量を調節しなければならない。そして、学習時には、注意は不可欠のものであり、第二言語習得を成功させるためには、言語形式に注意を向けさせる必要があるとして、言語形式に対する注意の役割を重視している。

　さらに、いくつかの研究例が意味と言語形式への注意が統合可能なことを主張しており、学習者は学習過程において言語形式に焦点をあてながら、同時に意味処理にも注意を向けることが必要であるとしてインプット強化（Input enhancement）の試みを主張している。たとえば、リーディング課題で、文字や文法事項をハイライトしたりフォントを拡大したりして視覚的に強調してインプットの効率を高めるものである。Doughty（1991）では、コンピュータを使用した読解の実験で、フォントの拡大などでインプットの強化された教材を使用し、関係詞節の習得について、意味に焦点をあてたグループと形式に焦点をあてたグループに分け調査したところ、意味に焦点をあてたグループの方が、関係詞節が正確に習得されていたと報告をしている。Leow（2003）でもコンピュタを使用したアプローチで、文法を明示的に教授する度合いが学習者の意識にさまざまな効果をもたらすとしている。さらに、Van Patten（1994）では、言語処理がインプットからインテイクに移行する効果的教授法を考案した。そ

れは、文法事項のインプット強化をしながら内容に即した絵を選ぶことが、内容を理解することに焦点をあてた課題となり、同時に文法の力が伸びたとしている。つまり、学習者の注意が言語形式に向きすぎると内容へ向ける注意がおろそかになる。しかし、内容へ注意を向けると、内容を理解しながら言語形式にも注意を向けることができるとし、意味と言語形式の統合的処理が促進することを示唆している。

　以上のように「気づき仮説」では、学習時に向ける注意に関して「言語形式の焦点化 (Focus on Form)」(Long 1991, Doughty & Williams 1998) とよび、言語処理における注意が、「気づき」や「インプット」を促進し学習効果をもたらすことを実証している。一方、Truscott (1998) は、「気づき仮説」を批判しているが、それは、言語習得を普遍文法の立場から見て、言語形式の焦点化と文法指導 (grammar teaching) を同一だとみなしているためであり、文法事項のみに焦点をあてて、意識的処理をして言語形式に気づかせる方法は、読解指導において効果的ではないと主張しているにすぎない、とされる。

　これまでの認知理論においては、注意や気づきに対して、その対象は、言語形式なのか内容なのかについて議論が続いている。先にも記したように、Schmidt (2001) は言語習得を促進させるためには、意識的に言語形式に気づく必要があるという立場をとっているが、Tomlin & Villa (1994) では、学習者の潜在的意識の中にも言語形式の知識が備わっており、意識しなくても、言語情報処理過程において形式的知識を引き出すことができるとしている。

　こうした見解の相違に対して、Robinson (1995) は、これら両方の立場を「記憶」と関連づけて「気づき」を説明しようとしている。そこでは、「気づき」とは、短期記憶の働きの中で起こるものであり、「アウェアネスを伴う検出および短期記憶におけるリハーサル」と定義している。さらに、Skehan (1998) は、人間の情報処理モデルに脳内のワーキングメモリと長期記憶の機能（第4章参照）を統合して「気づき」を説明している。そこでは、脳内のワーキングメモリには、注意を選択的に働かせる脳内部位を決定する機能、そして、蓄えられた知識の形態に新しい情報を取捨選択する機能があるとしている。ここで、必要な情報を選択し、不必要な情報を削除して新たな知識を形成するという選択

的注意は、知識を拡大したり、編集したりする機能を担っていると言える。この説明では、「気づき」は、認知の働きを操作する機能をもつことになる。すなわち、言語学習においては、多くの言語情報の中から意識的注意によって選択された情報が、インプットされ、気づきがおこり、リハーサルをすることでワーキングメモリに情報が蓄えられていくという解釈ができる。

2.1.2 意識は注意を調整する

　第1章で言語処理は意識的処理と自動的（無意識的）処理の二段階があり、それぞれ意識的注意と無意識的注意が働いていることを説明した。

　意識と注意はどのような関係なのであろうか。意識と注意は表裏一体であるが、James (1980) では、意識と注意の関係について、これらは根本的には違うものであるとし、人間の認知においては、注意を向けるものがすべて意識的な行為ではなく、無意識的な行為があることを主張している。なお、James (1890) では、注意は、人が情報を処理する際に受動的にも能動的にも働くとし、この二つの段階について、受動的注意は、注意の焦点が受動的にあてられる場合に働き、努力せずに注意が情報に向けられ、能動的注意は、意識的に情報に注意が向けられる場合に働くとしている。

　受動的注意は、自動車の運転中に突然、前の車の運転手が急ブレーキをかけ、自分もブレーキを無意識にかける場合、あるいは、授業中急に、先生から名前を呼ばれたりする場合など、不意に刺激が外界より与えられ、自然に注意が向く場合に働く。一方、能動的注意は、積極的に勉強したり、本を読んだり、何か欲しい情報を得ようとして意識を集中させる場合に働くとしている。このように、注意は、受動的にしろ能動的にしろ、また、意識的にしろ無意識的にしろ人が情報を処理するのに大きな影響を与えている。さらに、Baars (1988) によると、意識は注意を調整する機能があり、意識の中にある「フィルター」によって情報選択をする機能が注意である。これが、いわゆる選択的注意で、暗いところで人を呼び寄せるサーチライトや劇場のスポットライトなどでたとえられる。このたとえは「劇場のメタファ」として知られており、スポットライトがあたっている舞台が意識的行為で、暗いところが無意識的行為であると

している。

　酒井（1997, 2001）では、意識を「覚醒」「知覚」「自意識」の3つに分けて説明している。まず、「覚醒」は、目が覚めているのかいないのか、つまり意識がある、なしという意味での意識である。睡眠と意識については、睡眠中は覚醒しておらず意識がなく、起きているときは覚醒して意識がある状態である。その覚醒の程度がさまざまに変化することを意識の変化で段階づけしている。2番目の「知覚」、いわゆる目の前の対象に気づくという場合の意識は、学習者が提示された刺激に気づくかどうか、つまり音声や文字を感知することができるかどうかという意味での意識である。3番目の「自意識」は、自分を意識するという場合の意識である。自らが理解したことや発話したことをモニターすることである。何のために英語を聞いているのか、あるいは、読んでいるのか、どんな内容を理解しているのかという目的意識もこの意識に含まれる。

　苧阪（2000）でも、人の認知過程においては、意識には3つの階層があるとし、意識の覚醒、アウェアネス、リカーシブな段階があり、この順で認知機能の働きの深さを示している。第1レベルの覚醒は人が目覚めている状態である。動物には覚醒と睡眠のサイクルがあるが、人は、覚醒して目覚めた状態でなければ、情報を受け取ることができない。第2レベルのアウェアネスは外に向かう意識である。外界の情報に意識を向けている段階であり、何かに「気づく」働きも含んでいる。外界にあるたくさんの情報の中から必要なもののみを選択して理解するには、自ら積極的、能動的に入手したい情報に注意を向けることである。選択的注意は、この段階で働く。第3レベルのリカーシブな意識は、「内に向かう意識である。」自らの行為を自分で認知している状態である。いわゆる自分自身の認知活動をモニターする自己意識とか自己認識とよばれる自己についての意識である。これは、「自己モニター」の機能をしている。自己に向かう、再帰性があるという意味で、リカーシブな意識とされている。

　われわれの日常生活を考えてみると、習慣づけられたことは、とくに意識しなくも自動的に行為をし、努力を要すことなく物事は運んでいく。たとえば、朝起きて、鏡の前にいくとハブラシと歯磨き粉を手にして歯を磨く習慣など、日常生活の中に習慣化されている。しかし、慣れない事、新しいことに取り組

む場合には、戸惑ったり、考えたり、工夫したりして、意識的に取りかかるため、疲労度も大きくなる。出勤や通学途中いつもの通い慣れた道を通る場合には、知らず知らずのうちにルーティン化した道をたどり、気がつくと学校および職場にたどり着いているが、途中、道路工事などがあって迂回をしなければならないときは、どの道を通るかを考える。そのようにしてたどり着いたときは、意識的な行為となり疲労感が伴う。

同様に、英語学習の未熟達者の場合、あるいは、新しい技術の習得や新しい情報や重要な情報の入手のとき、意識的に注意を働かせなければならず、言語処理過程に負荷がかかると説明することができる。

2.2 選択的注意：学習におけるはたらき

2.2.1 選択的注意とは

選択的注意とはどのように定義されているのだろうか。われわれの生活では、非常に多くの情報が氾濫している。日常生活や社会生活をするにあたって、氾濫している情報がすべて必要なわけでなく、自らにとって必要な情報だけを選別して生活をしている。その情報を取捨選択する注意が人の情報処理システムにおける選択的注意である。言語学者の Pike (1954) では、phonemic (音素) と phonetic (音声) の語尾をとり、2つの用語を作り、人のコミュニケーションにおける情報を、必要な情報と必要でない情報の2種類に分類し、必要な情報を emic、不必要な情報を etic とした。

1950年に始まった注意の研究は、人の情報処理システムを研究する分野において、両耳分離聴法で始められ、注意の選択的メカニズムに焦点があてられた。そこでは、人の脳内に入力された情報は二つの段階を経て処理されるとしている。初期段階の物理的処理と、後期段階の意味的処理である。初期段階では、音声や文字が物理的に処理され、後期段階では情報が意味的に分析されるとし、理解に至る過程のどの段階で注意が働き、情報の選択がなされるのかについて焦点があてられた（第5章参照）。

英語で聞いたり、読んだりするときにも同じようなメカニズムが働くと

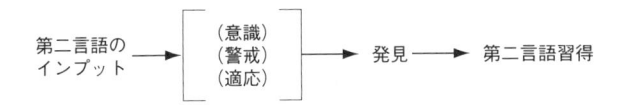

```
第二言語の      （意識）
インプット  →  （警戒）  → 発見 → 第二言語習得
              （適応）
```

図 2-1　第二言語習得の注意モデル

(Tomlin & Villa, 1994)

思われる。Tomlin & Villa（1994）およびTomlin（2003）では、Posner & Petersen（1990）を基に、第二言語習得における注意のメカニズムについて認知科学の立場から説明している。Tomlin & Villa（1994）（図2-1）では、Schmidt（1990）、Gass（1988）、Scovel（1995）と同様に注意は、「発見（detection）」、「意識（awareness）」、「警戒（alertness）」、「適応（orientation）」の4つのシステムに分けられているとし次のように説明をしている。発見システムは、注意の基本的機能として、情報を選択する機能をし、意識的発見と無意識的発見がある。発見システムは注意の基本であるが、意識、警戒、適応の機能とも深く関わり合っている。意識システムは、学習者が新しいスキルを習得する場合に向ける注意である。警戒システムは、重要度の高い情報を発見するために、学習者は警戒状態になり、学習動機などを促進する注意である。適応システムの機能を高めることにも役に立つ。適応システムは、外的状況と学習者の目的や関心などのインタラクションによりテキストに対する適応が生じ、知覚情報に向けられる注意である。

2.2.2　情報処理のための選択的注意

James（1890）では、注意が働くメカニズムについて、人間は外界からの視覚的、聴覚的情報を理解する場合、注意を働かせることを選択的に行っているとしている。ここでも、選択的注意とは、多くの情報の中から必要な情報を取捨選択するだけでなく、不必要な情報を削除することによって情報を効果的に処理することであると説明している。

人と人とのコミュニケーションにおいて、二人から同時に話しかけられた場合、たとえば、両耳に電話の受話器をつけて二人の人と同時に会話をしよう

とした場合、話を正確に聞き取り、理解することができる人はほとんどいない。二人が同時に話しかけてきた場合、どちらか一方の人の話を聞くには、聞きたい人のことばに意識的に注意を向けて、必要な情報を聞き取っている。

　このような現象を「カクテルパーティ現象」(Cherry, 1953)とよんでいる。この用語の由来は、パーティ会場にある。多くの人がカクテルを手にして集まっているパーティ会場で、人々の活気に満ちた会話や雰囲気を盛り上げるためのバックグランドミュージックなどが流れ、視覚的にも、聴覚的にも非常にたくさんの情報が一度に入ってくる。多く情報が溢れる中、特定の人との会話を楽しむことができるのは、人の情報処理システムの中で選択的注意が働いているからである(Cherry, 1953)。

　人間の情報処理システムは、多くの情報を取捨選択するためのスキャニングシステムから、スキャニングした情報を蓄える貯蓄システムに変化する。Broadbent (1958) は、認知心理学の観点から、情報処理システムを円滑に働かせるための「フィルターモデル」を構築し、注意研究の始まりとした。このモデルでは、注意による情報選択機構内の情報処理系の中心部分に、選択的フィルターが存在する。この理論では、情報がフィルターを通過した後、短期記憶、長期記憶、知覚機構が一体となった時情報が処理される。フィルターは、情報処理の入り口で不必要な情報の入力を阻止して、情報の受信者にとって必要な情報のみを通過させるような選択性のある特徴を持つ。フィルターを通して入手された情報は、短期記憶を経てワーキングメモリに蓄えられ長期記憶へと送られるとされている。情報を感覚で受け取り、感覚と選択的フィルターの間にある短期貯蔵に入った多くの情報のうち注意を向けることのできた情報だけがインプットされる。一度に1つの情報に限定されて、選択的フィルターを通過した情報のみが意識化されることになる。このモデルでは、選択的注意は情報を制約するボトルネックとして作用し、フィルターが人の知識を決定するとされている。

　Posner (1995) の情報処理モデルでも、選択的注意の機能について説明している。そこでは、選択的機能は、情報処理過程で特定の目標や意図に沿って注意を割り当てるネットワークであるとし、人が一度に注意を向けることのでき

る情報量は限られており、いくつかの課題を遂行するためには、効率的に注意をネットワーク上で割り当てなければならないとしている。この割り当て機能の役割を果たすものが選択的注意である。人の情報処理システムの中で、意識的にも無意識的にも注意が向けられた情報は、無視された情報に比較して処理も理解も正確に迅速に行われる。

　言語処理においても同様の理論が成り立つ。人間の言語情報処理機能には限りがあるため、目的を達成するためにその瞬間で、視覚、聴覚を通して大量の情報の中から必要な情報を選択し、適切に処理しなければならない。人の情報処理経路において選択的注意は、情報を知覚、記憶、推理をして、複雑な決定、反応をするために重要な役割を担っている。Kahneman (1973) では、注意に努力という概念を加え、学習時に努力をすれば、情報処理に注意が向けられると考えられている。

　本書では、主に注意を選択的機能という側面から捉える。選択的注意については、先に述べた James (1890) に従い、同時に与えられる多くの外的刺激のうち、特定の刺激を効果的に知覚し処理することを示す意味で使用する。

2.2.3　選択的注意は学習を促進させる

　本書で注目している選択的注意は、学習過程に使用するメタ認知ストラテジーであり、学習者がこのストラテジーを効果的に働かせることで学習が促進されるという立場をとっている。「認知の認知」とも言われているメタ認知は、一般的な認知の上のレベルにあるとされ、メタ認知ストラテジーを効果的に使用すれば、効率よく言語情報処理が進み理解力が向上し、学習を促進することができる (Block, 1986) としている。さらに、Block (1986) は、優れた学習者とは、情報選択をするストラテジーが効果的に利用できる学習者であるとしている。言い換えれば、選択的注意を活性化し有効利用することのできる学習者であると考えることができる。

　近年、読解過程においてメタ認知ストラテジーが重要視され、学習者を単に学習結果で評価するのではなく、学習過程において、どのように言語が情報として処理されているのか、また、どのようなストラテジーを利用すれば効果的

な言語情報処理が行われるのかということを明らかにしようと研究が進んできた。学習者の認知的働きを探るために、学習者が自己の読解プロセスを把握するメタ認知能力を調査した多くの研究結果が報告されている（Carrel, 1989; Barnett, 1988）。

O'Malley & Chamot（1990）では、学習が促進されるいくつかのメタ認知ストラテジーを取り上げているが、その中で選択的注意（selective attention）は、計画（planning）、モニタリング（monitoring）、評価（evaluation）と並んで、学習を効率的に進める方法であるとしている。この場合の選択的注意は、学習者がテキストの中の多くの情報から、課題を理解するために必要な情報を選択して取り入れるときと、選択した新しい情報を理解するために、学習者の背景知識の中から必要な知識を選択する際に働く。

Oishi（1993）でも、日本人学習者のリーディングモデル（図2-2）を構築し、このモデルを円滑に作動させるためには、学習者が、読解過程において独自の有効な情報を選択するストラテジーを発見することであるとして、リーディング時の選択的注意の有効性を主張している。このモデルでは、文章の中で、詳細な部分に注意を向けるよりも、大まかな内容理解や必要な情報に注意を向けるストラテジーを奨励している。

言語学習における自動化について考えてみると、情報が学習者の内面で自動的処理がなされるということは、ストラテジーが自動的に働くと考えることができる。メタ認知ストラテジーとは、「自己の認知を認知する」ストラテジーであるため、一般的には、意識的なものであると思われがちであるが、注意の自動化論では、学習者の内面でおこる現象を意識的ストラテジーと無意識的ストラテジーとに区別している。

ストラテジーは、スキルと区別されている場合もある。Kirby（1988）は、意識的なプロセスをストラテジー、自動化されたものをスキルと区別し、これらは相互に作用、影響しあうものであるとしている。Paris et al.（1983）は、ストラテジーは「内容理解のために学習者が使う戦術」であり、スキルは、「自動的情報処理テクニック」であるとして区別している。また、Dole et al.（1991）でも、ストラテジーは、「意識的で、具体的に示された柔軟なプラン」

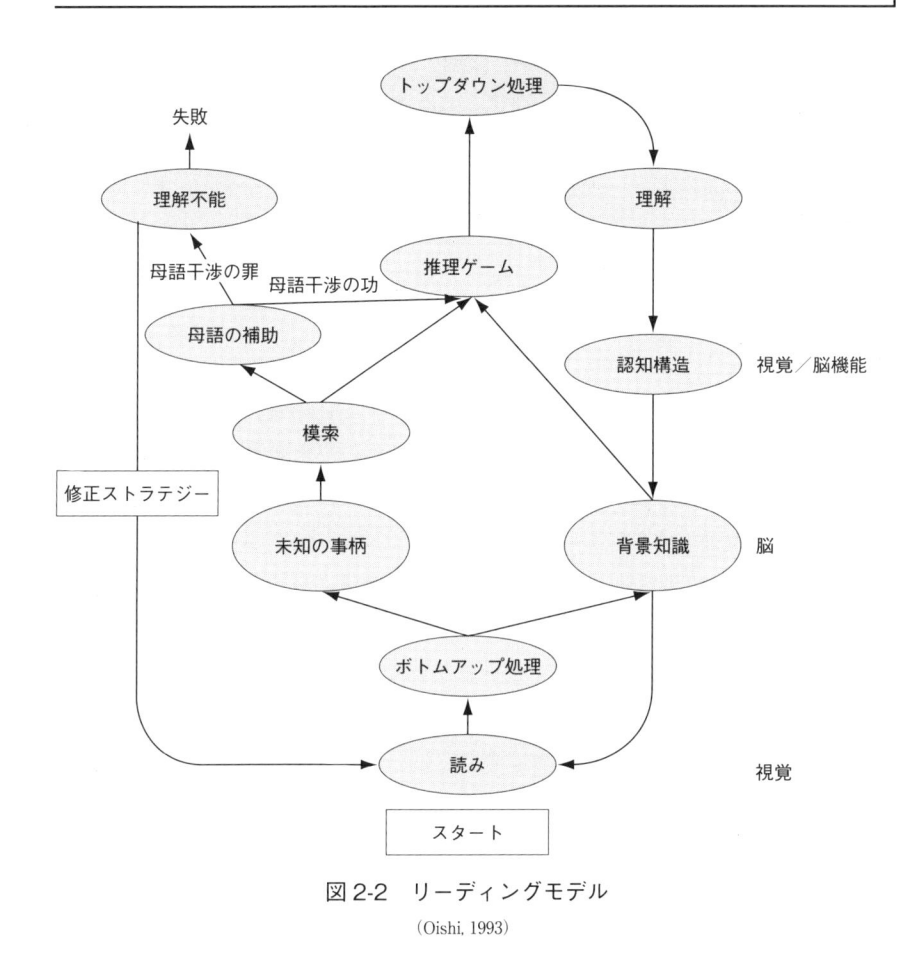

第 2 章　言語習得における注意の役割　39

図 2-2　リーディングモデル
(Oishi, 1993)

で、スキルは「高度にルーティン化した、ほとんど自動的な行為」であると定義している。しかし、Paris et al. (1991) では、無意識的な作業とされるスキルも意識的に使用される場合があり、その間のクリアカットはないとし、英語学習の熟達者でも、新しい情報は、意識的に処理をすると主張している。

選択的注意に関して、Carr & Curran (1994) は、第二言語習得では、学習が進み情報が蓄積されることにより、注意の容量が増加し、理解が促進されるとしている。しかし、学習課題が複雑である場合には、注意が果たす役割は制

限されるとしている。また、Mellow（1996）では、学習が自動化されていない文法的知識については、注意を活性化させる認知的資源が豊富である状態の方が、認知資源が限られている状態に比べて言語を正確に使用することができるとし、注意の向け方は、課題の難易度や内容、指示の仕方などによって異なるとしている。この考えは、前章で述べた中間言語の可変性で、学習者の潜在的知識と顕在的知識のどちらをより強く使用するかは、課題の種類や難易度によって異なるとすることと一致する。

　以上述べたように、これまでの研究では、言語処理時のストラテジーが意識的に働くのか無意識的に働くのかについてさまざまな議論がなされている。本書では、選択的注意は、メタ認知ストラテジーとして意識的に働く場合も無意識的に働く場合もあるとする立場をとっている。これまでに提唱されてきたいくつかの言語習得モデルにおいても、効果的な学習方法では、学習者の内面で、注意（attention）が無意識的に働き、自ら言語情報に気づき（noticing）、情報のインプットがなされる。そして、情報は、意味的に処理がなされたあとにインテイクに移行されていくことが主張されている（Schmidt, 1995; Robinson, 1995; Muranoi, 2000）。したがって、望ましい言語情報処理方法は、インプットからインテイクにいたる処理が自動的に進んでいくことであると言える。次に外国語学習における選択的注意の働きを探っていく。

2.2.4　選択的注意は知識を蓄積する

　注意と学習の関係は認知心理学の分野で長い間研究対象になっている（Allport, 1989；Cowan, 1995）。人は、外的要因から取り入れた情報をどのように内的にインプットしてインテイクしているのであろうか。この疑問に回答をする場合、二つの要素が挙げられる。一つには、学習者が、課題遂行するために働かせる注意（focus of attention）、もう一つは、学習者が受け取る情報と関わっている過去の経験に基づく情報処理能力（information-processing ability）である（Hatch and Hawkins, 1987）。第二言語習得や外国語教育の分野でも注意の働きは、無意識的なのか意識的なのかについて議論され、言語学習に深い関わりがあるとされてきた（Bialystok, 1978, 1981; Krashen, 1978, 1981, 1982, 1985）。

意識の高揚やインプットの強化（Sharwood-Smith, 1981, 1991, 1993）および形式への焦点化においては、注意の働きが直接的にも間接的にも影響をおよぼしている。McLaughlin, Rossman, & Mcleod（1983）や McLaughlin（1990）でも、意識は、意味を十分に習得することに直結するとしている。

一方、Bley-Vroman（1988）では、第一言語習得と外国語学習方法の違いを、自らインプットやアウトプットした事柄について、意識的に誤りを修正できるかどうかに焦点をあてており、外国語学習は意識的作業であると主張している。Schmidt（1994）では、注意は意識の中の一つの形であり、学習者が言語をインプットしてインテイクさせるためには、注意を意識的に働かせなければならないとしている。

選択的注意は、学習におけるメタ認知ストラテジーとして情報を効率的に取得し処理するための役割を果たし、高い情報処理能力を発揮することを可能にする。メタ認知においては、ことに最近、学習における認知プロセスの役割が注目され、学習者がどのように情報を入手し、その情報がいかに保存されているのかに焦点があてられている。

最も簡単な枠組みとして、認知プロセスを短期記憶と長期記憶に分けている。（第4章参照）短期記憶は、学習した事柄をほんの短い間保持しておく記憶装置で、長期記憶は、情報の貯蔵庫として、単独で得られた要素もネットワークの一部として処理する装置である。そして、すでに蓄えられている情報を用いて、認知プロセスを積極的に活性化させて情報を入力する方法である。

この認知心理学のパラダイムでは、新しい情報は四つの段階で符号化のプロセスを経て習得される。その段階とは、学習者が新しい情報を第一段階で選択し、その情報を第二段階で習得し、第三段階でさらに学習者の知識の中で情報を構築して、第四段階で情報を知識の一部として統合する。第一段階の選択においては、学習者は、情報を理解するのに必要な情報を選択し、その情報をワーキングメモリに蓄積する。第二段階の習得では、学習者は、積極的にワーキングメモリに蓄積された情報を短期記憶に移行させ、リハーサルを繰り返すことによって長期記憶に転送し、永遠の貯蔵庫に保存する。第三段階の構築では、学習者は、ワーキングメモリに蓄えられている情報と入力情報とを内面で選択

的に結びつける作業をし、第四段階で「統合」している。これらの作業の中で、選択的注意は、情報と情報を選択し結びつける働きをしている。たとえば、文章を読んでいるとき、太字だけに注意が向けられていたり、流れてくる情報の中から、必要な情報を取捨選択し情報を結びつけたりして理解していくことである。先にも述べたが、人の脳内の情報処理能力には限りがあるため、外界の多量にある情報の中から処理するべき情報と処理する必要のない情報を取捨選択しなければならない。その働きをするのが選択的注意である。

2.2.5　効率的な選択的注意が学習を成功させる

最近の言語習得研究においても、言語を聞くことや読むことからインプットを受けるためには、注意の役割が大きいことが明らかになってきている。Schmidt (1990) で、第二言語習得におけるあらゆる面で、たとえば、リスニングとリーディングでの言語理解において情報をインプット後インテイクする過程において、注意は不可欠のものであるとしている。

では、言語情報が外部から学習者の脳内にインプットされて、内在化 (internalize) されるまでの過程、いわゆる、インプット (comprehensible input) (Krashen 1981, 1982, 1985) からインテイク (Corder, 1967) までの過程では、情報は認知的、神経学的にどのような過程をたどるのであろうか。

Brown (1991) の Bickerton (1981) を参照した言語習得モデル (図2-3) を紹介する。このモデルでは、言語習得過程を、植物の生育過程にたとえており、植物の生育の始まりは、雨雲によって土の中に蒔いた種に雨を降らせる。その種が根をはり、芽を出し、木に成長して実を結ぶ。土の状態はさまざまで栄養が十分に含まれているものもあるし、そうでないものもある。植物の種はあらかじめ生育過程がプログラムされており、雨、肥料などさまざまな方法によって種に栄養が与えられて、種が根をはり、芽を出し、何本かの木枝が伸び、実をつかせる。これを、言語習得にたとえてみると、学習環境としての雨雲は、テキストや教師の話しかけであり、言語という雨を降らせ、学習者の生得的能力やこれまでに得た知識や文化的背景知識などに刺激を与える。さまざまなスタイルの学習者は、社会的、心理的ストラテジーやメタ認知ストラテジーを

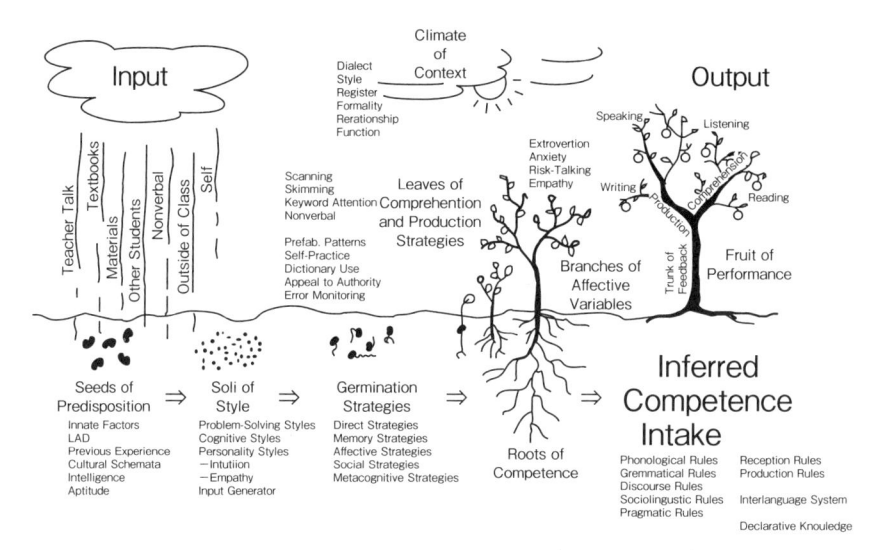

第 2 章　言語習得における注意の役割　43

図 2-3　言語習得の生態学的モデル
The ecology of language acquisition (Brown 1991)

利用して、言語を処理して理解という根を利用して、間違いをモニターしたり、脳内辞書を利用したりして理解を促進させる。理解の根は、文法的、音韻的、談話的、社会言語学的規則などを吸収していき知識がインテイクされていく。そして、言語能力を発揮する場面で、インテイクされた能力から、リスニング、スピーキング、リーディング、ライティングの枝に分かれていく。この考え方から解釈すると、枝分かれしたリスニングやリーディングの能力は、インテイクされた能力を共通の栄養分として根から吸収し、これら4種類のパフォーマンスに分類されて能力を発揮する。この言語能力をうまく運用するためには、学習者が内面でインプットされている能力を取捨選択して利用することである。リスニングやリーディングにおいては、学習者が新しく入ってきた情報に対して、選択的注意を向けて必要な情報に気づくことにより、多くのインプットを受けることが可能となる。この処理が自動的になされれば、言語学習が成功に導かれたことになる。

　このように、言語学習過程においてインプットからインテイクに至るまで

には、さまざまな要素が働いているが（Brown, 1994）、前章で述べた言語習得理論に基づいて考えると、学習がより円滑に運ぶためには、言語環境は「i + 1」の難易度で、学習者が、潜在的知識を働かせ自動的処理のできる状態を保つことが効果的であると言える。したがって、学習者が言語理解を促進する際には、選択的注意が自動的に働き気づきがおこり、インプットされた情報がインテイクに移行していく状態が効率的な学習になる。

　言語学習では、McLaughlin の自動的処理状態が理想的な言語処理状態とされ、無意識的な注意が働く学習者が優れた言語処理能力の保持者となる。言語情報処理過程で、無意識的に選択的注意が働き、情報が処理されることができれば、それは、学習の注意が McLaughlin のモデルで言う、意識的注意（controlled attention）から自動的注意（automatic attention）に移行できたことになる。第二言語習得や外国語学習においては、第一言語を処理する際と比較して、英語学習者の情報処理能力に限界があるため、いかに効率よく学習者自身が情報の選択をしインプットし、それをインテイクさせていくことができるかによって学習の成功、不成功が決められる。

2.3　選択的注意：脳と認知のメカニズム

2.3.1　脳の働き

　学習者は、選択的注意をどのように無意識的に働かせているのだろうか。脳科学と認知の二つの側面から説明する。脳科学の面では、言語課題が与えられたとき、情報が学習者の選択的注意のフィルターを通過し、そのときに、適切なインプットがなされる。そして、言語の意味理解は、視覚、聴覚などから入力される感覚情報（外的状況）と脳内にすでに組織されている背景知識（内的状況）とが相互に作用してなされる（Jacobs et al, 1993）。

　学習者が情報を選択してインプットし、そしてインテイクさせていくためには、脳と言語情報処理のモジュール化の中で選択的注意が働かなくてはならないとし（Jacob & Shumann, 1992）、近年、言語情報処理における脳機能が注目を浴びている。言語は聴覚野や視覚野の第一次感覚野から取り入れられ、文脈

に即した情報が脳内に送り届けられる。そこでの意味理解は、感覚情報に加え、すでに経験から構築された神経機構にあらかじめ存在している背景知識の中にある情報との相互作用によっておこる。言語学習は、経験に基づく知識と永続的に内面で蓄積されている情報によって促進される (Jacob & Shumann, 1992)。学習者と環境との相互作用はアクションダイアログ (action dialogue) (Bruner, 1975) ともよばれ、その意味は、話し相手とのコミュニケーションを行う会話からだけでなく、社会的、文化的要素を含んだ情報が満ちあふれている環境の中から、情報の受け手が、必要な情報を選択して処理していくことである。その働きをするのが、第二言語習得、外国語学習においても、いわゆる、選択的注意である。

意識の脳モデル (Newman, Baars & Cho, 1997) でも、認知的な処理の多くは意識的なものと無意識的なものに区別されている。意識が働く場合は、情報処理過程において「新しい事象」「重要な情報」「目的に矛盾する情報」が検出されたときである。それに対して、「十分に予測されうる事象やよく知っている刺激の場合には、意識をともなわないモジュール機構が自動的に処理する」(Newman, 1995) とされている。

学習者の内的状況において、個人の選択的注意が、情報のインプットに影響を及ぼすとされている点については、理論的に二通りの可能性が考えられている。一つは、情報が入力される初期の選択的注意は、感覚的入力情報を処理する能力を制限する。つまり、聴覚や視覚などの外部からの刺激をインプットする際にフィルターがかかってしまう状態になってしまうこと。二つ目は、情報が入力されてしばらくたった後では、感覚的入力情報は、制限されることなく選択的注意は後続する認知的処理と同時に起こると考えられる。これら二つの方法は、いずれにしても選択的注意を促すことで、個人の内的状況によって学習者の背景知識を活性化させて、入力情報と相互作用させることで学習の到達目標に達することが可能になる。

2.3.2 認知の働き

認知の面においては、Vygotskian 理論によると、聴覚や視覚からの外的な

図 2-4　機械的学習
(Ausbel, 1963)

　刺激パターンが認識される方法、いわゆる入力情報が意味をなす方法では、ボトムアップ処理とトップダウン処理（Rogoff, 1990）があるとされている。ボトムアップ処理とは、入力情報を知覚して理解する段階で、情報のブロックを一つ一つ積み上げていく段階である。一方、トップダウン処理は、学習者がこれまでに持っている関連情報や概念と新しく入力した情報を照らしあわせながら、意味を構築していく作業である。どちらの処理方法でも選択的注意が働く。

　同様に、Ausbel（1968）の認知学習理論から選択的注意の役割が大きいことが説明できる。Ausbelの理論は、機械的学習（rote learning）（図2-4）と有意味学習（meaningful learning）（図2-5）で説明されている。機械的学習は、言語をバラバラな情報として学習する過程であり、ブロックでたとえるなら、何の法則性もなくただ積み上げている状態ですぐに崩れてしまう方法である。一方、有意味学習は、新しい事象を、認知構造の中にすでに確立されているものと関係のある項目に関連づけて定着させていく方法であるとし、学習者がすでに持っている「認知のくぎ」（cognitive peg）に新しい項目をひっかけていく過程であり、新しく積み上げるブロックが系統的なブロックの集合の一部となり、強固な知識となっていく方法である。選択的注意の働きによって、認知のくぎにひっかけることのできる新しい情報を選択し、また、もともとある認知的構造の中のどの知識にひっかけるのかを選択するのも、選択的注意の働きであると言える。

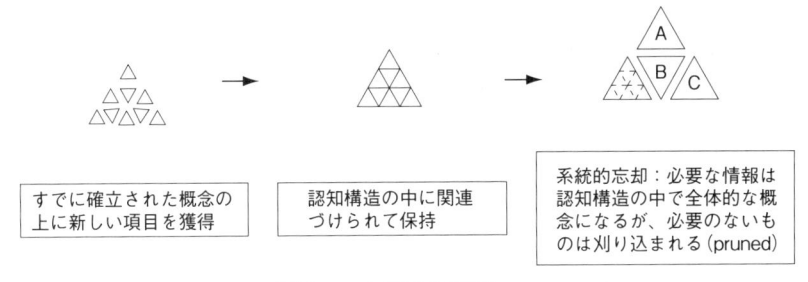

図 2-5　有意味的学習
(Ausbel, 1963)

　以上のような視点から見ると、神経機構面でも、認知機構面においても、言語学習におけるインプットからインテイクの過程は、刺激を知覚し、選択的注意が効果的に活性化されることが第一段階であるといえる。学習における選択的注意の働きを明らかにさせることで、これまでの認知心理モデルが大きく進歩し明確になるが（Atkinson & Shiffrin, 1971; Craik & Lockhart, 1972）、これまでのところ、学習者がどのように適切な刺激を受けて、選択的注意を働かせて言語を処理しているかということは実証されておらず的確な説明もない。神経メカニズムにおいても、選択的注意は、視床網様核（NRT: nucleus reticularis thalami）として知られている神経領域で指令が出されているとされているが（Sato & Jacobs, 1992）、まだ明らかなことはわかっていない。この点については、本書の後半に記した実証研究において、とくに第8章、第9章で、解明の一歩を踏むことになる。

2.3.3　脳で支配

　視床網様核（NRT: nucleus reticularis thalami）は、視床をとりまく薄い神経細胞層にあり、大脳皮質と結合し、脳の網様核として総合の座となっており（Jone, 1985；Herkenham, 1986; Groenewegen & Berendse, 1994）、情報の出入り口の役目として感覚入力の流れを左右する重要な働きをしている。Newman & Baars（1993）では、情報が視覚や聴覚から大脳皮質に至る経路において、すべての情報は視床を通過し、ほとんどすべての情報は視床から大脳皮質に

達する経路であるNRTに到達する。NRTは、視床と大脳皮質間で情報の流れを制御する役割をしている。Yingling & Skinner（1975）は、視床から皮質経路で、神経機構へ電気刺激を与えることで誘発される活動電位を測定すると、NRTで情報の流れをただちに抑制する機能が働いていることを示している。学習者の選択的注意は、このNRTの抑制によって働くもので、情報を理解するのに適切なものと不適切なものを選別し処理する働きをしている。

Scheibel（1987）は、NRTでは多数の小さなゲート機能があり、もしゲートが開いていれば、入力情報の流れは促進され、閉じていれば、情報の流れは抑制されてしまうとしている。言語習得に関しては、学習者が適切な情報を受け取るために、選択的注意が、情報をインプットからインテイクに移行することを促進させていると言える。NRTの働きによって、選択的注意が活性化されると、多くの情報のうち、理解に必要な情報だけが選択され、ゲートをくぐり抜けて理解の道をたどることになる。

視覚や聴覚によって入力された情報は、学習者の抑制と興奮の相互作用によって処理される。入力情報が視床にまず届けられ、次にNRTを通過するが、その際に抑制と興奮の相互作用が働き、NRTのゲート機能が作動する。その働きを「支配（Orchestrate）」するのがNRTである。Baars（1988）では、意識と注意を区別し、意識は情報を入力する際に連続して流れているように見えるが、情報処理過程のある時点で、情報が入力され脳内のある一部分で働いているにすぎない。そのため、入力情報を柔軟でかつ適切に選択するためには、意識の中に「フィルター」過程が必要であるとしている。これが、情報を選択するための注意、いわゆる選択的注意であるとし、NRTが、選択的注意の生理的基盤である考えは多くの研究者の間でも広く受け入れられている（Mitrofanis & Guillery, 1993）としている。

注意は、脳内メカニズムにおいて、意識的にも無意識的にも働かせることができる（LaBerge, 1995）。そして、NRTは、注意の基盤と関わっており、意識は、NRTを中継するのには適していない（Bogen, 1995）とされている。注意が活性化すると、情報が伝達されている神経網の中で、特定の神経活動が選択的に高められた状態になり、学習によって、感覚入力を強化することと選

択することがうまく統合される。このように、NRT が神経システムの指揮者（conductor）となり学習が促進される。NRT のような脳機構を解明することが言語習得のメカニズムを解明することに繋がる可能性が高くなると言える（Sato & Jacobs,1992）。

2.4 意識と注意の測定方法

2.4.1 脳機能測定装置を使って

　前項でも記したが、選択的注意は脳内の NRT で機能しているとされている。人の脳内の情報処理能力には限界があるため、外界で多量に流れている情報の中から脳で処理するべき情報と処理する必要のない情報を取捨選択することが必要である。この取捨選択をする機能が選択的注意であることは前項でも触れた。選択的注意は、注意する必要のある情報だけでなく、注意する必要のない情報に対して処理が行われないように抑制する働きをし、積極的に情報を無視することとしても働く。なお、意識と注意とは異なったものであるとされている。意識とは、「志向性をもつ脳の高次情報処理の一様式」であり、注意は「情報を選択し統合（binding）し、整合的な行動に導く脳の情報処理過程」であると考えられる（苧阪、1996）。

　人が意識的経験をしたか否かについてはどのように判断できるのであろうか。その基準として、報告可能性（reportability）が広く採用されているが、これは、必ずしも報告可能であることが意識的なものとして仮定されているものではない。ただ、人の心の状態についての仮説をたてるためのデータ収集法としてこれが有用な方法である（Dennett, 1991）。これは、主観的な方法であって、人は、意識していても、無意識であると報告したり、意識をしていなくても、成果が表れれば、意識的処理であるとしてしまう場合も多い。

　それに対して、近年、客観的に人の意識を観測できる可能性がでてきた。具体的には、1）脳の高次機能の解明が進み、脳の働きを通して意識を考えることが現実味をおびてきた。2）意識を科学的に捉えるキー概念である注意の脳内メカニズムが解りつつあり、注意が情報を束ねる働きをもつことが解ってき

た。3）脳が行う無意識的情報処理の発見、4）意識という高次な脳の情報処理の計算的モデリングが進んできたこと、5）直接脳を観察できる非侵襲的方法（ニューロイメージング装置）、つまり最先端の脳の機能画像化のテクノロジーの発展がある。こうした方法により認知神経科学を中心として脳の高次機能の働きが明らかにされ、意識という霧につつまれたものが、脳の働きを通して明らかにするてがかりが得られた（苧阪、2000）。

2.4.2 脳内メカニズム解明の重要性

　これまでの第二言語習得のモデルについての理論的枠組みは、意識の働きを、学習者の主観的報告によって判断する方法が採られてきた。こうした方法は、学習者およびその指導者である観察者の主観的な認知的経験則から提唱されたもので、客観的なデータがより強固な証拠として必要となってきた。最近では、fMRI, PETなどの新しい脳機能イメージング法が開発され、その技術が人間の認知的メカニズムの客観的観察法として、脳神経学の分野だけでなく心理学、言語学の面でも脚光を浴びてきている。第二言語習得や外国語学習の分野でも、言語処理の自動化について注意機能の観点から脳機能イメージングによる調査が注目されている。たとえば、冒頭にも記したが、Segalowitz(2001)では、言語処理の自動化と脳機能の関連性についての研究の重要性を主張し、Tomlin & Villa (1994)においては、第二言語習得と注意の脳科学的研究の必要性を主張している。現在まさに、第二言語や外国語処理における脳内メカニズムの解明が重要性を増し、脚光を浴び始めつつある。

2.5　脳科学的観測の展望
　　――最適脳活性状態の解明へ向けて――

　一般的に人間の情報処理システムでは、人は、多くの情報をまずスキャニングして、どれが必要な情報なのかを判断し特定する。そして、必要だと特定されたスポットに選択的注意を向けて情報を入手し処理していく。意識の認知科学において、意識的注意は、「劇場のメタファ」としてとらえられ、意識的行為は、

スポットライトで明るく照らされた劇場のステージにたとえられ、スポットライトは、意識的注意によって導かれるとされている。舞台は、スポットライトのあたるステージ以外は、暗く無意識状態のままであるとされ、行動を起こす人は、スポットライトに照明されたステージに出たり入ったりする。

　本章で述べたように、注意機能は、認知機能としても神経機能としても説明がつく。学習過程において、意識の働きによって操作される知識が顕在的知識と潜在的知識に対比され、学習において注意の働きは、不可欠のものだとされている。選択的注意は、メタ認知ストラテジーのひとつとして、学習を促進させるものであるとされており、言語習得において、課題に注意が向けられれば、インプットを強化し、インテイクされた情報の蓄積が増大していく。最適学習状態は、無意識的に選択的注意が働き、言語処理が自動的になされる状態である。そして、学習者の脳活性状態が最適になると学習が促進されることになる。

　では、どのようにして、学習者を最適活性状態に導くことができるのであろうか。これまでの注意研究において、注意は人間の内面で働くため、外部からは実際に測定することは困難だとされてきた。しかし、高次脳機能測定装置が開発されたことによって、人の脳機能への関心は高まってきた。英語学習者がどのようにして、英語を処理しているのであろうか。この点についても学習者の課題遂行中の脳活性状態を観測することが可能となった。英語の熟達者の脳活性状態を観測すれば、最適活性状態が明らかになるのではないだろうか。これについては、第8章で、取り扱う。

第3章　言語理解のメカニズム

　第1章では、言語習得モデルにおける意識的処理と自動的処理について、第2章では、選択的注意の効果について、認知機構および脳機構の側面から述べた。本章では、言語処理および言語習得モデルにおいて、選択的注意がどのような役割をしているのかについて考えてみる。言語を入手する方法として、リスニングとリーディングにおける言語処理方法に焦点をあてる。
　リーディングとリスニングのメカニズムでは、相互作用が最も効率の良い手段であると考えられている。相互作用については、二つの解釈がある（Grabe, 1991)。その一つは、テキストを処理するときのボトムアップ処理とトップダウン処理の相互作用で、多くのスキルが同時に作用する方法、もう一つは、言語処理過程と認知過程の相互作用であり、学習者のスキーマ（背景的知識）とテキストの内容との相互作用などが主張されている。解釈は多少異なるものの、どちらにしても相互作用は、情報処理を円滑にすすめる働きをする。本章では、これらの相互作用モデルにおいて、選択的注意がどのように効果的に作用するのかを記す。

3.1　情報処理のしくみ

3.1.1　ボトムアップ処理

　人間の情報処理理論において、情報の入手方法は大きく分けてボトムアップ処理とトップダウン処理の二通りの方法がある。ボトムアップ処理とは、まず、文字や音声が認識され、次にその意味理解に進んでいく方法である。最初に言語を小さな単位でとらえ、次第に大きな言語単位の理解へと段階的、連続的に処理が進んでいくという考え方である。ボトムアップ処理とは、人の内面

第3章 言語理解のメカニズム　53

```
SUPPOSE THE EYE...                "SUPPOSE..."
      ↓                                ↑
   視覚                              聴覚
   システム                          システム
      ↓                                ↑
 アイコニックメモリ                   スクリプト
      ↓                                ↑
   スキャナー → パターン認識        編集 → 音素的規則
           ←   ルーティーン            
      ↓                                ↑
   文字登録機                     TPWSGWTAU
      ↓                                ↑
   デコーダー → 音記-音素対応     統語的意味 → 統語的
           ←   コードブック         的処理器     意味的規則
      ↓                                ↑
   音声録音 → ライブラリアン → 一時記録
   テープ         ↑↓
               辞書
```

図3-1　読みの1秒間モデル
（Gough, 1972 にもとづく）

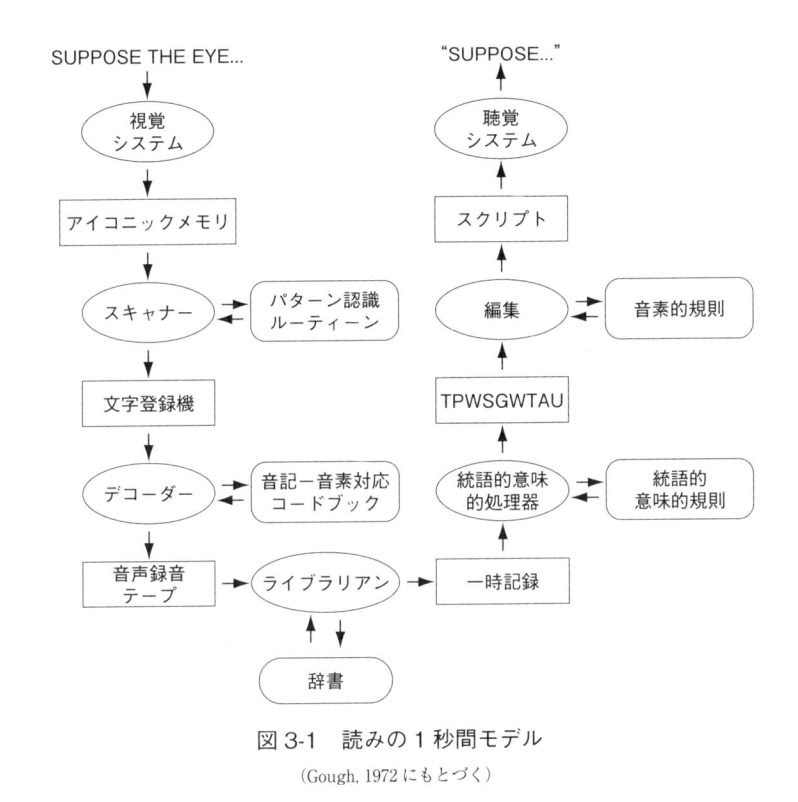

で仮説-検証の作業は行われず、取り入れた文字や音声情報だけを手がかりにして内容を理解していく方法である。このことからテキスト駆動型とも言われている。この処理段階において選択的注意は、文字や音声を認識し、必要な情報だけを選択して脳内に入力する働きをする。

　ボトムアップ処理の代表的なモデルはGough (1972) による「読みの1秒間モデル (one second of reading model)」（図3-1）である。このモデルによると、脳内の情報処理システムの第一段階で、視覚情報が視覚システム（visual system）を通して文字から音声に変換される。第二段階では、変換された音声が単語に変換される。そして、最後に、変換された単語の意味単位がTPWSGWTAUとよばれる「文章が理解される場所」に入力される。入力さ

れた単語は、TPWSGWTAU に入力された時点で意味を持ち、学習者の脳内の知識システムの一部となり、長期間貯蔵庫に情報が保存される。

しかし、この Gough のモデルでも実際の読みの過程を説明するには不十分な点が指摘されている。それは、読解において、ボトムアップ処理だけでは理解は成立しないということである。そこで、トップダウン処理の考えも主張されるようになった。

3.1.2　トップダウン処理

トップダウン処理とは、読み手がテキストの内容に関して、背景的知識としてのスキーマやスクリプトなどを最大限に利用して、テキストに含まれている情報を選択して内容の仮説をたて、その仮説を検証していく読み手中心の処理方法である。このことから、読み手駆動型（reader-driven）のモデルと考えられている。このモデルでは、ボトムアップ的に、単語の意味だけを理解するだけでは、書き手の真意を読み取ることはできない。書き手の意図を正確に読み取るには、言外の意味、比喩表現などを理解することが必要であると考えられている。そして、読解を効率よく行う方法は、すべての情報を逐一理解していくのではなく、多くの情報の中から最も少ない情報、いわゆる、文章を理解するのに必要な鍵となる情報のみを取捨選択し、予測をたてて、その予測が正しいかどうかを検証しながら読むことである（Goodman, 1970）と主張された。

ボトムアップ処理とトップダウン処理はそれぞれ単独に働くより、二つの処理の相互作用によって情報の理解が効果的に進むとされる。情報の受け手は、文章に関して、語彙的にも意味的にも背景的知識が必要となり、その知識を活用することによって理解が促進される。第 4 章でも扱うが、背景的知識の貯蔵庫はワーキングメモリであり、選択的注意の働きによって、文章の意味がワーキングメモリ内の知識システムに同化し、また、選択的注意の働きによって、蓄えられていた背景的知識をワーキングメモリ内から引き出すことができる。

3.2 スキーマ理論

3.2.1 スキーマとは

　スキーマとは何か。スキーマと同様の概念は、スクリプト、フレーム、プラン、ベータ構造とよばれることもあるが、おおまかな内容はどれも共通している。ここでは、Rumelhart & Ortony (1977) によるスキーマを取りあげる。スキーマとは、長期記憶内に蓄えられている総称的概念 (generic concepts) の表現であって、われわれが日常的に経験する事物、状況、出来事、活動、あるいはその連続などの理解にこのスキーマを利用していると思われる。読解過程において、読みはスキーマによって促進される (Barlett, 1932; Rumelhart & Ortony, 1977; Rumelhart, 1980)。

　Johnson (1981, 1982) や Carrel (1983, 1984, 1987) でも、スキーマをテキスト構造についての知識であるフォーマルスキーマ (formal schema) とテキストの内容に関する知識であるコンテントスキーマ (content schema) とに分けており、英語学習におけるスキーマと文章理解過程の関係について実証研究を報告している。これらの報告の中で、コンテントスキーマに関して、学習者が、内容に関わる多くの知識をすでに持っていれば、その文章の理解度は高くなるとしている。学習者がすでに知っている事柄、興味のある事柄に関する情報を読んだり、聞いたりする場合と、まったく新しい情報を理解する場合とでは、前者の方が理解が容易にでき、後者の方がより思考力、推測力を要することになる。

　次に、天満 (1989) の紹介している Rumelhart & Ortony (1977) によるスキーマの定義を記す。

1. スキーマはいくつもの変数からなる。たとえば、「買う」という概念を考えてみる。これには「買う人」「売る人」「商品」「お金」といった変数が含まれる。
2. 1つのスキーマは、別のスキーマに埋め込まれうるので、階層構造を形成する。たとえば、「顔」というスキーマは「目」「鼻」「口」「耳」といったサブスキーマを含み、それぞれは、さらにその下位のサブス

キーマとして、たとえば、「目」なら「眉毛」とか「まつげ」などを含むものと考える。
3. スキーマはさまざまなレベルにわたる抽象度の高い総称的概念を表現できる。たとえば「買う」という動詞スキーマや「顔スキーマ」のようにものの名称や性質などを変数として含むスキーマや「レストランスキーマ」のように行為の連続を表現するスキーマなど、それぞれ、レベルの異なる抽象度を反映する。
4. スキーマは物事の厳密な定義ではなく、いわば百科事典的な知識、つまり標準的、典型的な知識を表現し、柔軟性をもつものと考えられる。

なお、スキーマは、読み手のもつ文化的背景によって異なる場合がある。自分になじみのある文化的背景に関した内容はスムーズに理解できるが、なじみのない文化に関するものを理解する場合には、自国の文化から形成された異なったスキーマがあるがために間違った解釈をしてしまう場合がある（天満、1989)。

3.2.2 スキーマは理解を促進する

　文章を理解するためには、学習者のさまざまな背景的知識が用いられる。文法的、音声的知識などの言語的知識であったり、世界動向、経済動向などの社会常識的知識、専門的な学問的知識であったりする。情報の理解は、こうしたスキーマによって促進されることになる。
　スキーマのように、文章理解に関わる知識を特定のものとして定義しようとする試みは、これまで認知言語学や人工知能の研究で行われてきた。そこでは、話しことばおよび書きことばにおいて、テキストは聞き手や読み手に意味理解を促す方向付けをし、理解は聞き手や読み手のすでに持っている知識、いわゆるスキーマとテキストとの相互作用により促進されると考えられている。学習におけるインプットは、学習者がすでに持っているスキーマと新しい情報がマッピングされて行われる（Carrell & Eisterhold, 1983, 1984）と主張されている。
　従来の第二言語の読解研究の主流は、スキーマ理論を中心にして理解過程を探ること、および、トップダウン処理とボトムアップ処理のどちらの処理方

法が理解に効果的であるかについて研究も行われてきた。しかし、現在では双方向から処理される相互作用説が強くなってきている (Carrel et al., 1988)。なお、読解過程において、注意や気づきとしてのメタ認知概念が注目され、スキーマを活性化させるための注意そして、注意によって促される気づきに注目がおかれている。

3.3 インタラクティブモデル

3.3.1 相互作用は理解を促進する

本章の冒頭でも記したが、言語理解過程でのインタラクティブ（相互作用）とは、いくつかの考え方があり、その中の一つは、ボトムアップ処理とトップダウン処理の相互作用が円滑に働き、高位レベルと低位レベルの認知過程が同時並行的に行われること。あるいは、学習者の言語処理過程と認知過程との相互作用である。選択的注意は、どちらのインタラクティブモデルでも、必要な情報を選択するために働く。

Rumelhart (1977) でのインタラクティブモデルは、視覚情報貯蔵 (visual information store)、特徴抽出装置 (feature extraction device)、パターン統合器 (pattern synthesizer) を通じて情報が処理される。ボトムアップ処理では、正書法 (orthographic)、語彙 (lexical)、統語 (syntactic)、意味 (semantic) の下位レベルで行われ、それに上位レベルの情報がボトムアップ処理として統合される。すなわち、下位レベルで処理される知覚情報と上位レベルで処理される非知覚情報とが同時に作用すると理解は促進される。

Just & Carpenter (1980) では、眼球運動の研究において、読み手の眼球の停留位置 (fixation) と停留時間 (fixation duration) の関係について調査した。眼球の停留によって得られた情報が、ワーキングメモリ（第4章参照）とどのように結びつき、また、長期記憶に蓄えられているスキーマとどのように関連づけられているのかという点について注目した。その結果、高位レベルに蓄えられている知識と低位レベルの眼球運動には、明確な相関関係があることを報告し、読みにおいて、高位レベル処理と低位レベル処理の相互作用、いわゆる

トップダウン処理とボトムアップ処理の相互作用が効果的であると結論づけている。
　一方、Stanovich（1980）では、トップダウン処理とボトムアップ処理は、必ずしも同時に行われる必要はないとしている。読解において、両処理が進むタイミングは、読み手の背景的知識、読み方、言語の操作方法によって異なる。たとえば、読み手にとって未知語が多く、内容を理解するのが困難な課題を提示された場合は、これまで得た長期記憶の中にある背景的知識を手がかりにして、文脈から内容を推測したり、文の統語分析をしたりして理解に結びつける。したがって、読み手はボトムアップ処理、トップダウン処理の一方あるいは両方の理解可能な方法で言語を処理し、理解を進めていると主張している。

3.3.2　読みは認知行為
　Eskey（1986）（図3-2）は、読解過程は認知的行為であるとして、読みという行為は、まず、読者の脳内にある言語の認知機構（cognitive structure）の働きにより始まる。言語の認知機構は、長期記憶（long-term memory）に蓄えられているスキーマ（背景知識）の影響を受ける。優れた読み手は、文字を正確に認知すること、たとえば、いくつかの言語情報の中から内容理解に必要なキーワードを短時間に拾うことや、読み物のタイトルから内容を的確に推測するように、最低限の視覚的な情報理解が自動的に進む。同時に、読みの過程で、内容を素早く理解して、文字単語などの形式的な情報と意味的情報を脳内の認知機構で手際よく統合的にまとめることができるとしている。ここでは、読みのインタラクションとは、読者の背景知識とテキストとの相互作用であるとしている。図3-2で、理解をしたことがらが、認知機構に入力され、情報の形式と内容が一つにまとめられる。この循環により、認知機構の資源が増大していき、さらに、読解を活性化することになる。
　Smith（1988）で、バイリンガルを対象にし、読解過程の研究を行い、インタラクティブモデルは、非視覚情報の役割が大きいことを主張し、読みとは視覚情報と非視覚情報間のトレイドオフであるとしている。ここでは、読みという行為には、「つねに視覚情報と非視覚情報が用いられ、読みの過程とは読み

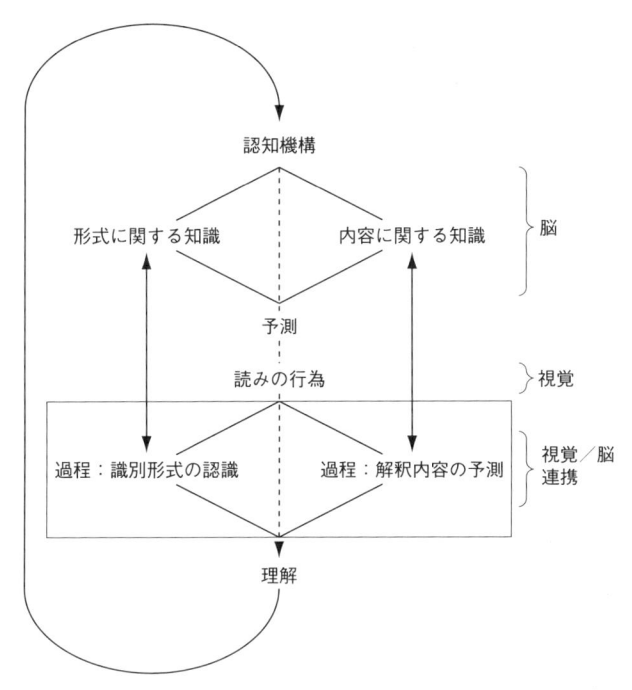

```
                    認知機構
                      │
          ┌───────────┴───────────┐
   形式に関する知識            内容に関する知識    ┃脳
          │           予測          │
          │        読みの行為        │  ┃視覚
          │                       │
   過程：識別形式の認識      過程：解釈内容の予測   ┃視覚／脳
                                      連携
                      │
                     理解
```

図 3-2　インタラクティブモデル（認知行為としての読解）

(Eskey, 1986 にもとづく)

手とテキストの相互作用である。」としている。読みが熟達している学習者は、視覚情報を最小限に取り入れ、非視覚情報を最大限に働かせることができる。非視覚情報、たとえば、背景的知識や思考力などを手がかりとして言語情報が容易に理解できるのであれば、提示された単語や流される音を逐一認識する必要はないとしている。

さらに、Smith（1988）は、読解における読み手の「予測」の役割の重要性を主張している。英語とフランス語のバイリンガルに、両言語が混在した文を読ませたあと、どの内容がフランス語でどの内容が英語だったのかを質問する実験をした。その結果、どちらの言語で記されていたかが正確に記憶に残っていた実験参加者はいなかったと報告している。この結果から、バイリンガルの

初心者

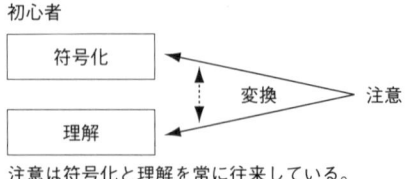

符号化 ⇅ 変換 → 注意
理解

注意は符号化と理解を常に往来している。

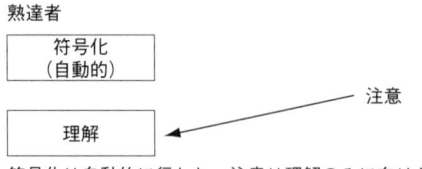

熟達者

符号化（自動的）
理解 ← 注意

符号化は自動的に行われ、注意は理解のみに向けられ、符号化と理解が同時に処理される。

図 3-3　注意（Attention）と読み（Reading）のモデル
（Samuels, 1994 にもとづく）

読み手は、単語を見て音声化する以前に、言語を意味的に理解していると主張している。

　すなわち、読解とは機械的に文字を音声化する作業ではなく、テキストの意味を構築する作業であり、優れた読み手は、正しい予測ができ、正確にテキストを理解することができる。ここでの予測とは、先に何が書かれているのかを推測することに加え、テキストの理解に必要でない事柄を前もって除外することも含まれる。ここでも選択的注意が、情報を取捨選択するときに働いている。

3.3.3　注意と読みのモデル

　ここで、Samuels（1994）の注意と読みのモデル（図3-3）を紹介する。このモデルでは、読解過程を符号化（decoding）と理解（comprehension）に大きく分け、初心者と熟達者の読み手の記憶内の注意資源に注目している。学習の習熟度と注意の向け方の関係について、初歩の読み手は、言語処理容量を超えない限り、注意は符号化と理解の両方に向けられる。いわゆる、ボトムアップ処理とトップダウン処理の相互作用がなされる。一方、読み手の処理容量を超えた場合に

は、注意は、符号化か理解のどちらかに切り替えられてしまう。読みが熟達している学習者は、最小限の単語や文章の情報量を選択するだけで、すでに備えもっている知識を最大限に働かせることができる。前述したSmith (1988) のモデルとも一致するが、背景的知識や思考力を働かせて非視覚情報を利用して、情報が円滑に処理され理解されるのであれば、単語や音声のすべての言語情報を認識する必要はなく、注意を向ける必要もない。

　言語処理過程における注意資源の分配については、優れた読み手は、文字や音声の符号化を自動的に処理するために、注意資源を、内容理解に当てることが可能になる。一方、未熟な読み手は、文字や音声の符号化をするボトムアップ処理に多くの認知資源を分配するために、内容理解のために分配する認知資源が少なくなる。注意はボトムアップ処理とトップダウン処理の両方の作業に必要であるが、注意の容量には限界があるとされている（Perfetti & Lesgold, 1977）ため、言語情報に向けられる注意は、つねにボトムアップ処理とトップダウン処理を処理容量の分配の割合によって往来していることになる。読みが熟達している学習者ほど、未知語や初めての情報に出会った場合、低位レベルの情報以外に学習者がすでに持っている知識やストラテジーを用いて理解を補うことができる。それは、ワーキングメモリや注意の容量に余裕があるために、記されている文字や流れてくる音声以外の情報を利用することが可能になるからであると考えられる。より効率的に言語情報処理を促進させるためには、内容理解に注意資源を使うことが望ましい。

3.4　新しいボトムアップ処理理論

3.4.1　ボトムアップ処理の自動化

　これまでの研究では、ボトムアップ処理とトップダウン処理の相互作用によって学習者の理解が促進される。あるいは、それらの相互作用は、必ずしも同時進行をしているのではなく、学習者の習熟度や提示された課題の難易度によって、ボトムアップ処理とトップダウン処理に当てられる注意量は調整されることが示唆されている。

Rayner & Pollastsek (1989) によるボトムアップ処理モデルでは、もう一つの新しいアプローチとしての相互作用をするボトムアップ処理を提唱している。語彙処理に注目し、読み手の眼球運動を調査した実験で、優れた読み手は、中央に位置する語 (foveal word processing) の処理のための眼球停留 (eye fixation) と次に眼球停留する位置を決定する下片側にある映像処理 (prafoveal processing) のための眼球停留の飛翔運動 (saccade) を繰り返すとしている。優れた読み手は、この飛翔運動によって、ボトムアップ処理を、速い速度で行っていたり、自動的に処理しているとしている。そして、中央に位置して処理された語彙理解をもとに、ワーキングメモリの中に貯蔵されている辞書 (lexicon) やテキスト (text representation)、現実世界の知識 (real world knowledge) などを活性化させ、与えられた課題の構文を解析したり、意味を理解したり、学習者の内言によって理解が促進されるとしている。

　このことから考えると、流暢な読み手は、ボトムアップ処理が自動化されており、トップダウン処理に注意の容量を向けることができ、より効率的に相互作用がなされることになる。いわゆる、新しいボトムアップ処理モデルでは、ボトムアップ処理が行われないのではなく。ボトムアップ処理が自動的に進み、トップダウン処理に注意資源が向けられることになる。

3.5　Levelt のモデル

3.5.1　メンタルレキシコンと言語知識

　本章は、言語情報処理において選択的注意が意識的活性状態から無意識的活性状態に移行していくメカニズムを探るものである。

　Levelt (1989, 1993) のモデル (図3-4) は、四角で示されている5種類の知識の処理部門と円形で示されている1つのメンタルレキシコンで説明されている。メンタルレキシコンは、さまざまな処理の中央に位置しており、文法的、音韻的な符号化とその解読、そして、それらを概念化する働きをする。リスニングとリーディングの単語認知をする際に、学習者は内面で、選択的に注意を向け、単語を低位レベルで認知した後、さらに高位レベルの処理に進み、文章

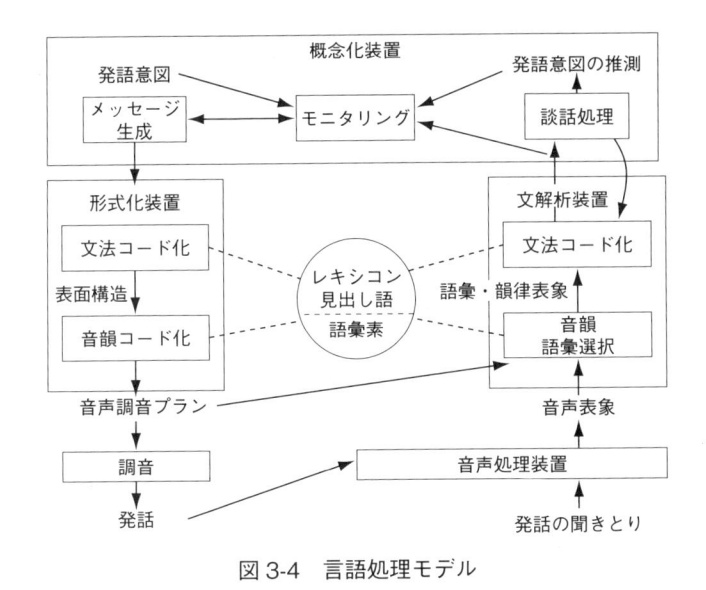

図 3-4 言語処理モデル
(Levelt, 1993 にもとづく)

を理解をする。

3.5.2 聞くことと読むことの情報処理経路

　聞くことと読むことでは、単語が認知された後の言語処理過程は共通しているのであろうか。Levelt のモデルでは、視覚および聴覚情報は、低位レベルではそれぞれに異なった処理が行われるが、一旦情報が解読されると、共通の情報となり、どの方法で得られた情報でも、単語レベルのレキシム（lexemes）、統語レベルのレマ（lemmas）、談話レベルの概念（concepts）へと高位方向に進み理解に到達するとしている。リスニングとリーディングの言語情報処理過程において、共通仮説（Grabe, 1991）（3.6.3 参照）を示唆していることになる。

　しかし、一方で、共通の経路をたどって情報が流れていくのかどうかという点については疑問が残されている。このモデルにおいては、いったん情報が入力された後は、かなりの部分で共通の経路をたどると解釈できる。すなわち、聴覚や視覚情報は、情報の入り口では違う経路で入ってくるが、情報が解読さ

れた後は、同様の経路で処理されていくことになる。

3.6 リーディングとリスニングのメカニズム

3.6.1 リーディングモデル

　Goodman(1967)は、リーディングとは、心理言語学的推理ゲーム(Psycholinguistic Guessing Game)であるとして、認知心理学の立場から、読み手の思考とテキストのインタラクションが読みを可能にするとしている。さらに、「読みとは書き手の文字表示としてコード化したメッセージを、読み手ができる限り再構築する心理言語学的処理」であり、「効率的な読みとはテキストのすべての要素を正確に認知した結果ではなく、正しい推測を生むのに必要な最も少ない、生産的な手がかりを選択する技能の結果である」と説明している。読み手は積極的に、テキストの内容について予測と検証を繰り返し、読み手の予測とテキストのメッセージが適合した言語情報のみを効果的に選択する。予測が間違っていれば変更したり、修正したりするプロセスを繰り返していく。いわゆるGoodmanの主張では、効率的に読むためには、テキストの中から必要な情報と不要な情報を選別して、予測、確認する"Psycholinguistic Guessing Game"を展開することが必要であるとして、予測に適合する言語情報だけに選択的に注意をあてることの重要性を主張している。

　したがって、Goodman(1967)のモデルでは、言語情報を理解する際、知覚する単語をすべて、情報として保持しておくのではなく、流れてきた音声メッセージの中から、あるいは、読んだ文章中の情報から、内容理解に必要なものだけを選択するストラテジーとしての選択的注意を効率的に働かせていることになる。したがって、読み手は、選択的注意を働かせることによりテキスト内の言語情報から、理解するための材料を不必要なものを除外しながら集め(sampling)、予測し(predicting)、予測を検証し(testing)、そして、確認する(confirming)という作業を繰り返し心理ゲームのように進めていることになる。

3.6.2 リスニングモデル

リスニングについて考えてみる。Rost (1990) で、リスニングは、音声をまず物理的な音と意味のある音声とを識別することから始まるとしている。Aitchinson (1987) では、リスニングプロセスを、音声の認識 (recognizing) と把握 (grasping) の二段階で説明している。Clark & Clark (1977) でも、Atkinson & Shiffrin (1968) の二貯蔵庫モデルと類似し、次のようにリスニングの処理は進むとしている。①話しことばを聞いて短期記憶に貯蔵する。②話し手のメッセージの内容と機能を整理する。③メッセージの内容をグループ分けする。④長期記憶に貯蔵する。なお、Richards (1983) では、会話の聞き取り能力をミクロスキルとして 33 項目提示している。その中に「言語を保持する能力」「ストレスやイントネーションの機能を認識する能力」「キーワードを把握する能力」「知識や体験を利用する能力」「予測する能力」などがある。

Gimson (1989) では、リスニングの余剰性 (redundancy) の効果に焦点をあて、"We saw the liars and the tigers." と言い間違えてしまったとしても、聞き手のほとんどの人は、"liars" を "lions" と解釈する。話題を知っていたり、話し手の状況や内容が解っていたり、実際に話題の物が目の前にあったりすることが、聞き手にとって、内容を的確に推論することに役立っている。Schank & Abelson (1977) のスクリプト・スキーマ理論 (Script and schema theory) では、スキーマが内容理解にとって重要なものであるとし、Aitchinson (1987) では、リスニングはスキーマを使って「推測をする仕事」("guesswork") であるとしている。

Brown & Yule (1983) は、母語話者のリスニングでは聞き手はまず、話者の意図を考えるとしている。講演などのリスニングでは、聞き手は、相手のことばを 100％ 理解して覚えているわけではなく、自分の興味にそって情報を選択して聞き、自分なりにその話のメンタルモデル (mental model) をつくり情報収集をするとしている。河野 (1998) でも、ボトムアップ処理で音声情報を聴覚入力しそのままの形で記憶し、トップダウン処理で予想して検証し情報を構築し、長期記憶に蓄えていくモデルを構築している。

英語のリスニング時には、学習者は、関心の有無に関わらず流れてくる音声

の内容を把握し、話者の意図を探らなければならない。情報入手過程において相互作用を円滑に働かせるには学習者はどうしたらよいのだろうか。リスニングにおいてもリーディングにおいても共通していることは、スキーマを活用して情報処理をすることである。英語の情報処理過程をスムーズに行うには、第一言語、第二言語を問わず学習者のスキーマを豊富に増やしていくことが必要になる。

　英語学習を成功させるためには、学習者自身がさまざまな課題や内容に幅広く興味をもち、意識的に注意を向け情報を収集し、知識を増やし、思考力を養っていくことが役にたつ。とくに、リスニングのボトムアップ処理においては、リーディングよりも言語の内外に含まれているあらゆる情報を利用して理解することが必要である。したがって、一瞬のうちに消えてしまうスピードのある音声を逐一聞き取るのではなく、内容理解に必要なキーワードに選択的に注意を向け、それをヒントとし、トップダウン処理で内容を構築することが相互作用的で効果的なリスニングにつながると言える。

3.6.3　第一言語のリスニングとリーディング

　第一言語習得でのリスニングとリーディングの関係に焦点をあててみる。言語情報処理において、音声と文字とでは、どのような処理過程をたどるかということは、多くの研究者の論議の対象になっている。学習者のスタイルやストラテジーによってこれまで論じられている仮説を Danks (1980) を参照して、これら二つの処理過程について、共通仮説、相違仮説、併用仮説を紹介する。

　共通仮説は、リーディングとリスニングの情報処理過程は同一であるという立場である。この仮説では、音声と文字の認識手段の相違はあるが、それは、意味処理に入る前の段階にすぎないとし、いったん情報が取り入れられれば、意味処理の段階では、認識した音声や文字をことばとして理解していく。すなわち、両方とも共通した過程をたどるとしている。Grabe (1991) では、文字や音声は、入力される情報と認知スキルとの相互作用によって処理されるとしている。つまり、音声や文字認識のボトムアップ処理と背景的知識を利用したトップダウン処理との相互作用によって理解が促進するといった点においては

共通している。すでに Goodman（1966）でも、音声と文字とでは、知覚的に入力方法が異なるだけで処理過程は共通していていると主張し、共通仮説を肯定している。Wanat（1971）でも、情報の発信と受信という意味において、読み物と読み手を、話し手と聞き手にたとえて説明している。読み手の作業とは、文字を音声に変換し、文字情報を音声情報として取り入れて理解することであり、読み手は文字を音声化しながら読み、その音声は入手した時点から音声情報としての処理経路をたどる。この仮説を支持する立場は、読み手も聞き手も、異なった入り口から入力した情報をまず何らかの方法で、抽象的なコードに変換するが、それらは、言語情報であることには変わりがなく、言語を理解する過程は同一であるということができる。

　一方、相違仮説は、リスニングとリーディングの情報処理過程は異なるとした立場である。もし、音声情報と文字情報が同じ処理経路をたどるのであれば、学習者がどちらの方法で情報を入手しても理解度は一致しているということになるが、果たしてそうなのかという疑問を投げかけている。Bormuth（1972）では、確かにリスニングとリーディングでは、技能の面で共通する要素はあるが、リスニング能力をリーディングのときに発揮することはできず、同一の能力として評価することはできないとしている。Weaver & Kingston（1971）は、子どもの第一言語習得において、話しことばの意味を直接書きことばに変換することは不可能であるとしている。ここで意味理解とは、単語レベル以上のものであり、文章と文章のつながりからくる文脈や読み手や聞き手の背景的知識との作用から生み出されるものである。意味の変換が行われることが、理解につながるということである。確かに、子どもの言語習得は話しことばから始まるので、話しことばを理解する能力が書きことばを理解する能力に関係してくることは明らかである。しかし、大人の外国語学習者のように、たとえば、専門書を読むことだけに焦点をあてて訓練した者にとって、書物の内容を理解するためにはリスニング能力は必要条件ではない。

　これら二つの仮説に対して、Danks（1980）では、併設仮説とし、リスニングとリーディングの情報処理過程は、同一のプロセスとしても独立したプロセスとしても明確には説明できないので、これらの中間的立場から説明した方が

より説得力があると主張している。なぜなら、現実に、何を聞き何を読むかについては、多種多様であり、情報の内容と情報入手状況によってリスニング能力とリーディング能力の関係は変化する。従って、一概に、情報処理過程の共通性や相違性を説明することはできない。ことばを聞くことにおいては、喫茶店で友人同志会話をする場合もあるし、テレビやラジオのニュースを聞く場合や大学の講義を聞く場合もある。読みにおいては、楽しみのために小説を読む場合、新聞記事や大学のテキストを読む場合などがある。

　こうした多様化された教材のみで、学習者のリスニングとリーディングの能力を同一のものとして判断してよいのだろうか。日常会話を聞く力と大学のテキストを読む力とは比較の対象になるのだろうか。Danks (1980) で、結果として言えることは、リスニング能力とリーディング能力は、教材によって求められる能力の質が異なる。また、与えられる情報の背景が異なると情報を受ける方法も異なることから、リスニングとリーディングの情報処理過程が同一なのかどうかということに対しては、絶対的な回答はないとしている。これらを比較するためには、それぞれの状況に応じて判断していく方法しかない。リスニングとリーディングの教材が等しい内容のものであれば、学習者の処理過程においては同一の部分があり、異なった内容の教材であれば、異なった過程をたどるのではないかと主張している。

3.6.4　第二言語のリスニングとリーディング

　日本人英語学習者は、「リーディングはできるがリスニングはできない」という悩みをよく訴える。果たしてそうなのだろうか。日本人学習者の内面での言語処理のメカニズムはどのように働いているのだろうか。リスニングとリーディングはことばを知覚し理解するという意味では共通している。天満 (1989) では、人は、文章を「一定の意味単位に語群をチャンクして理解する。つまり、重要な関係を持つ語のつながりを一つの概念単位として即時記憶に蓄え、その前の部分、あるいはそのあとに続く部分との相互交流を通して意味を構成していく。」と説明している。

　この説明によると、リスニングとリーディングの情報処理方法は共通し、能

力にも相関性があるはずだと推測できる。しかし、大石（1999）で、日本人大学生100名を対象にした英語のリスニング能力とリーディング能力の相関性を調査した実験で、低い相関（r = 0.247）という結果を得た。一方、母語である日本語のリスニング能力とリーディング能力を調査した結果、高い相関（r = 0.857, p<0.01）という結果を得た。

　もちろんこの相違は、母語として言語を習得したか、外国語として学習したかという習得方法に由来することは明らかであるが、たとえば、英語学習者のレベルが母語話者に近い場合は、これらの相関性が高くなると推測できるのではないか。母語での言語処理においてリスニング能力とリーディング能力に相関関係があるということは、情報入手手段が書きことばと話しことばとの違いがあり脳内でも情報が入手される部位が異なるものの、両者の情報処理過程が共通していると推測できる。一方、日本人の英語能力のように、リスニングとリーディングの両能力間に相関関係がない人がいるという事実からは、脳内で情報が入手される部位および情報処理方法は異なるのではないかと推測される。

　以上のことからまとめてみると、言語運用能力に関しては、第一言語では、細分化された能力、聞く、話す、読む、書くことが互いに統合的に機能し、関わりあいをもっているが、第二言語になると、言語運用をする段階で各技能がそれぞれの処理過程をたどり、統合的に機能することができないと考えることができる。

　ここで、リスニングとリーディングの言語情報処理過程を神経言語学的、認知言語学的、心理言語学的に考察してみる。まず、神経言語学的には、リスニングとリーディングにおいて情報を入手する段階では、活性化する脳内部位は異なることは明確である。認知言語学的にもリスニングでの音声は、リーディングの文字に比べて入手される量と質が異なる。文字は一語ずつでもゆっくり読み進めることができるが、音声にはスピードがあり一瞬の間に消えてしまう。一言一句漏らさず処理され記憶されることは困難であるので、トップダウン処理に頼りがちになる。それが原因で感覚記憶の段階で言語理解と処理の明暗は分かれてしまう。すなわち、情報を文字としては理解できても、音声と

して入力した場合には情報の入り口でつまづいてしまい、聞き取れない場合がある。心理言語学的には、音声が流れてきたとたんに情意フィルタ（Affective Filter）(Krashen 1981) が、高くなってしまい、音声がことばとして耳にすら入ってこなくなってしまう人もいると推測できる。

リスニングとリーディングでは、ボトムアップ処理とトップダウン処理の相互作用が効果的な情報処理過程を経るとされているが、学習者が入手する情報の質と量によってボトムアップ処理とトップダウン処理の占める割合が左右されると考えられる。

以上をまとめると、学習者にとって、言語課題の難易度が高い場合は、情報処理過程の入り口で情報が留まってしまい正確に入力されず、その後の情報処理にも支障をきたすことになる。言語能力には、「言語能力」と「言語運用能力」があり、さらに「言語運用能力」はいくつかの要素に分かれている。英語学習者で、母語話者に近い学習者の運用能力は、これら二つの能力が互いに関連しあっているが、母語話者レベルから遠い学習者は、それぞれの能力が関わり合いをもつことができず、相互補完できないと推測される。

3.7 言語能力とは

3.7.1 言語能力—言語知識として

本書では、学習が進むにつれて、顕在的知識、（意識的知識、明示的知識、宣言的知識）が潜在的知識、（無意識的知識、暗示的知識、手続き的知識）に変わることができ、言語処理が意識的処理から無意識的・自動的処理に変わるかどうかについて議論をしている。ここで、言語知識としての言語能力について考えてみる。

言語は、リスニング、スピーキング、リーディング、ライティングの4つの技能で表現されるが、これらの4つの技能以外でも言語を使用する能力がある。Skutnabb-Kangas (1981) では、聞いても、話しても、読んでも、書いてもいないのに言語を使用する能力として「思考」に使う言語が存在するとし、Cummins (1984) ではこれを言語における「認知的能力」としている。

リスニング、スピーキング、リーディング、ライティングの技能はそれぞれ独立したものなのであろうか、互いに関わり合っているものなのであろうか。それぞれ独立したものであるという考えの根拠には、教育を受けていない人の中で、母語を聞いたり話したりすることはできても、読んだり書いたりすることができない人、あるいは、机上だけで学習した人などで、その言語を読んだり書いたりできるが、聞いたり話したりできない人、後で詳しく述べるが、脳に障害があり、聞くことはできても話すことができない、逆に話すことはできても聞くことができない人たち、それに、語彙や文法力ほどにリスニング力、スピーキング力がない日本人英語学習者の現象で説明がつく。

しかし、一般的な母語の習得順序を考えると、人はオギャーと生まれて間もなく両親や養育者の話すことを聞いて、聞いたことと同じことをまねて繰り返すようになる。そして、幼児期に絵本を読み聞かされ、文字を覚え、書くようになる。このことから、言語は、聞く→話す→読む→書くの順で習得され、これら4技能は密接に関わりあっていることが否定できない。

二つの相反する現実を見つめてみると、高位次元の「認知的能力」の下でいくつかに細分化された能力が互いに関わり運用されているとみなすことができる。つまり、言語能力＝言語運用能力ではなく、言語能力＞言語運用能力という不等式が成り立ち、言語運用能力はさらに、リスニング、スピーキング、リーディング、ライティング、そしてさらに、発音、語彙、文法、意味、文体などに細分化されていることが分かる。

3.7.2 言語能力と脳のしくみ

Chomsky（1965）の生成文法理論では、人間の大脳には言語習得装置（LAD: Language Acquisition Device）または普遍文法（Universal Grammar）とよばれる生まれながらに言語を習得できる能力が備わっており、生育過程の環境の中から言語使用者の言語経験によって言語に関する知識が蓄積されていく。脳内に蓄えられた知識を「言語能力」とよび、人が話したり聞いたりする能力を「言語運用」とよびこれらを区別している。Chomskyのいう「言語能力」について、Cumminsは、学習者の「認知的能力」とよんでおり、言語能力を発揮す

る際にリスニング、リーディングなどで表現される能力が「言語運用」である。したがって、学習者の脳内に「言語能力」や「認知的能力」があったとしても、それが直接リスニング、リーディング、スピーキング、ライティングとして能力が発揮できるとは限らない。

　大石(1999)でも、日本人大学生100名を対象に、英語のリスニングとリーディングの理解過程について、課題遂行中どのようなことが学習者の内面で処理されたかというプロトコル調査をした。その結果、学習者の意識上で、これら二つの間の情報処理方法では、リスニングの方がリーディングより、推測力を働かせているとことが明確になった。高位次元では両技能において共通して「認知的能力」(Cummins, 1984)が働いているものの、その能力の使用方法はメタ認知的には異なると考えることができた。

3.7.3　言語能力のモジュール性仮説

　Canale (1983) では、言語能力はそれぞれの技能に分けられるものである、と主張している。いわゆる、4技能の互いの技能の相関性は低く、ある技能を測るテストで高得点を得たとしても他の技能を測るテストでは、高得点が得られるとは限らないことを示している。とくに、日本人の一般的な学習者について考えてみると、リーディング能力とスピーキング能力の相関は必ずしも高くない。したがって、言語処理の能力はそれぞれ別々のものであるとした方が現実の日本人学習者の能力を評価するのに説明しやすい。

　Bachman & Cohen (1998) によると、1960-1970年代にかけては言語能力は、文法、語彙、およびリスニング、スピーキング、リーディング、ライティングのそれぞれの個別の技能から成り立っているとする構造言語学的立場の考え方を強く示していたが、70年代後半になると単一能力仮説の考えが広まった。Oller (1976, 1979) は、「言語能力はそれ以上に分割できない単一の能力である」と主張した。単一能力仮説によると、言語能力は予測文法であるとし、どんな言語のパフォーマンスでも内容の予測が主な要素となっている。クローズテストやディクテーションにおいても予測文法は効果的に働いているとしている。言語能力が、4技能のパフォーマンスとして表現される方法は異なっても、そ

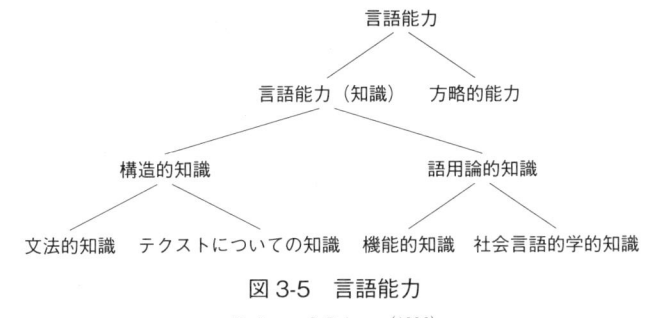

```
                      言語能力
                    /        \
          言語能力（知識）    方略的能力
           /         \
     構造的知識        語用論的知識
      /    \            /      \
文法的知識 テクストについての知識 機能的知識 社会言語的学的知識
```

図 3-5　言語能力
Bachman & Palmer（1996）

の能力としては単一のものであるとしている。

しかし、最近は、この単一能力仮説を支持する考えは薄れていき、言語能力のモジュール性仮説が受け入れられるようになった。つまり、リスニング、スピーキング、リーディング、ライティングの能力はそれぞれ別の能力であるが、それらは互いに関連しあっているという考えの方である。Oller（1982）自身も当初の言語能力の単一仮説を否定し、言語能力のモジュール性を肯定している。

Canale & Swain（1980）および Canale（1983）では、コミュニケーション能力を言語知識とその運用スキルだとし、文法的能力、社会言語能力、談話能力、方略能力として定義づけている。Bachman & Palmer（1996）では、「言語能力」とよばれる別のモデルを提案し（図3-5）、言語能力は2つの構成要素で成り立っており、それらは、「言語能力」または、「言語知識」とよばれるもの、および、メタ認知的方略としての「方略的能力」とよばれるものであるとしている。言語能力は、構造的知識と語用論的知識に分けられ、それぞれの下位分類はさらに2つの構成要素を持っている。そして、方略的能力を言語知識とは別の要素とし、話者の持っている背景的知識とともに言語能力を使うときの最終決定に用いられる能力だとしている。なお、コミュニケーション能力（communicative language ability）は、言語能力と方略的能力の組み合わせで成り立っている。文法能力とテクストについての知識は、Canale & Swain（1980）の文法的能力と同じだと考えられる。

3.7.4 言語能力と言語運用能力

科学や哲学の分野でも、言語能力（competence）と言語運用能力（performance）は、区別して扱われている。言語能力とは人が「学習」または「習得」した知識を指し、外的に観察できないものを指す。一方、言語運用能力とは、私たちが話したり聞いたりするときやテストの問題を解いたりするときに発揮する言語使用能力で、外的に観察可能な能力であるとしている。Chomsky（1965）でも、理想的な話し手―聞き手は、「記憶の限界、注意の散漫、興味の転移、エラーおよび繰り返し、誤った切り出し、休止、省略、添加などのためらい現象といった言語運用上の変数を示さない」とした。しかし、現実の言語使用には、「言語知識」の他に、話し手の心理状態、発話の状況、記憶力や注意力などの要素が含まれることを示し、人間の大脳の働きは、これらのさまざまな要素がモジュール構造をしているという仮説をたてた。

脳神経学の立場からも、「言語運用能力」は失われても、「言語知識」は保持されている場合があると報告されている。脳卒中などの要因によって機能が局所的に失われてしまい失語症になった患者の中には、以前と変わりなく他人の話は理解でき、口と喉の機能も維持されているのに発話能力が失われている場合がある。この患者は、左半球前頭部のブローカ領域での神経活動が消失されていることが明らかになっている。逆に、側頭葉のウェルニッケ領域に損傷を受けると、相手のことばが理解できなくなり理解性失語症となることも明らかになっている。

3.7.5 PDPモデル

Rumelhart & McClelland（1986）で、人間の認知活動を脳神経回路モデルにして並列分散処理（parallel distributed processing）的に説明しようとした。これをPDPモデルとよぶ。PDPモデルは、心理学の分野では、主にPDPモデルやコネクショニストモデル、科学の分野では、ニューラルネットなどとよばれている。

近年、文の理解に関するPDPモデルが提案されている（McClelland et al. 1989）。文理解のPDPモデルはいくつかの特徴をもっている。一つは、言語情

報の獲得を特定の学習規則に基づいた自己組織化の過程であるとみなし、学習による自己組織化の過程を直接的に把握することである。あと一つは、多数の単純な情報処理ユニットのネットワークが並列的に作動し、全体としてまとまった情報処理を実行するというものである。

言語情報の保持と利用について明らかにしようとするとき、語彙情報の集合体をさす心的辞書という概念が用いられる。PDFモデルでは、各情報ユニットは活性値をもち、促進的・抑制的結合を通して、情報のユニット間で相互作用をする。特定の情報処理方法は、促進的・抑制的結合をすることによってネットワークに活性化パターンが形成され、その過程として把握される。特定の学習規則を用いて、ネットワーク全体における学習過程を扱うことができる（齋藤他、1996）。

3.8 脳科学データの必要性
──言語処理モデル検証のために──

本章では、まず、言語情報処理過程において、ボトムアップ処理とトップダウン処理に視点をおいた。ボトムアップ処理とは、単語や文章などを視覚、聴覚的な情報を用いて理解の助けとしている方法、つまり、読んだり、聞いたりした単語や文章の意味が、単独で理解できることである。一方、トップダウン処理とは、非視覚、非聴覚的情報を用いて情報を処理することである。このダウン処理は、学習者がこれまでに得たスキーマ（背景的知識）を用い、思考力や認知力を働かせて、情報を理解したり、未知語を推測したりすること。そして、これから読んだり、聞いたりする内容を予測しながら、前に理解した内容とつなぎあわせて情報処理をしていく方法である。

リーディングにおいてもリスニングにおいてもボトムアップ処理とトップダウン処理が相互に働くことが、理解と記憶を促進する効果的でインタラクティブな情報処理方法であるとされている。インタラクティブの解釈に関しては多くの研究者によってそれぞれ異なった意味を示しているものの、読解研究においては、読み手がテキストに働きかけて意味を構築していくという考えに

おいては共通している。先にも記したが、このインタラクティブ処理についての視点は、Carrell and Eisterhold (1983) のスキーマ理論に基づくものであり、文章の内容を理解する場合、学習者は、単語などの言語的知識だけでなく、学習者をとりまく一般知識や世界的な常識を活用して理解が促進されるとしている。

　Rumelhart (1977, 1980) や Rumelhart & Ortony (1977) では、スキーマ理論を読解モデルに取り入れて、読みの過程において、ボトムアップ処理とトップダウン処理が相互作用をすることは、同時に、もう一つのインタラクティブを起こす。すなわち、テキストから得られた新しい情報を学習者の長期記憶の中の背景的知識から選択したスキーマと相互に作用させながら活性化し、推論を進めていくことであるとしている。

　この段階において、選択的注意は、情報を選択すると同時に、選択した情報を理解するために、学習者の背景的知識の中から必要な知識を取り出す際に効果的に働くことが言える。近年の文理解に関する PDP モデルでは、相互作用モデルは、学習による自己組織化の過程を直接的に捉えられるとされている。

　本来、言語能力とは、リスニングやリーディングなどの言語情報を入手する手段の相違によって異なるものではなく、単一の能力であると考えられがちである。しかし、外国語では、リスニング能力とリーディング能力は必ずしも相関しない。知識としての「言語能力」を使用する際には、これを100％発揮できるわけではなく、言語を使用するときにさまざまな要因が関わりあってリスニング、スピーキング、リーディング、ライティングの能力として表現される。こうした言語処理メカニズムを解明するにあたって、主観的なデータに加え脳科学の分野からの実証的データが現在要求されている。

第4章　言語とワーキングメモリ

　近年、ワーキングメモリについての研究は、心理学の分野で盛んに行われている。脳科学の分野からも、高次脳機能測定装置が開発されたことにより、ワーキングメモリと脳機能についての研究が盛り上がっている。しかし、ワーキングメモリとは何か？という疑問については、明らかな回答がなく、さまざまな論争が繰り広げられている。本章では、ワーキングメモリとはどのようなしくみになっているのかについて、これまでのモデルをまとめ、人が言語を処理するときのワーキングメモリの機能について、脳内の選択的注意の活性との関わりに注目し、第一言語および第二言語の処理におけるワーキングメモリの働きについて述べる。

4.1　ワーキングメモリとは

4.1.1　人の記憶のしくみ

　ワーキングメモリとは、さまざまな認知活動の基盤として機能し、ある活動や課題の遂行に必要な情報を一次的に貯蔵する働きをするメカニズムであると考えられている。また、すでに身につけた知識をたえず使用し課題や目標の達成をめざす役割をしているとされている。

　人の記憶のしくみについて考えてみる。人間の記憶は感覚記憶（sensory-memory）、短期記憶（short-term storange）、長期記憶（long-term storange）の3つに大きく分類される。感覚記憶は、Sparkling（1960）に提唱されたもので、感覚器官に保持される記憶である。視覚では1秒間弱、聴覚では約4秒間保持されるとされている。保持される情報はかなり多く、テレビや映画の映像を連続して認識し理解できるのは感覚記憶の効果である。感覚記憶で得られた情報

は、注意の働きによって、短期記憶に転送される。短期記憶とは、短期間保持される記憶である。Miller（1956）でも示されているが、短期記憶の容量は小さいので、短期記憶に転送される際、かなりの量の記憶が失われる。また、短期記憶の中で、言語情報の記憶は音声的記憶に変換される。Gough（1972）の「読みの一秒間モデル（3.1 参照）」によると第一段階で文字で書かれた言語の記憶が、音声として聞こえる言語の記憶に変換される。

　認知心理学の先駆者となった Miller（1956）は、情報は短期記憶の中で約20秒間保持され、7 ± 2 個まで（5から9）の情報しか保持できないとしている。感覚記憶を数秒間蓄える貯蔵庫を感覚貯蔵庫、短期記憶を蓄える貯蔵庫を短期貯蔵庫（short-term storage, STS）とよんでいる。短期記憶の情報は時間の経過とともに消失される。これを防ぐためにはリハーサルを行う必要がある。維持リハーサルを行うことによって、短期記憶で蓄えられた情報を長期記憶に転送できる。

　長期記憶とは、長期間保持される記憶である。出来事や知識の記憶を含み、忘却しない限り、永遠に保持される。長期記憶を蓄える貯蔵庫を長期貯蔵庫（long-term storage, LTS）とよぶ（4.2 参照）。

4.1.2　ワーキングメモリの役割と容量

　ワーキングメモリは短期記憶の概念をさらに拡大して、課題遂行において情報の処理機能の役割を補うものである。短期記憶が、保持機能にのみ注目されていたことに対して、ワーキングメモリは、文の理解や推論などより高次認知機能と関わっている。つまり、必要な情報を処理しつつ一時的に事柄を保持する働きをしているのが、ワーキングメモリである。すでに学習した知識や経験を絶えず注意を向けて選択しながら、目標を達成するために機能している。言語活動には、ワーキングメモリが大きな役割を果たしている。文を読む際には、知識やエピソードをもとにした長期記憶内に蓄えられている情報をワーキングメモリの機能によって検索しながら、単語や文を理解している。

　ワーキングメモリの容量には制限がある。単語の保持にワーキングメモリの容量をとられてしまうと文の理解が疎かになるのである。いわゆる、ボトムアッ

プ処理に時間がかかり、トップダウン処理が疎かになってしまう。また、ワーキングメモリを、単に、情報の貯蓄場所としてとらえるのではなく、注意の監視システムとしての役割をしていることに注目されている。読み手は、文を読むとき内容を理解するためのキーとなる概念を探している。特定の単語を重要な情報であると判断すると、瞬時に、単語を中心として内面でのイメージを構築する。効率よくイメージを形成できれば、文理解が効率よく進む。ワーキングメモリの柔軟な対処により、この理解が効率よく進む。

ワーキングメモリというのは、いわば「脳のメモ帳」や「心の黒板」(苧阪、2000) で、ごく一時的に情報を蓄えておく機能を果たしている。従来、記憶には短期記憶と長期記憶があることは主張されていたが、言語の理解や推論など高度な認知的処理には、説明がつかない現象が多く、脳科学や認知心理学の分野で注目されているワーキングメモリの働きで説明ができる。

4.2 二貯蔵庫モデル

4.2.1 情報のフィルタリングとリハーサル

第3章でも触れたが、言語の認知活動のシステムを考えると、人がことばを聞いたり読んだりする時の情報処理段階は二段階に分けられる。第一段階は、音声や文字を知覚し、第二段階でその内容を理解する。前者の文字や音声の認識である低位レベルの情報処理方法をボトムアップ処理とよび、後者での学習者が持っている背景知識を利用した高位レベルで理解する方法をトップダウン処理とよぶ。トップダウン処理とボトムアップ処理の二つの情報処理方法が相互作用される時に最も情報処理が進み、理解と記憶が促進される (Grabe, 1991)（第3章 3.3 参照）。

ボトムアップ処理とトップダウン処理の相互作用を、Atkinson & Shiffrin (1968) の二貯蔵庫モデル（図 4-1）において照らし合わせてみると、ボトムアップ処理では、音声や文字情報が感覚貯蔵庫に入り、その後、短期貯蔵庫に入る。感覚貯蔵庫に入る文字や音声の情報量はかなり多いとされているが、短期貯蔵庫に入る情報量は限られているので、短期貯蔵庫に入る前にフィルタリン

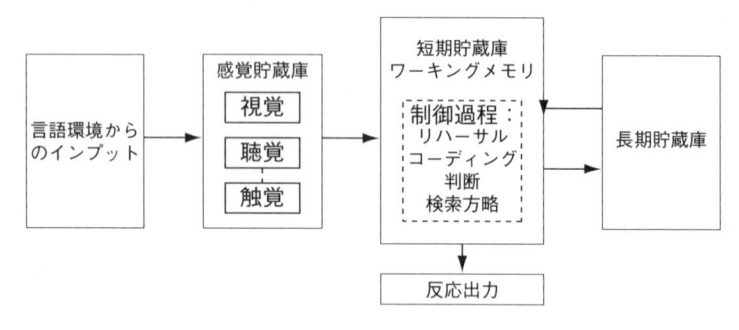

図 4-1 二貯蔵庫モデル

（Atkinson & Shiffrin, 1971 にもとづく）

グされて情報が取捨選択される（Miller, 1956）。この段階で、選択的注意が働く。ここで取捨選択された情報は、リハーサル機能により短期貯蔵庫で留まり、意味的処理をして長期貯蔵庫に送られる。短期記憶から長期記憶に情報が転送される際、予測や検証がなされてトップダウン処理が行われていることになる。こうした音声や文字処理の認知的な活動においては、ワーキングメモリの働きによる一時的な情報の保持が理解を促進するとされている（Baddeley, 2000）。

4.2.2 情報の処理と保持

　ワーキングメモリは、意識的に想起された情報がアクティブに保持される点に注目してできた概念である（Osaka, 1997）。また、作動記憶とか作業記憶ともよばれており、苧阪（2000）でも、「目標試行的な課題や作業の遂行に関わるアクティブな記憶」としている。さらに、その働きを、保持と記憶の機能的な側面から分類し、保持機能は、提示された情報をほんの一時期だけ学習者がアクティブに脳内に保持する機能で、理解を促進する。本人にとって、情報を保持しておく必要がなければ、ワーキングメモリの中からいずれ消去される。

　Goldman-Rakic（1987）は、ワーキングメモリは、認知活動に必要な働きであり、決定や判断を下したり新しい情報を取り入れたり、長期記憶から情報を取り出したり、次々に入力する情報を統合する機能であるとしている。Just

& Carpenter (1992) では、ワーキングメモリが働く時は、長期記憶が活性化された状態で、情報を記憶内に保つ働きを促しているとしている。ワーキングメモリと長期記憶との関わりは、これまでのところ、明らかにされてこなかったが、情報が短期記憶から長期記憶に転送される認知活動の仕組みが、ワーキングメモリの概念によって部分的に説明されている。

Osaka (1999) によると、人の認知過程における意識の三つの階層のうち（第2章2.1.2参照）、とりわけ第2レベルのアウェアネスと第3レベルのリカーシブな意識が学習に関わっている。第2段階のアウェアネスのレベルは、情報を選択する機能を果たしており、第3段階のリカーシブな段階で自分自身の処理情報を確認するモニター作業をしている。

情報が統合されるために、アウェアネスのレベルでは、ボトムアップ的注意が自動的に働き、リカーシブレベルでは、トップダウン的注意が意識的に働く。前者は、視覚ワーキングメモリとよばれ、後者は、言語ワーキングメモリとよばれている。これらの二つの働きにおいて、学習者は、選択的に注意を自動的あるいは意識的に働かせて、多くの情報の中から本人にとって最適な情報を選択し、それを学習者が自己の内面でインプットし、モニターしている。

4.3　ワーキングメモリと選択的注意

4.3.1　Baddeley のワーキングメモリ

ワーキングメモリモデルの代表的なものは、Baddeley (1986) のモデルである。Baddeley (1986) では、ワーキングメモリを言語理解、学習、推論をする認知的活動のために必要な情報を一時的に貯蔵したり操作したりするシステムであるとし、さまざまな認知活動を必要とする課題の要求に対処できる機能を備え持っているとしている（図4-2）。このモデルでは、ワーキングメモリを一つの中央実行系 (Central Executive) と二つのサブシステム、音韻ループ (Phonological Loop) と視空間スケッチパッド (Visual - Spatial Sketchpad) に分けている。中央実行系は、ワーキングメモリの中心的役割として判断、推論、意志決定などのメカニズムを持ち、注意を方向づけたり割りふりをしたりする。音韻ルー

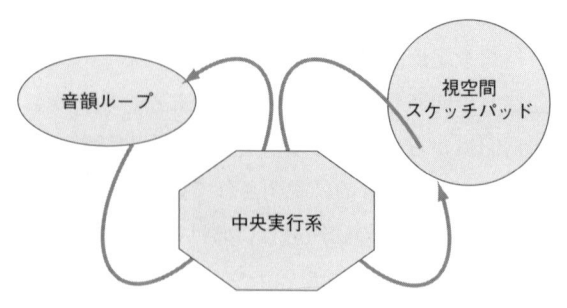

図 4-2　Baddeley（1986）のワーキングメモリモデル
(Baddeley & Logie, 1999 にもとづく)

プと視空間スケッチパッドは、二貯蔵庫モデル（図 4-1）の短期貯蔵庫にあたる。音韻ループは、会話や文章の理解など言語的な情報処理に関わるもので内的な言語をくり返すリハーサルにより情報を一時的に保持するメカニズムを持つ。視空間スケッチパッドは、視覚、空間などでイメージとして処理され、言語化できない非言語的な情報を一時的に保持している。

4.3.2　ワーキングメモリの概念

　ワーキングメモリの概念は、もともと「注意のモデル」（Kahneman, 1973）によるものでその容量配分については、注意の容量配分からの説明が成り立つ。このモデルでは、注意資源には限界があり、それぞれの学習者の学習スタイルや意図によって、注意が、どの作業に割り当てられるのかが決定される。たとえば、英語学習者が、単語が理解できない場合は、その意味を推測するボトムアップ処理に注意を向ける。しかし、単語の意味が理解できていれば、ボトムアップ処理は自動的に働き、文章全体の内容や言外の意味を理解するトップダウン処理に注意を配分することができる。

　言語学習では、学習者が言語を理解していく際に脳内で最もアクティブな情報の処理と保持を必要とする。学習者の脳内で処理と保持のトレードオフがうまく運べば、テキストが効率よく理解でき、相対的に多くのワーキングメモリの容量を保持作業に割り当てることができる。この段階において、選択的注意

は、必要な情報を保持し、不必要な情報は削除する働きをする。選択的注意の活性化によって、ワーキングメモリの働きを効果的に活性化させることができると考えることができる。

4.3.3 言語のワーキングメモリ

　言語のワーキングメモリについて考えてみると、視覚的なアウェアネスレベルを基盤として働くワーキングメモリとリカーシブなレベルの働きとしてのワーキングメモリが中心となって作動する2通りのものがある。リーディングでの認知活動では、文字、単語、文章を視覚情報的に処理しつつ、文章の内容を把握しながら、すでに読んだ内容をワーキングメモリ（心の黒板）に保持していく作業である。読解過程では、処理と保持はトレードオフの関係で互いに競合しあうものの、両者が促進しあいながら情報の処理や保持をしていく（苧阪, 2000）。新しい情報を処理して、保持された情報はいつでも検索が可能な活性化された状態でワーキングメモリに留まり、ワーキングメモリに蓄えられた知識、いわゆる背景知識によって言語活動が促進され、内容が理解され、情報処理モデルが好循環する。

　選択的注意は、ワーキングメモリモデルにおいて、視覚、聴覚などの感覚記憶に入った情報を選択し、ワーキングメモリ内に転送する働きをすると考えられている。またワーキングメモリ内の情報も、選択的注意によって検索され、新しい情報と照合することによって理解が促進される。ただし、短期記憶からの情報検索は、短時間になされるが、長期貯蔵庫からの情報検索は、認知的な作業を伴い時間がかかる作業であるとされている。これについては、まだ明らかにされておらず、脳科学的にも今後の実証的な研究が期待されている。

4.4　第一言語のワーキングメモリ

4.4.1　Carpenter & Just のモデル

　Carpenter & Just（1989）では、Baddeley のモデルに補足し、ワーキングメモリの中に含まれる認知資源が、どのように認知活動に関連しているのか。

そして、実際に学習者がリーディングやリスニングをしている際に、ワーキングメモリ内の処理資源は、どのような役割をしているのかを明らかにしている。

そのメカニズムは、ワーキングメモリは認知活動を活性化する認知資源であるとし、リスニングやリーディングで、高位な認知活動をしているときは、入手した情報を一時的に保持しながら、音声や文字情報も同時に処理している。さらに、保持するために、情報を一時的に活性化した状態で保持している。ただし、その認知資源の容量には限りがあるので、処理機能と保持機能の間で容量を割りふりをし、つねに、処理と保持のトレードオフがなされなければならない。こうしたトレードオフによって決定された資源配分によって情報処理がなされ、トレードオフされる資源の量をワーキングメモリの容量と想定している。

4.4.2 ワーキングメモリの活性化

言語学習においてリスニングやリーディングの情報処理は、つねに処理と保持という機能を同時に行う高位の認知活動である。学習者は、言語情報の処理機能と保持機能をトレードオフしながら学習を促進させる。

情報が選択的注意というフィルターを通過し、その情報が活性化した状態で、一時的にワーキングメモリに保持される。次の情報を処理し、次第に情報が蓄積、統合されていく。さらに、保持された内容は、次々に新しく入ってくる情報を統合しながら処理されるために、つねに引き出すことができる状態でなければならない。

そうすることによって、言語処理過程において、学習者がたてた仮説が間違っている場合には、ワーキングメモリ内の情報を検索し、仮説を検証しながら処理を進めることができる。ワーキングメモリの情報検索の方法は、Ausbel（1968）による認知学習理論で、有意味学習が、新しい情報を古い情報に関連付けて定着させ、学習者が持っている知識である「認知のくぎ」に新しいくぎをひっかけることであることと類似する（第2章2.3参照）。このように、情報を検索して統合するために選択的注意が、ワーキングメモリ活性化において大きな役割をしていると言える。

4.5 第二言語のワーキングメモリ

4.5.1 ワーキングメモリと学習者の記憶容量

　第一言語のリスニングやリーディングにおける情報処理過程はボトムアップ処理からトップダウン処理までが並列的に行われている。第二言語の処理は、第一言語の処理に比べて、ボトムアップ処理の効率が悪い。そのため、学習者の記憶容量の低下につながり、読解が促進されないのではないかという指摘がなされている。また、Yorio (1971) では、第二言語の学習は、提示された課題の中の未知語のために、記憶容量が低下し、すでに記憶した事柄でも、ワーキングメモリ内に貯蔵できず、適切に処理されないと指摘している。

　ワーキングメモリ内での処理資源は、言語課題の難易度や学習者の処理能力に応じて無意識に配分されている。初級学習者は、未知語を含んだ文章や慣れない文章、および難しい文章を読む場合、ボトムアップ処理に多くの認知資源を利用することになる。したがって、ボトムアップ処理の段階で注意資源を過剰に使用してしまう。一方、上級学習者は、ボトムアップ処理を自動的に行い、意味の把握や推論の言語処理活動のためにより多くのワーキングメモリを運用することができる。ボトムアップ処理で選択的注意が無意識的に働き、トップダウン処理に選択的注意を配分することができ、認知活動が深まると考えられる。

　これまでの多くの研究でも、第一言語でのリーディングに比べて第二言語によるリーディングは言語処理の効率が低いとされ、リーディングをしている途中で保持と処理のトレードオフが効率よくなされないため、トップダウン的処理をする余裕がないとされている。Segalowitz & Hebert (1990) でも、第二言語の処理では、言語を意味的に処理するのに時間がかかり、いったん処理されたイメージが劣化し消えてしまうのも早い。初級学習者は、低位レベルでの文字を認識するボトムアップ処理に注意を多く配分し、高位レベルでの意味的処理や推論をするトップダウン処理はおろそかになってしま

う（McLeod & McLaughlin,1986）としている。

4.5.2 ワーキングメモリと読解能力

　ワーキングメモリと第二言語での読解能力の関係については、その相関関係を検証している例がいくつかある。Berquist（1997）では、第二言語でのリーディングスパンテストを利用し、第二言語のワーキングメモリ運用能力と TOEIC リーディングセクションとの相関関係が認められたと報告している。Harrington & Sawyer（1992）でも、リーディングスパンテストと TOEFL リーディングセクションとには相関関係が認められたと報告している。同様の結果が、Daneman & Carpenter（1980）でも報告されている（門田他、2001）。

　さらに、ワーキングメモリと第二言語における下位レベルの技能との高い相関関係が示されている例もある。Harrington & Sawyer（1992）は、リーディングスパンテストと TOEFL の文法のセクションとの高い相関関係があったと報告し、Hummel（1998）では、リーディングスパンテストとミシガンテストの文法のセクションとの相関関係が高かったと報告している。さらに、読解力とワーキングメモリの相関関係は、文法や語彙力とワーキングメモリーの関係以上に強かったと報告している。Service（1987）で、日本人の英語学習者のリスニング能力についても、ワーキングメモリとの高い相関関係を持つことが報告されている。Juffs（2000, 2003）は、処理時間について、統語的に複雑な構造の文の処理時間を単語ごとに測定した結果、ワーキングメモリの運用能力が高い読み手は、トップダウン処理がなされ、複雑な構文を処理することができるのに対して、ワーキングメモリの運用能力の低い読み手は、読み始めてすぐに、ボトムアップ的解釈に留まり、読解途中で、仮説―検証のプロセスを進めることができず、読み誤ってしまう場合が多い傾向にあることを示唆している。

　なお、ワーキングメモリと言語のどのような能力と関連性があるのかについては、文章理解の高位レベルの能力より文法力、語彙力などの低位レベルの能力と相関が高いとの報告が多い。これは、第二言語での読解においては、第一言語に比べてボトムアップ処理に認知資源の多くを費やさなければならないからであると考えられる。どの程度トップダウン処理とボトムアップ処理の相互

作用ができるかについては、ワーキングメモリだけではなく、目標言語の習熟度によって決まるとも言われている。

Yoshida (2000) で、日本人の英文読解のストラテジーとリーディングスパンテストの関係を調査した結果を報告している。リーディングスパンが狭い学習者は、読み返しや逐語訳をするため、言語の符号化の作業に時間と労力を費やすことが多い。それに対して、スパンが広い学習者は推測のストラテジーを積極的に使用している。しかし、スパンが広い学習者が、ストラテジーを有効に利用して、テキスト理解に結びつけることができるかどうかということは明確にされておらず、ストラテジーの有効利用は、学習者のワーキングメモリの容量の大きさではなく、学習者の習熟度によると報告されている。

これらの結果から、ワーキングメモリ運用能力が第二言語習熟度を表す指標になっていると考えることができる。いわゆる、第二言語の習熟度が高くなれば、第二言語と第一言語で共通に用いる認知資源の割合が増える。第二言語でのワーキングメモリは、第一言語のそれにくらべて著しく低いため、容量が制限されているということである。

ワーキングメモリと言語能力の相関関係については、さまざまな実験結果が報告されており、言語のどの能力と相関関係があるのかということは、特定できないが、選択的注意とワーキングメモリとは関わりがあり、言語理解に影響があることが言える。

4.6 ワーキングメモリと脳

4.6.1 ワーキングメモリの領域局在説

脳内でのワーキングメモリの活用は、自己意識の活性化によって「心の黒板」（苧阪、2000）の機能を導入することである。「黒板」は脳内にアクセスし、情報処理のネットワークの働きを助ける。自己意識における脳内の知覚メカニズムについては、解明が進んできたが、自己を認識するメタ意識についてはほとんど明らかにされていない。意識の階層構造が3つの水準をもつことはすでに述べたが、このうち高位レベルの意識とみなされるのが自己意識である。自分

で考えていることが自分で認識できる。しかし、自ら認識できることには限界がある。情報処理理論において、この認識の制約、すなわち、情報処理的な意味でのボトルネック状態が、人の選択的注意のメカニズムを生み出し、情報の統合によって多くの並列情報を多重的、制約的に選択し、情報の正しい処理と理解を促す（苧坂、2000）。

　脳内機構については、ワーキングメモリが脳内のある特定領域に局在するとする領域局在説と一領域に局在せずに脳内ネットワークで表現されるとする分散協調説がある。領域局在説では、Baddeley（1986）の中央実行系のモデルが代表的であり、前頭葉損傷患者が中央実行系の障害を持つ可能性を示唆し、中央実行系の働きと前頭葉の機能とを結びつけている。健常者を対象にしたfMRIでの実験によると音韻ループらしき活動を担っている中心は、左半球の聴覚野近傍や側頭葉内側のインシュラ領域、縁上回、ブローカ野を中心にした領域で観察されるとしている。一方、視空間スケッチパッドについては、側頭葉から頭頂領域と後頭皮質などの視覚野が関わっていることが明らかにされている（Carpenter et al. 1999）。中央実行系は、脳内の機能する部位は特定できないものの、前頭前野には、中央実行系的な役割をしている領域はある（苧阪、2000）。

4.6.2　ワーキングメモリの分散協調説

　分散協調説では、ワーキングメモリの脳内メカニズムは、前頭前野を中心に、分散的に展開しているという見解を示している。これは、前頭葉に障害のある患者の症例（Petrides, 1995）や前頭葉切除の手術例（Shallice, 1982）などから明らかにされている。言語を用いたワーキングメモリでの脳活性部位に関する研究（Paulesu, Frith & Frackowiak, 1993; Petrides, Alivisatos, Meyer, & Evans, 1993）においても左右両側の前頭連合野の背外側が他の領域ととも活性化すると報告している。前頭葉は、後頭や側頭から入力された情報をオンラインで活性化して保持し、必要に応じてそれらの情報を取捨選択し、情報を統合して働くとされている。苧坂（2000）では、ワーキングメモリの保持には前頭前野（前頭連合野）を含めてさまざまな脳領域が関与し、ワーキングメモリは前頭前野

のみに局在するのではないという考え方が一般的であるとしている。

さらに、分散協調説では、領域局在説はワーキングメモリシステムの一部を探索しているにすぎず、脳内機構の中でも下位レベル、つまりボトムアップ処理機能についてのみ成り立つと主張し、ワーキングメモリの全体的、統合的な上位レベルでの処理を説明するには、脳内は局在的な活動とともにそれぞれの特定の部位を相互に活動させ、統合的な働きをしているとの解釈の方が適切である（Awh, Smith & Jonides, 1995; Baker, Frackowiak & Dolan, 1996）としている。

4.7　脳科学データの必要性
──ワーキングメモリモデル検証のために──

ワーキングメモリとは、言語理解、学習、推論などの認知活動において、必要な情報を一時的に保持し処理をする機能である。ワーキングメモリの活性化によって低位レベルの情報処理作業を自動化し、より多くの記憶資源を高位レベルの認知活動に割り当てることができる。ワーキングメモリのモデルでは、視覚、聴覚に入った情報が選択的注意を経て、ワーキングメモリに送られ、それがリハーサル機構で保持されて、その後長期記憶に転送されると考えられているものの、これまでの研究では、実証的に明らかにされていない。また、学習者のワーキングメモリからの情報検索が自動的であったとしても、長期記憶からの情報検索は時間のかかる認知的な過程であるとされているが、このメカニズムも曖昧である。さらに、ワーキングメモリ内の情報がすべて意識的に処理されるのか、意識的に注意が向いているものだけが処理と保持のトレードオフの関係にあるのかも明らかにされていない。

近年は、ワーキングメモリの研究が機能的脳画像法の進歩により、認知神経学、認知心理学などの分野での進展が大きくみられている。脳内機能としては、人が目標を定め、計画し、実行する過程で、高位レベルの認知機能を統合的に働かせるシステムが前頭前野に局在していると考えられている。そのため、ワーキングメモリを構成する神経回路が前頭前野に存在すると仮定されているものの、明確にはされておらず、前頭前野だけではなく、脳内の他の部位も統合的

に関わっているとの主張もある。脳内のどの部位に局在するかは、明らかにされていないが、第二言語習得の習熟度とリーディングスパンテストとの間には高い相関があるとし、言語習得においてワーキングメモリの役割が大きいとの報告がいくつかある。今後、脳科学的手法により、言語習得におけるワーキングメモリの役割をより明確にするために、実証的データ収集が求められている。

第5章　言語と脳

　これまでの章では、言語情報処理過程における自動化について、認知心理学的側面からの研究蓄積があることを記した。これらの研究手法では、指導者と学習者の認知的経験則からの主観的な報告に留まってしまうため、現在、客観的な研究手法が望まれている。
　21世紀は「脳の時代」と言われ、高次脳機能イメージング法の開発とともに脳研究がさまざまな分野で飛躍的に進んでいる。中でも、従来の認知理論を脳科学的に検証する可能性が広がってきた。言語、認知、思考など人の高次脳機能での情報処理と保存のメカニズムについて、近年ことに注目を浴びているが、現在のところまだ研究蓄積は少ない。本章では、言語と脳の関わりについての先行研究をまとめ、脳科学的視点から第二言語習得および外国語学習への応用性を探る。

5.1　言語と脳の研究の歴史

5.1.1　失語症患者から始まる

　言語と脳の研究の歴史を概観してみる。言語と脳の研究は、脳に障害を持った患者を対象に始まった。Dax（1836）が失語症患者の脳死解剖の結果、患者の脳損傷部位から、言語をつかさどる働きをしているのは左脳であるという概念を神経学の分野で初めて確立した。その後、1861年にBrocaが、ことばをまったく話すことができなくなった失語症患者の病理解剖の結果、脳内の病変部位とを対応づけて左側頭葉の前部が発話と関連性があるとし、その部位をブローカ野と名付けた。そして、1874年にWernickeが、ことばを理解することができない患者の脳内部位を特定し、左脳側頭葉の後部が、言語理解に関連して

いることを発見し、ウェルニッケ野と名付けた。その後、事故や病気による多くの脳損傷患者の研究が進み、脳と認知機能の研究は一歩一歩進んできた（岩田、1996）。

1940年代には、和田式によるアミタールソーダを血液中に注入し脳血流量を測定する方法が開発された。1960年代には切断脳（split brain）とよばれる状態の脳をもった人を観察することにより、言語機能と左半球の関わりが研究されるようになった。健常者の左右の大脳半球は脳梁とよばれている神経線維の束によって結ばれており、右脳に入った情報も左脳に、逆に、左脳に入った情報も右脳に、それぞれ脳梁を通って伝達されるが、切断脳の状態になった人では、左右脳間の情報伝達は行われない。

その後、切断脳を持った失語症患者を対象に、タキストスコープ（tachistoscope）という装置を用いて言語能力を観察する実験が行われた。この実験では、左右どちらか一方の視野を隠し、物を数10ミリ秒間提示し、見えている方の視野で見えたものについて尋ねる。すると、右視野で見た物は正答できるのに、左視野で見た物は答えることができないという結果を示した。左視野にあるものは右脳へ伝達され、逆に右視野に入るものは左脳で情報処理されていることが実験で明らかにされた。健常者では、脳梁を通じて情報交換をしているので、右脳に入った情報も左脳に伝えられ、左脳で何が見えたのかについては、ことばで表現するのが可能であるが、切断脳の患者では左脳と右脳との情報交換がなされないため、左視野で見たものをことばで表現することができなかったことから、左脳の言語優位性が証明された。

Penfiled & Robert（1959）の大脳皮質への電気刺激は大脳の局在化をより明らかにした。脳外科の手術のときに局所麻酔をして、患者の脳のいろいろな部分を刺激して患者から直接過去の体験を聞き出した。この手術から、脳のある部分を刺激すると忘れていた記憶が蘇ったりすることが分かった。Zangwill（1967）でも、右利きの失語症患者の97.5％、左利きの失語症患者の約60％は、左脳の損傷によって失語症を生じていることから、言語機能は左脳に依存していると報告されている。Geschwind（1965）の神経線維損傷による離断症候群の研究やSperry（1968）の分離脳患者の研究においても言語の左脳優位性に

ついて報告している。

5.1.2 健常者を対象にした研究

　これまでの研究結果はいずれも脳に障害を持つ患者を対象にしてきたものであるが、その後健常者を対象にした研究の必要性が指摘されてきた。1960年代に、健常者を対象とした脳の左右差の証明として両耳分離聴法が使用された。両耳分離聴法とは、2つの異なる簡単な単語を左右の耳から同時に聞かせる実験である。実験参加者は、何が聞こえたかを報告するように指示された。左耳より右耳に入った単語がより正確に報告されれば、右耳と言語処理をつかさどっている左脳との神経的な連絡が、左耳と右脳の機能よりも優位になる。実験の結果、右耳と左脳の処理が優位となり、その速度も速いという結果が示された。1972年には、X線CTが開発され、人体解剖することなく損傷部位を特定することができるようになった。

　1990年以降は、言語と脳機能研究が飛躍的に進んできた。その理由は、fMRI（functional magnetic resonance imaging：機能的磁気共鳴画像法）、PET（positron emission tomography：陽電子放射断層法）、MEG（magnetoencepharogram：脳磁図）などの非侵襲的な技術が広く利用されたことにある。いわゆる、非侵襲という文字通り、実験に当たって薬物を服用したり、人体を傷つけることなく脳の活動が計測できるようになった。1995年には、簡易的な脳機能測定装置である光トポグラフィが開発され、日常の環境の中で脳活性状態が計測できるようになった。

　これらの画像法の他に、人の生理現象を捉える方法として1930年代にさかのぼる脳波（EEG：electroencephalogram）がある。1950年代に人の感覚刺激によって誘発される微弱な電位計測装置が開発され、1960年代には、認知活動の測定のために事象関連電位（ERPs：event-related potentials）が開発された。ERPsは頭皮上の電極を通じた脳内の電気活動の脳内発生源が特定できないという難点はあるものの時間解像度の高さと汎用性が長所となり、これまでにも多くの研究蓄積がある。最近では、多チャンネルを用いた光分解脳波測定法の開発により、空間解像度の問題が解消された。

言語処理研究では、Kutas & Hillyard (1983) で、文の途中に意味的にそぐわない単語を挿入し、各単語に対する脳波を調査した。その結果、文脈にそぐわない単語に対してN400成分という脳波が出現していたことから、ある文中の単語系列における各単語はその出現時点で先行する文脈との意味的な検証が行われたことが示唆された。Neville et al. (1991) では、生成文法で仮定されている普遍文法の諸原理のモジュール性について、GB理論と脳科学の関連性を検証したとし、その結果、意味的逸脱文に対してのみ右半球、頭頂部優位のN400成分が出現し、他の文法的逸脱に対しては、それぞれ異なったERPパターンが得られ、各文法解析に伴う言語機能が認知体系における下位モジュールを形成する可能性が示唆された。近年、言語構造の階層性や分離下位モデルを脳波で検証する試みが行われている (Hagiwara et al., 1999; Kaan et al., 2000)。
　これまで、認知神経学の分野で仮説に留まっていた理論について再認が繰り返されてきたが、神経言語学の分野では、対象が言語といった人間独自の現象に向けられ、認知的手法に加えて客観的手法からの実証研究が可能になってきた。本書で取り扱っている第二言語習得の分野においても、新しい脳機能イメージング法を使用して学習者の脳血流量を測定し、脳内メカニズムの変化が観測できるようになった。そして、これまで、認知レベルで議論されていた理論が脳科学の分野から実証され、今後の言語教育において新しい知見が得られることが予測される。

5.2　脳のしくみ

5.2.1　ブロードマンの脳図
　現在の脳研究は、人の大脳皮質の活性度について論じているものが多い。大脳皮質は、左右対称の2つの半球に分かれていて脳梁とよばれる神経繊維の束で結ばれており、さらに、前頭葉、頭頂葉、側頭葉、後頭葉の4つに区分されている。一般に、左半球は、言語や論理など分析的作業を、右半球は、人の感情や顔を認知したり、物事の全体を感覚的にとらえる働きをするとされている。
　脳機能は、19世紀に、ウィーンの脳解剖学者ガルが、人のさまざまな精神

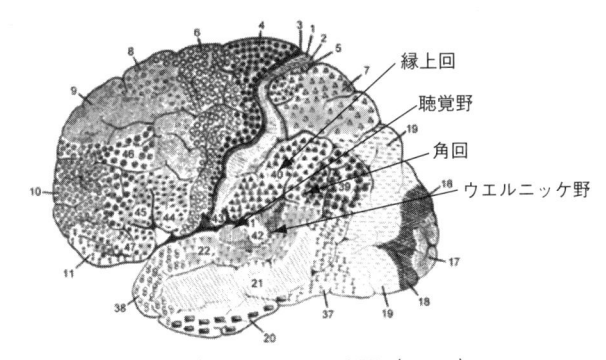

図5-1 ブロードマンの脳図（1909）

機能が脳の一定の部位に局在することを仮説として提唱し、局在論が生まれはじめた。ガルは、頭蓋骨の中にある大脳のその機能をつかさどる部分が隆起し、劣っている部分は未発達になると考え、その結果は頭蓋骨の形に影響を与えると考えた。この考えは、骨相学となり頭蓋骨の形状で、精神活動を判定することになるが、後に誤りであるとされた。

しかし、ガルは大脳局在論を示したことが、大きな功績となり、後にドイツの神経解剖学者ブロードマンによって、ブロードマンの脳図（1909）（図5-1）が作成された。ブロードマン脳図では、大脳皮質をその細胞構築と神経線維連絡の特徴によって52カ所に番号がつけられそれぞれ異なる機能を持つと推定され、後に、脳は場所によって働きが異なるとする「機能局在論」に発展した。しかし、実際には、これらの部位がどのように機能しているのかは、完全には明らかにされていないことに加え、人の脳では、12番から16番と48番から51番の該当するところがない。

ブロードマンの脳図では、おおまかな言語機能を担う言語野は、左半球に局在し、言語を産出するときに働くブローカ野（44野・45野）、音声言語を理解するウェルニッケ野（22野の後半）として推定されていたが、現在では、大脳のさまざまな部位が同時に相互作用をして言語処理をしているという立場が強い。

5.2.2 ことばと脳のモジュール性

ことばは、脳内でどのように処理されているのか。脳内部位に注目してみる。ウェルニッケのモデルでは、一つの基本的な脳機能は一つの局在した領域に位置し、これらの領域が相互作用しあい連携することで複雑な脳活動が可能になると考えられている。ウェルニッケによると、言語の音声や文字記号は、まず聴覚野（41野・42野）、あるいは視覚野の一次感覚野（17野）に到達し、次に、聴覚と視覚記号に共通する連合野である角回に送られ、両者に共通する神経信号に符号化される。次にこの符号はウェルニッケ野に送られて言語としての機能が働き、脳内辞書（長期記憶内の情報の整理棚）の意味と照合される。この一連の組み合わされた言語は、モジュール状に働き、ブローカ野に送られて、言語を伝達するために変換されて音声言語、文字言語としてアウトプットされるとしている。

岩田（1987）の研究をまとめてみると、言語情報処理は、次のように行われている。リスニングの場合、耳から入ってくる音声は、左脳の聴覚野（41野・42野）で処理された後、右利きのほとんどの人ではウェルニッケ野（22野）に送られる。その後、ブローカ野（45野）経由で縁上回（40野）に送られ、ことばとして理解される。リスニング時に音声として流れてくる聴覚情報やリーディング時に文字として入力される視覚情報は、まず第一次聴覚野および第一次視覚野とよばれる大脳皮質の第一感覚野に入り、次に聴覚連合野および視覚連合野において理解の助けとなるような複雑な情報処理が行われる。

脳内での言語情報処理過程をさらに具体的に見てみると、リスニングの場合、第一次聴覚野において音声情報のうちイントネーション、ストレスなどが識別され、聴覚連合野からウェルニッケ野を通して、語として認知され、その後、頭頂連合野など高位連合野に送られ、背景知識との相互作用で意味理解がなされると考えられる。リーディングの場合、第一次視覚野において、文字情報は、単語として認識され、視覚連合野で文として認知され、その後複雑な処理がなされて側頭連合野に送られる。左右視野から入力された文字は、後頭葉の視覚野（17野）から視覚連合野（18野・19野）に伝えられ、そこで文字の視覚パターンが認識される。それが角回（39野）に伝えられると文字が音声に変換

されて意味をもちウェルニッケ野（22野）で理解される。側頭葉下部に伝えられると文字の意味は想起されるが、音声との結びつきはなされない。その後は、ブローカ野（45野）経由で縁上回（40野）にたどりつき、ことばとして理解される（岩田, 1996; Paulesu, Frith, & Frackowiak, 1993; Howard et al, 1992）。

　言語の意味処理機能は、脳内のどこに局在しているのだろうか。Howard et al. (1992) の研究によれば、意味処理をつかさどる脳内部位は、人によって異なり、聴覚連合野前方、中部、角回あるいは、後方と報告され、実験参加者12名の中の3人は明らかな部位が特定できず個人差があるとの結果を報告している。また、脳内辞書が働く場合、英語と日本語の場合で活性化される部位が異なると報告がなされている。

　Greenfield (1998) は、PETによる実験で、文字を読んでいるときと聞いているときとでは脳の働いている部位が異なることを報告している。情報を入力する際に、音声が聴覚野、文字が視覚野に入力されることから、異なった脳内部位で情報の処理が開始され、次第に言語を理解し認知能力として蓄えられる側頭連合野や頭頂連合野で処理されていくとしている。

　しかし、脳機能は非常に複雑でこれらの機能局在説では説明がつかないとされ「高度な認知はニューロン全体の作用が関連していて局在的に脳を規定することはできない」とする統合作用説も主張されている。このようにさまざまな報告があり、脳内活性度については、個別性があり報告者によって一致は見られない。脳機能の研究は進められてきたものの、実際のデータとして得られるものは、これまで定義づけされた事柄とは一致しない点もあり、明確に断定することができていない点もある。以上のことから考えると、脳と言語の研究の創始者とも言われるPenfield & Roberts (1959) らが、ウェルニッケ野ということばを使わずに、聴覚連合野後方から、角回、縁上回を含めた広い範囲を「後言語野」とし、同様にブローカ野周辺を「前言語野」と称していたが、むしろこうした程度の漠然とした定義の方が現在でも容認されるのかもしれない

5.2.3　認知と脳

　言語は人間だけが持つ高度なコミュニケーションシステムである。言語能力

が生得的に備わっているものなのか、言語環境で身につけられるものなのかということは、従来議論の対象であった。Chomsky (1957) は、文法のルールは生得的なシステムとして脳内に組み込まれているとした生得的言語習得装置を普遍文法、UG (Universal Grammar) とよび、言語学と認知脳科学の分野に革命的思想を吹き込んだ (Smith, 1999; Chomsky, 2000)。Foder (1983) では、幼児の頃は、分析的能力や文法ルールの知識はないが、何の苦労もなく母語は自然に習得されていく。母語であれば、無意識のうちに幼児のころから、周囲の人と触れあいながら、コミュニケーションができるようになっていくとしている。しかし、Greenfield (1991) は、神経学の視点から、言語能力は生得的に備わっているものではなく、人間の発達段階に応じて段階的に構築されていくものであるとしている。

言語認知と脳の関わりについて、Dennett (1978) では、もし、人の思考が意識の流れであるとするならば、言語使用者の行為は、意識的な思考であるとした。一方、Chomsky (1984) では、言語使用者でも、統語処理段階では単語やフレーズを無意識に処理するとし、意味理解など複雑な処理については、言語システムそのものが人間の内的なモジュール性を含んだ処理であるとしている。また、Foder (1983) は、言語を感覚システムのようなモジュール性のあるインプットシステムであると主張したが、Chomsky (1986) では、言語のモジュール性をインプットシステムだけとして見なすのは限界がある。むしろ、信じたり、考えたり、知識を蓄えたりすることが、人間の内面で働くシステムとして考えた方がより正確に表現できるのではないかとしている。

Baars (1988) は、人の認知活動における意識的注意のモジュール機構を提唱した。意識の脳モデル (Newman, Baars & Cho, 1997) (第2章2.3参照) では、意識が働くのは、入力した情報が新しい場合や重要な場合あるいは、矛盾する場合であるとしている。それに対して、十分に予測されうる事象やよく知っている情報の場合には、意識をともなわないモジュール機構が自動的に処理する。したがって、新しい技術の習得や新しい情報や重要な情報を処理していく場合に、人は意識的に注意を促し、脳内のモジュール機構が活性化する。

言語と記憶のモジュール性については、Caplan & Water (1999) がワーキ

ングメモリとの関連性において、統語処理は、ワーキングメモリとは関連性がないが、日常の発話の理解や産出は、意識的な状態において行われ、ワーキングメモリとの関連性は大きいとしている。言語理解と言語野との関連性については、失読症などの機能障害の研究において、言語機能は、脳内のウェルニッケ野、角回、縁上回、ブローカ野の部位で操作され、これらの部位が言語機構とモジュールをなして、それぞれに関連しあいながら処理されている（Obler and Gjerlow, 1999）としている。

5.3. 言語処理の脳

5.3.1 脳のネットワーク

　言語は、脳内でどのような処理経路をたどるのだろうか。近年、脳機能イメージング法など脳内をリアルタイムで撮影し、画像化することにより精密に観測できる方法が開発されたおかげで、言語課題遂行中の脳活性状態が直接的に解明できるようになった。これまでの言語学的理論が生物学的に実証されうるようになり、神経言語学の分野における研究の幅が広がった。最近の多くの研究では、脳内の機能を特定しようとする試みが盛んに行われている。神経言語学の領域でも、とくに健常者を対象にした研究が進み、言語処理のメカニズムに注目されている。

　乾(1997)は、fMRIを使用した実験で言語の諸機能を説明するニューラルネットワークモデルを提唱している（図5-2）。聴覚的に提示された単語はまず聴覚野（41・42野）で処理された後、ウェルニッケ野（22野）の音声認知機能より単語が認識される。そして、ウェルニッケ野（22野）を通過した情報は3通りの経路をたどる可能性が報告されている。1つ目は縁上回（40野）に送られる経路であり、2つ目はブローカ野（45野）経由で40野に送られ、音韻情報が短期的に保持される。3つ目の経路は、ウェルニッケ野（22野）から角回（39野）に送られ、その後関連した感覚連合野に送られ、そこで概念情報が生成されるとしている。さらに、縁上回（40野）は音韻のワーキングメモリ、角回（39野）は連想記憶装置の働きを担っているとしている。こうした報告から、これ

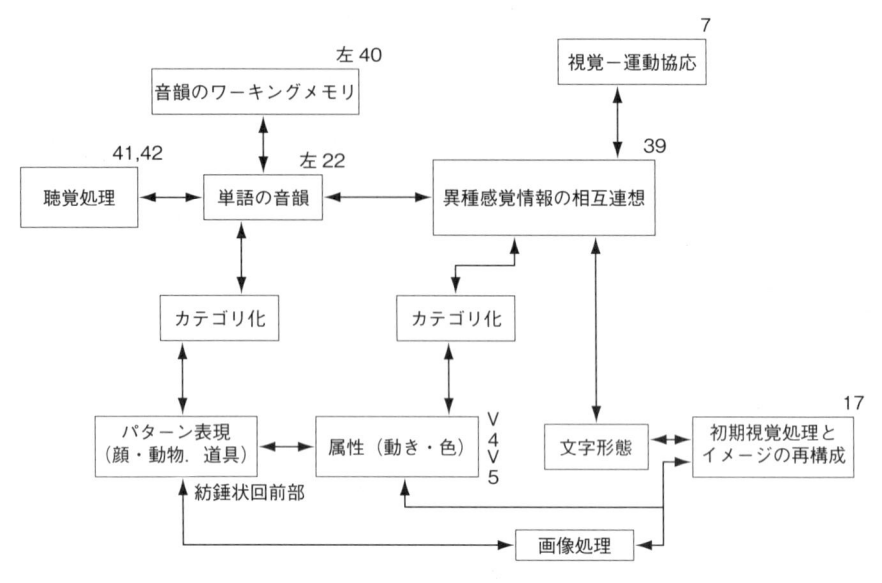

図 5-2　ニューラルネットワークモデル

乾（1997）より

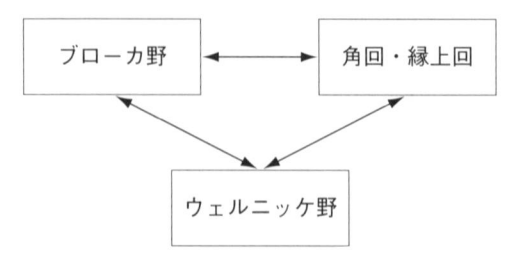

図 5-3　脳の言語モジュール

（酒井, 2002 参照）

らの言語を処理する脳の部位がそれぞれに関連しながらモジュールをなして脳機能が働いていると考えることができる。

Sakai（2001）および酒井（2002）では、言語処理は言語機能と脳機能の一対一対応については明らかにされていないが、言語処理は、ウェルニッケ野、ブローカ野、角回・縁上回でモジュールをなしており、これらの部位が補完しあいながら、それぞれの機能が作動しているとしている。

5.3.2 脳のさまざまな情報処理経路

人の脳内言語情報処理経路は必ずしも普遍的なものではなく、人によりさまざまな現象が現れていることも報告されている。前述のような順序立てた言語情報処理経路とは別に、言語を理解する際、個々の語から単語、単語から文の順に理解せず、文字を意味として理解している例もある。

具体的な現象として、McGuigan（1970）では、黙読中の音韻符号化（phonological coding）について、学習者の黙読中における音声器官のEMG（Electromyography：筋電図）を採ったところ、ほとんどすべての研究で、安静時に比べて筋肉運動が増加したという結果を報告している。つまり、視覚から入ってきた文字情報でも学習者が脳内で音読をした場合、ウェルニッケ野（22野）、聴覚野（42野）が活性化されるとしている。

Smith（1988）の報告では、失語症の患者の例をとりあげて、脳に損傷を受けた患者に文章を読ませたあと、何を読んだかを尋ねて答えさせる実験を行った結果、書かれている単語のままではなく、たとえば、ill を sick 、city を town 、ancient を historic、injure を hurt、quiet を listen、fly を air と読み間違えていると指摘し、単語を意味ではなくその概念で理解したかのような結果を得ている。この例においては、文字を脳で音声化して理解しているのではなく、意味としての直接理解がなされていると解釈できる。つまり、ボトムアップ処理を経過せずにトップダウンのみの処理がされたと解釈できる。

Price et al.（1992）では、人が単語を記憶、理解しようとしない場合でも、ウェルニッケ野が活性化する場合もあるとしている。この現象について、岩田（1996）で、ウェルニッケ野が言語理解だけではなく、語音認知の中枢である

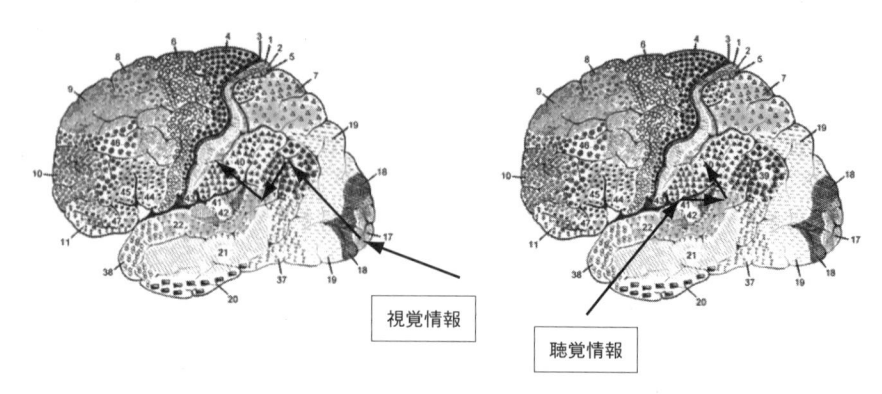

図 5-4　脳の情報処理過程経路

ブロードマンの脳図（1909）より

からだとしていることからも、認知活動もウェルニッケ野がつかさどっていることを示唆している。

　さらに、Paulesu, Frith, & Frackowiak, (1993) では、22野と42野については、記憶は独立した音韻処理に関係していて、外部の聴覚の音韻刺激がないときでさえ、人の内言によって活性化することを示している。また、声を出さなくても復唱システムが働きブローカ野が活性していることを示している。

　このことからも、脳の情報処理経路（図5-4）において、文字情報は音声回路を経過しなくても意味回路を通過して理解可能であると考えられる。これらの実験は失語症患者の症例であり、健常者に適応できるとは限らないことを付け加えておきたいが、健常者においても、脳機能測定装置が開発されたことによって、言語に関わる記憶や言語機能をつかさどる言語野が、認知や背景知識と関わっているとされる前頭連合野や側頭連合野部位と深い関わりをもっていることが少しずつ明らかになってきている。

5.4 第二言語と脳

5.4.1 第二言語は脳のどこで処理されるのか

バイリンガルの脳研究は、失語症の研究に始まった。モノリンガルを対象にした従来の脳研究が、脳機能の局在化に焦点をあてていたことに対して、バイリンガルを対象にした研究では、第二言語は、第一言語と比較して、脳内のどの部位でどのような方法で、処理されているのかということに注目されている。第一言語の機能は、ほぼ断定的に左脳に局在しているとされているが、第二言語は、左脳、右脳のどちらに局在しているのか議論が分かれており、現在のところ一致した見解がない。

Paradis（1977）は、バイリンガルでは、脳の損傷によって引き起こされる言語障害は、第一言語と第二言語を比較すると、その症状や回復の速度が異なっていたと報告している。その原因としては、幼少期に習得される第一言語は、脳内の深いところで記号化されるため、後に習得された第二言語に比べて、先に習得された言語は、脳の損傷の影響を受けにくく、治療後も完全に回復するからであるとされている。一方、Pitres（1895）では、習得の順序に関係なく、脳損傷を受ける前に患者にとって一番身近な言語が最も障害を受けにくく、ほぼ完璧に回復するとしている。これは、Ribot（1882）では、「第一効果」という概念で説明しているが、この概念では、バイリンガルの人の場合、どちらが第一言語であるのか、さらに、どちらの言語が損傷を受けたときに身近な言語であったのかということは見分ける事は困難であるとしている（Albert & Obler, 1978；Galloway & Krashen, 1980）。

その後、脳研究データが蓄積され、これらの結論が単純すぎるとし、次第に新しい実証データで、従来の結果は覆された。バイリンガルの神経言語学的モデルが、第一言語でのモデルと同様であるかどうかについてもさまざまな議論が展開してきた。情報の刺激と反応する脳内部位について、言語刺激は左脳で処理され非言語刺激は右脳で処理されると考えられていた。しかし、刺激の種類による違いではなく、2つの半球の脳機能の違いが注目されている。この見

解によると、それぞれの半球は、処理する刺激の種類によって異なるのではなく、むしろどのようなタイプの作業が脳内のどの部位で処理されるのが適しているのかという点に注目され、刺激を処理する方法の違いは、受け入れ側の脳機能によるとされた。いわゆる、左脳の機能で情報を分析的かつ連続的に処理し、右脳は、情報を全体的かつ並列的に処理していると考えられている。

　以上のように、言語処理と脳機能に関して、左脳と右脳の機能の優位性の度合いが問われてきた。しかし、どちらかにその機能が偏っているわけではなく、両半球は脳梁という神経線維でつながっていることもあり、左脳も多少は全体的、並列的な処理をすることができるし、右脳も分析的、連続的な処理をすることができるため、両機能が補完しあいながら機能を果たしているとされている。現在、バイリンガルの言語と脳機能の関係について、言語の理解時には、異なる認知機能と知覚の要素が含まれるとし、第二言語処理に関して認知機能、知覚機能などどの要素がどの程度両半球のパターンに影響を与えているのかについて研究が進みつつある。

5.4.2　習熟度と脳の働き

　第二言語は、習熟度が異なると処理される脳内部位が異なるのだろうか。この問いは、言語習得の「段階仮説」（The Stage Hypothesis）で説明されている。「段階仮説」とは、言語の脳機能は、言語能力が発達するにつれ、右脳から左脳に移行していくという主張である。その要因は、習得年齢、習熟度、習得方法であるとされている (Genesee, 1987)。

　習得年齢については、「第一言語と比較して、第二言語の習得開始年齢が遅ければ遅いほど、右脳の機能に依存し、逆に早ければ早いほど、左脳の機能に依存する」との仮説がたてられている。つまり、第二言語が早期に習得されればされるほど、第一言語の脳活性パターンに似てくることになる。Ballisle (1975) は、両耳分聴法で、フランス語と英語の二言語を併用して同時に習得した４歳の子どもについて、両言語とも母語話者と同様に左脳の機能が優位であったと報告している。それに対し、第一言語よりも第二言語を処理するときの方が左脳の機能に依存しているとの報告もなされている (Gordon, 1980;

Kotik, 1975)。

　習熟度については、「第二言語処理における右脳の働きは、習熟度が高いバイリンガルより低い者によりはっきりと現れる」(Krashen & Galloway, 1978；Obler, 1977) との仮説がある。これまでの研究で、この段階仮説を支持するような結果を得た研究がいくつかある反面、後の研究でこれを反証する結果を得た研究もいくつかある(Vaid, 1983)。支持する結果としては、Obler et al. (1975) での、第一言語が英語で第二言語がヘブライ語のバイリンガルを対象にした研究で、第二言語を処理するときより第一言語を処理するときの方が左脳をより多く使用していることが報告されている。また、Schneiderman & Wesche (1980) の行った第一言語が英語で第二言語がフランス語のバイリンガルを対象にした両耳分聴法の実験で、英語では左脳が活性していたが、フランス語では左脳と右脳は同様に活性していたことが報告されている。また、Silverberg et al. (1979) では、ヘブライ語話者を対象に、学校教育で英語を第二言語としてそれぞれ、2、4、6年間学習した3つのグループを比較し、年数を重ねるにしたがい英語の処理機能は右脳から左脳へ移行したことを報告している。しかし、ここでは小学校で最初に英語にふれ、読むことに焦点がおかれていたため、2年間と4年間学習したグループに見られた左右脳の働きは、一般的な第二言語習得の影響というより、むしろ読みの指導を受けたあとのスキルが左右脳のどちらで処理されているのかをいう判断になる可能性がある。

　Fillmore (1979) によれば、第二言語習得を始めたばかりの学習者の発話における言語構造は、暗記して覚えている決まり文句のようなものから構成されているとされ、McLaughlin (1978) では、初歩の学習者は、機能語よりも内容語、音声的特性よりも韻律学的特性がある発話、そして、統語的よりも語用論的な情報がよく理解できると報告されている。これらの言語の構成要素は、母語を習得し始めた段階においては、右脳の機能に局在しているとされ (Searleman, 1977; Obler, 1977)、このことは、習熟度が低いほど、言語機能は右脳に依存しているという段階仮説を支持する結果となっている。

　習得方法の面からは、学校教育で言語を学習した場合は、初歩の段階では、右脳の機能が働いているが、言語的スキルが身に付くに従い、左脳の機能が活

性化されるとされている。Zangwill (1967) でも、第二言語を第一言語のように自然の環境で習得した言語項目を処理するときには、右脳を使用する度合が高くなり、逆に学校の授業で学習した項目は、左脳を使用する可能性が高いと報告している。一般的に、右脳は、言語が自然に習得される幼児期により多く活性化し、言語処理の左脳優位が安定するのは、おおよそ5歳くらいになってからである (Krashen, 1974) と報告されている。

また、言語および認知処理が可能になるのは、5歳以降であるとし、認知機能の局在説が報告されている (Rozansky, 1975)。この研究と同時期に行われた乳児を対象にした脳半球の局在化についての研究では、言語処理における左脳の優位性の神経学的基礎は、誕生時にすでにできているとも主張され (Molfese & Molfese, 1979)、言語より認知の脳機能に注目された研究もある。Witelson (1977) でも、認知的側面から、言語機能が右脳優位から左脳優位に移行したり、年齢とともに言語処理にかかわる部位の局在化がなされるのではなく、認知機能が成長とともに発達し、言語処理に影響をおよぼしているとしている。つまり、形式的かつ分析的な処理を要求する認知機能が発達するにつれ、言語処理が左脳に依存するようになると考えられている。これらの主張は、Krashen (1977) が区別した「学習」と「習得」は、ある意味で、左脳と右脳の機能の区別と一致しているとも言える (Genesee, 2000)。

Krashen (1977) によると、第二言語の学習は、たとえば、伝統的な教授法である Grammar-Translation Method での文法訳読方式や Audiolingual Method でのパターンプラクティスで、言語の形式に注意が向くよう教授されるという特徴を持っている。このようなアプローチは、言語は抽象的で規則に支配されたものであるという意識を学習者に植え付けられると考えられていた。その一方で、「習得」では、学習者が、言語規則を無意識的に内在化し潜在的知識として蓄積していくと考えられている。これは、言語習得が、実践的で意味のあるコミュニケーションが起こるような自然な環境でなされるプロセスを通しているからであるとされている。このことから、「学習」における言語処理方法は、左脳と結びついた分析方法と一致しており、「習得」における言語処理方法は、右脳に関わる感覚的な処理方法と一致するように思われる。した

がって、第二言語習得が自然に行われた場合は右脳に依存し、学校での形式的な授業内で行われた場合は、左脳に依存すると考えることができる。

　これまでの結果で言えることは、第二言語処理における右脳の働きは、自然な環境の中で、第二言語が遅く習得された場合により大きく関与するということが言える。そして、左脳の働きは、第二言語が比較的に早い時期に学習された場合や、その言語が、どの程度正規教育で学習されたかの度合に大きく関わってくるとも言える。

　こうした第二言語処理に関する実証的研究の結果を、どのように語学教育に応用していくのかということに視点を向けることが必要であるが、実験に使用する教材が、人が使用する言語としては、限定された言語構造であるという点において、限られた調査結果となっている。これまでのほとんどの研究が、実験提示教材として個々の語彙を使用しているのみで、意味的表現や統語的表現の理解など、異なるレベルの言語的特性の処理についての調査は行っていない。こうした研究では、実験課題と、学習者が実際に英語使用の場で直面する表現とには大きな違いがあるため、基礎理論に留まるだけで、教授法との直接的な関連性は非常に限られたものとなる（Scovel, 1982）ともされている。

　言語学習者が実際に直面する課題を用いた場合どのような実証的な結果が得られ、それが英語教授法にどのように応用できるのかは残された課題であり、今後の英語教育において脳科学からの研究対象として注目される。

5.5　意識と脳

5.5.1　意識は脳を活性化する

　意識のモジュールは脳の構造と具体的に対応させることができるのであろうか。脳科学の最近の立場では、「意識は脳の働きである。」（澤口, 2000）とし、意識と脳は深い関わりがあることを主張し始めている。

　脳内のモジュール機能について触れてみるが、脳は多数の機能単位から構成されていて、モジュールを形成している。意識と言語と脳に共通した特徴としてそのモジュラリティがあり、言語や意識のモジュールに対して脳内のモ

ジュール構造があると考えられる。近年、脳機能の画像法が盛んに進められ、実際に意識を働かせている脳がどのように働くのかを脳の外側から見ることができるようになった。この技術を使用した研究は飛躍的に進歩し、こうした考えを支持するデータは、近年急速に蓄積されてきている。そこで明らかになったことは、「各意識に対して脳の局所的な部位が活動する。」ということである。

5.5.2　言語と意識と脳のモジュール性

　書きことばや話しことばを意識し理解する際に前頭連合野や側頭連合野の局所領域が活動することが解っている（澤口, 2000）。この脳機能画像法は、脳内の血流の増加量で測定しているので、意識が働くと脳内の血流量が増加するという意識と血流量の関係に基づいている。

　Roy & Sherrington（1890）でも、脳局所の活動は、その部位の脳血流量の変動をもたらすとした。そして、脳組織興奮による血液増加反応は非常に速やかで、刺激だけではなくさまざまな自立神経系が関与しているとしている。現在では、脳組織による興奮によってどのようなメカニズムで局所血流量が増加するのかは明らかにされていないと指摘はされているが、刺激負荷による脳の活動を見る場合、脳血流量を測定する方がより高度に脳の変化を捉えうるとしている。Posner（1995）でも、言語活動と脳血流量の関係について、学習者が課題に注意を向けるときに、母語より第二言語の言語処理時の方が脳血流量は多い傾向にあるとし、学習者にとって困難な課題に取り組むときの方が、血流量が増加すると解釈できることを PET で実証している。

　以上の報告から、言語と意識と脳はモジュール性に富んだ働きをしていることが分かる。言語刺激を与えられた際、学習者が理解しようと意識的に注意を向ければ、血流量が増え脳内活性度は上がることが言える。脳内の言語野は、聴覚野、ウェルニッケ野、ブローカ野、角回、縁上回とされており、言語刺激に対して意識が高揚すれば、これらの部位での血流が増加するというメカニズムであると解釈することができる。

5.6 最近の脳機能イメージング法

5.6.1 PET, fMRI, ERPとその研究

　すでに述べたが、近年、fMRIやPETなどの脳機能イメージング法（画像法）が使用されるようになり、人間の高次脳機能が観測できるようになった。ここで、脳機能イメージング方法とその研究について紹介する。fMRIに先駆けて1980年に、PETが開発された。PETは、脳血流中のブドウ糖と酸素の代謝を測定してエネルギー代謝を直接測定し、局所脳血流量を測定する装置である。Fox (1986) は、脳酸素代謝と血流量の増加の関係は明らかにされていないが、脳組織が興奮すると血流量が増えるため、刺激負荷による脳活動の状態を見る場合、脳血流量を測定する方法がより高感度に脳内の変化を捉えることができると示唆している。そのメカニズムは、脳組織の興奮にはエネルギーが必要であり、そのエネルギーは、ブドウ糖の代謝によって供給される。脳組織が興奮するとその部位のブドウ糖と酸素の消費量が増加し、それらを供給する血流量も増加する。したがって、人の脳の代謝量や血流量の変化を局所的に測定すれば脳の活動状態をみることができる（上村, 2000）。言語野についての研究では、Stormswold et al. (1996) がPETのイメージング法を用いて文理解にブローカ野の一部が深く関わっているということを画像で示し、視覚的に観測した。このことは、言語学の分野に衝撃的な結果をもたらしたとも言える。

　1992年に開発されたfMRIは、血液中に含まれる還元ヘモグロビン量を測定し脳の活動に伴う血流量の変化を捉える計測器である。薬剤などを体内に注入しない非侵襲的な方法で空間解像度が高い（2ミリメートル以上）という利点があるため広く現在でも利用されている。一方で、時間解像度が低く脳内で瞬時に変化する活動を観測するには正確ではなく、さらに、高磁場や誘導電流が人体に影響を及ぼすのかどうかは明らかにされていないことが現在まだ問題点として残されている。また、fMRIで示される血流の増加、すなわち脳の活性化とされている画像シグナルの要因は、必ずしも脳神経の電気的活動そのものではなく、それに付随しておきる局所的な血流の変化が主なものである（小

川、1995）ともされている。脳神経の電気的活動の変化は fMRI で捉えるには小さすぎるが、脳局所においてその活性化がその部位での血流の増加をひきだすことが実験的にいくつか示されていることからも、さまざまな fMRI の研究は、刺激に対して血流の変化をとらえているという意味では、脳科学の分野および心理学、神経言語学の分野の研究にも有用な実験手法であると言える。

　Sakai（2001）では、fMRI を用いて右利きの日本人健常者 7 名を対象に、日本語の会話を読んだ場合と聞いた場合の文脈刺激と語彙刺激に対する聴覚野、ウェルニッケ野、角回、ブローカ野の反応を比べている。その結果、読んだ場合の方が聞いた場合より、語彙刺激の方が文脈刺激よりウェルニッケ野の働きが活性化されるとの結果を示している。一方、角回、縁上回、ブローカ野は、読んだ場合でも聞いた場合でも、文脈刺激の方が語彙刺激より活性化したという結果を得ている。Paulesu et al.（1993）でも、健常者が発話中に PET で測定して活性部位を調査したところ、音韻ループに相当するとされている縁上回周辺に血流の増加が見られた。また、発話していないときでも、ブローカ野（42 野）に血流の増加がみられた。このことは、縁上回が音韻の貯蔵、ブローカ野が情報のリハーサルに関係していることを示唆している。しかし、血流の増加が見られるのは、この部分に限らないとして、ブローカ野や縁上回のみが音韻ループに関係しているのではないことも指摘されている。Smith, Jonides, & Koeppe（1996）では、視覚提示された 4 文字を 3 秒保持する課題を文字同定課題と比較した。活性化が認められた領域は、左半球、左頭頂葉、頭皮質、ブローカ野、運動前野、補足運動野と広範囲に渡るものであった。さらに、単語認知に関しては、単語の符号化の初期に、シルヴィス溝の活性が強いことを指摘している（Koyama et al. 1997, Salmelin et al. 1996）。したがって、音韻的な符号化には、シルヴィス溝が関係している可能性を示唆している。

　これらの他に、脳波測定法がある。1950 年代にすでに利用されており、人の感覚刺激によって誘発される微弱な電位を観測する方法である。1960 年代には心理学の分野でも用いられるようになった。人の認知活動にともなって生ずる電位は事象関連電位で、頭皮上の電極を通じて脳内の電気活動を観測する方法も紹介された。この方法では、空間解像度が低いことや脳内の電気活動の

発生源が特定できないことなど問題点はあるものの、時間解像度の高さと簡易性という利点により研究が蓄積されている。

　Kutas & Hillyard (1984) でも、有意味文であっても先行文脈から予想される可能性が低い単語に対して N400 が出現することを明らかにし、スキーマが活性化されるのは、先行する文脈と意味的に関連する単語や文に触れたときであるということを実証している。

　Michael et al. (2001) によると、fMRI を用いた第一言語研究において同一のテキストを使用したリスニングとリーディングの相違点を模索した結果として、まず、リスニングは、リーディングに比べて右脳をよく使用していることを挙げている。次に、リスニング時にはリーディング時よりブローカ野が活性化しているとの報告をしている。さらにこれらの違いについては、リスニングとリーディングの情報処理方法の相違からくるものであるとしている。つまり、リスニング時は、短時間に情報を処理しなければならず短期記憶内に情報を蓄えておかなければならないが、リーディング時は学習者が読む速さをコントロールできたり、繰り返し読みができたりするという点で、情報処理方法の質的な違いがあるため脳内の活性度の違いも生じるとしている。

　以上述べたように、これまで第一言語と脳機能の関係について盛んに研究が進められてきた。従来は、言語と脳機能の関係の調査結果は脳の損傷や疾患のために言語機能を失った患者に限られていたが、最近では、技術の進歩とともに、健常者の脳に損傷を与えることなく調べることができるようになった。こうした技術開発のおかげで、もともと、脳と言語の研究は、第一言語での研究分野であったが、次第に第二言語習得においても研究されるようになった。バイリンガルの失語症の研究については、患者の持つ複数の言語間の関わりについて、多くの研究者の関心が向けられている。とくに、いくつかの言語が、脳の同じ領域で、同様の方法で処理されるのかどうかということに焦点が向けられている (Alpert & Obler, 1978)。ことに、Vaid & Genesee (1980) では、バイリンガルの研究は 1977 年以降に飛躍的に進んできたと報告している。ここ数年の研究では、Hernadez et al. (2000) では、スペイン語と英語の早期バイリンガルの脳では、二つの言語が処理される部位は共通しているとしているが、

Tesink et al.（2002）では、母語のオランダ語と外国語である英語とフランス語とでは脳内活性化のパターンが異なるとしており、バイリンガルの言語の脳内活性部位について、これまでのところ一致した見解は得られていない。

5.6.2 光トポグラフィによる研究

　光トポグラフィを用いた数少ない言語と脳の研究について、いくつか記しておく。日本語の文処理方法を探った研究は、Sakai et al.（2001）で、物語の文を一定時間聞かせる方法と課題文を繰り返し聞かせる方法で左右両方の脳の活性度を調べた。その結果、左右どちらとも、物語文を聞かせた方が、血流が増えたことから、文を繰り返し聞かせる場合よりも物語文を聞かせた場合の方が脳内が活性化していたことを示唆している。この結果は Mazoyer et al.（1993）での、PET による、繰り返し文と、物語文を比較した場合の結果と一致していると報告している。ここで言えることは、すでに学習を繰り返し慣れている言語課題に取り組むときは、脳内は活性せず、新しい課題に直面したときに脳内は活性するということである。

　牧他（2001）の乳幼児の言語機能の研究では、生後5日以内の健常な新生児12名を対象に光トポグラフィを使用した実験で、母語での言語刺激を与えたときに、刺激開始に伴い、言語野・聴覚野での血流量が増加していることを報告している。つまり脳機能の発達は、出生時に始まるわけではなく、胎生時に始まっているとしている。

　多賀（2001）の新生児の脳血流の周期的変化の観測においても、光トポグラフィで酸化ヘモグロビン、環元ヘモグロビンの変化を示し、結果から得られたメカニズムが超音波ドップラー法やfMRIによる他の脳機能イメージング法と一致した結果を出していると報告している。局所的に神経活動が増大するとその部分で酸素消費量が増加するが、その酸素の増加量を上回る血流の過剰補償が生じて、酸化ヘモグロビンの濃度の増加と環元ヘモグロビンの濃度の減少が起きるとされている。多賀（2001）での光トポグラフィで得られた酸化ヘモグロビン、環元ヘモグロビン値の変動は、自発的な神経活動とそのリンクした血流の過剰補償を示唆するものであるとしている。しかし、神経活動が直接関わ

らなくても他の要因で酸素の受容が増え血流が増える可能性も否定できないとして、今後さまざまな角度から検証していく必要性も主張している。

　大石他（2002）および Oishi & Kinoshita（2003）では、母語の日本語と外国語である英語の課題提示中の血流量を比較した場合、リスニングにおいてもリーディングにおいても、日本語課題提示中の方が英語課題提示中より血流量の増加が少なかったという結果を報告し、学習者にとって、理解が困難な言語の方が課題遂行時の脳血流量は多くなると推測された。この結果をもとにして、大石・木下（2002b）では、英語学習者の初級学習者と上級学習者の脳血流量を測定した。その結果、上級学習者の方が初級学習者に比較して、言語処理に関わる部位に血流は選択的に集中しているとの結果を得ている。

5.7　脳機能イメージング法の応用
——言語理解メカニズムの解明に向けて——

　本章で述べたように、脳と言語の研究の歴史は、1800年代初期にさかのぼるものの、健常者を対象にした言語現象はごく最近になって取り組まれるようになった。その理由の一つは、脳内を観測するのは、これまで言語に障害のある患者に限られており、健常者の脳内を観測するための非侵襲的装置の開発がこれまでなされていなかったためである。近年、脳機能画像装置の開発により、健常者でも外部から脳活性状態を血流量などから観測することが可能になり、一躍この分野の研究が進んできた。

　第二言語習得の分野においても脳と言語のモジュール機能は注目されており、ここ数年研究データが増加してきた。母語と外国語の処理機能が脳のどの部分に局在しているのか。これら二つの言語の脳機能は同様であるのかなどの観点から fMRI や PET などの装置による研究が進められてきた。

　本研究で使用する光トポグラフィはこれまでの大型機器に比べて、精神的にも肉体的にも実験参加者に対する負担が少なく、病院の検査室のような大がかりな環境設定も必要なく、日常の環境下で計測が可能であること、使用中の騒音もないことなどから、言語課題に集中して取り組むことができ、言語理解

メカニズムの解明には適している装置であると言える。計測データも、血中のヘモグロビン量を測定しているという点においては、fMRIとなんら変わる機能ではなく、むしろ、人が注意を促したときに増加する酸化ヘモグロビン量がfMRIでは計測されないが、本装置ではそれが計測されるため課題に向ける注意の度合いを観測する点においても有効性が高い。さらには、本装置の開発により、これまで取り組まれてこなかった、パラグラフリーディングやパラグラフリスニングなど、長時間の課題遂行にも使用することができ、日常の言語学習活動の実態を捉えられるようになった。

第6章　光トポグラフィで脳をみる

　「脳の世紀」と言われる現代社会において、臨床医学の分野だけでなく、発達、行動科学、教育科学、言語学などの分野でも脳機能に関する知見を得ることは、大変重要な課題となっている。人はどのような方法で言語を理解しているのか。言語理解過程中には、選択的注意はどのように働いているのであろうか。この疑問について、従来の研究方法では、学習者に対してプロトコルやインタビュー方式を採用してきたが、こうした方法では、どうしても学習者と指導者の主観的観測に留まってしまう。

　近年では、fMRIやPETなどの脳機能を観測する方法が開発され、新しいデータ、それに基づく解釈がなされ、脳機能が少しずつ解明されてきている。しかし、こうした大型装置では、自然の状態でのデータが得られず、言語処理のような極めて高次の脳機能を日常の学習レベルで測定するのには適していなかった。そのため、自然な環境下で学習者の脳機能を計測する方法が望まれてきた。とりわけ、健常者の行動様式、学習プロセスを探る研究においては、検査室の閉鎖された環境ではなく、教室内での自然な学習環境から生み出されるデータが要求されていた。

　こうしたニーズに応えるため、光トポグラフィが開発され、自然な学習環境下での人の学習活動が測定でき、新しい学術的視点からの研究分野の可能性が広がった。これまで、認知学的データに留まっていた研究が、きわめて簡易的に脳科学的なデータを得られることから、言語処理の脳内メカニズムの解明が可能になったと言える。本章では、従来認知心理学の立場から進められてきた言語習得研究を脳科学の立場から検証する方法論を記す。

6.1 光トポグラフィ

6.1.1 光トポグラフィのしくみ

　ここでは、光トポグラフィの開発の経緯とそのしくみについて述べる（巻末資料Ⅱ参照）。脳機能で興味深い点は、人の行動と関わりがあるのは大脳皮質の機能であることが日々の実験からはっきりしてきたことである。人間の脳の進化過程を見ると、脊椎動物の脳は、ハ虫類からほ乳類、さらにその中の霊長類、そして人間へと、中核となる脳幹の周りに次々と層状構造を作る形で進化してきた。したがって、人の脳も表層の大脳新皮質を測定すれば興味深い成果が現れることが解ってきた（小泉、2001）。

　人の脳内の高次脳機能を測定する際、とりわけ言語処理や思考方法について解明をするためには、人体に影響を与えない安全な方法で計測することが不可欠である。従来の健常者に使用できる非侵襲的脳機能計測装置は、先の章でも一部触れているが、脳波計と脳磁計そして、陽電子放射断層法と機能的核磁気共鳴画像法が挙げられる。それぞれの装置には、利点も問題点もあり、現在のところ脳内メカニズム解明のためにはこれらは相補的に使用されている。これらの装置が開発された後、光を利用して脳機能の酸素化状態を断層画像として計測する方法の光CT（Computed Tomography）が開発された。この方法では、光を利用して大脳皮質の活動の動画像計測が可能であることが実証された。この方法が「光トポグラフィ法」とよばれている。そして、1995年には、日立製作所によって光トポグラフィ法を用いて簡易的に脳機能を測定する装置「光トポグラフィ」が開発された。

　神経活動が活発になると、大脳皮質が活動し、その神経の近くの血行動態が変化し、その活動に必要な酸素を供給するために酸素を運ぶ酸化型ヘモグロビンの濃度が増すことが確認されている。血液中のヘモグロビン量が多いほど、つまり血流量が多いほど、吸収される光の量は増加するため、大脳皮質の血流量が観測でき、大脳の活性状態が観測できる。

　光トポグラフィでは、大脳皮質の血流に含まれる酸化および還元ヘモグロビ

ンの濃度変化とその総和である総ヘモグロビンが測定できる。計測と演算処理にかかる時間は0.1秒程度であるため、言語課題を提示している間の脳活性状態をリアルタイムで測定が可能である。さらに、ヘモグロビンの濃度変化が2次元動画像で表示されるので脳の部位の血流状態を画像化でき、どの部位にどのような経路で血流が見られるのかが視覚的に明確になる（口絵参照）。

計測システムの特徴

　光トポグラフィの計測は、近赤外線分光法から、波長780nmおよび830nmの半導体レーザーのそれぞれ8個から放射される光の強度をすべて異なる周波数で変調している。各2波長光をそれぞれ混合した後、8本の照射光ファイバーから頭皮上の異なる位置に照射して反射された光を8個のフォトダイオード（Photodiode, PD）で検出する。したがって、個々の半導体レーザーからの光はそれぞれ波長および照射位置ごとに異なる変調周波数によってラベリングされていることになる。実験参加者からの反射は、8本の検出光ファイバーを介してそれぞれ8個のフォトダイオードで検出する。これら照射光ファイバーと検出光ファイバーは3cm間隔で交互に格子状に配置されている。時間分解能としては、現実的には1画像あたり0.1秒で計測される。実験レベルでは、これまでのところ20～30ミリ秒の時間分解能も確認されている（山下他、2000）。

脳深部計測

　計測する箇所は大脳皮質2cm（主に脳表面）である。脳幹などの脳深部は、光が頭皮からほとんど到着せず、計測はかなり困難であるために、大脳皮質の表面から2cmの深さに留まる。脳幹部や脳溝内部に折り畳まれた大脳皮質、大脳の内側の大脳辺縁系、また、小脳などについては、現在のところ計測は、不可能である。

測定値

　光トポグラフィの測定値は、脳血液中のヘモグロビンの光吸収特性によって測定される、酸化ヘモグロビン（oxy）と還元ヘモグロビン（de-oxy）の濃度変化とその合計（total）の値である。大脳が活性化されると血液中のヘモグロビンの量が多くなり大脳皮質の血流量も増えるので、吸収される光の量は増加する。

通常、ヘモグロビン等の色素濃度の定量計測では、計測量の単位として mM（1リットル溶液中に含まれるミリ mol）などが用いられている。しかし、分光光度計で利用される透明溶媒中の色素濃度の定量計測値とは異なる。人体は、光散乱体としての組織中に吸収体としてのヘモグロビンが含まれている状態であるから、大脳皮質つまり脳活性部位の光路長が特定できないため定量化に問題がある。そのため、現状では、濃度の次元に距離の次元を乗じた単位（mM・mm）を計測量として用いている。この値は、活動部位における光路長が明らかになれば、定量化の可能性を含んだ値であると言える（山下他、2000）。

解剖学的に脳の構造に視点を向けてみると、大脳皮質の活動が近赤外分光法によってヘモグロビンの濃度変化を通して測定することができるのは、大脳皮質には微少な血管がはりめぐらされており、スポンジのような大脳皮質の穴の中をヘモグロビンが通過していくような現象であるからである。大脳皮質の活動にともなって酸素が必要となり、血液中に酸素が吸収されると血液中の酸化ヘモグロビンの量が増加するメカニズムである。寺島（2004）でも、「神経解剖学の立場より、神経活動が興奮すると興奮部位への血流量が増加し血中の酸化型ヘモグロビンが多くなる」としている。

空間分解能と時間分解能

光トポグラフィの空間分解能については、測定原理から明確に述べることはできないが、数 cm の広がりを持つと言える。本装置は、頭皮へ光を照射し、3 cm 程度離れた頭皮上で光を検出する。検出される光強度は生体組織からの散乱光・反射光を合わせたものでおよそ頭皮からおよそ 2 cm まで浸透し、そこの組織の状態を反映する（資料 6.2）。現状では、この光の広がりが頭部での光伝特性に基づく空間分解能の値と見積もることができるにすぎない。

時間分解能としては、現状では最小 0.1 秒で測定可能である。一般的に脳活動などに伴う変化は秒単位とされ、それらの変化を観測するには十分な時間分解能を持っている。

6.1.2 光トポグラフィの利点

上記に述べた事柄が、光トポグラフィのシステムの特徴である。従来神経学

の分野では、言語の脳機能を測定する方法として Inui（1998, 2000）などにより、PET や fMRI などが使用されてきた。先に触れたがこれらの方法では、実験参加者は巨大な測定装置に入り、しっかりと固定されてほとんど身動きできない状態で、しかも、放射線や磁気による遮蔽が必要なため、特殊な部屋でしか測定できなかった。こうした、身体的拘束は、実験参加者に対して、医療的には非侵襲という状態に反して、身体的にも精神的にもストレスを強いることになってしまう。さらに、PET や fMRI では、測定中の騒音も伴うので言語活動のような注意と集中力を要求される課題には適していない。一方、光トポグラフィでは、日常の環境下において、プローブを頭皮に装着するだけで測定できるため、実験参加者に対する負担も少なく、使用中の騒音もないので課題に集中して取り組むことができる。しかも、PET や fMRI に比べて長時間の作業にも適している。現在、その簡易性が脳機能の研究に大きく貢献し始めている。光トポグラフィは、解像度や現象の解釈にあいまいさがあるとの問題点は残されているものの、人を対象とした実験では、簡易的で安全なため、かつ、客観的な情報が視覚化されるという点においてこの研究分野の先端をリードするものである。データ分析についても、先にも記してあるが、PET や fMRI では、還元ヘモグロビンの濃度変化のみ反映していると考えられているが、光トポグラフィでは、酸化ヘモグロビンと還元ヘモグロビンの濃度変化をそれぞれに測定し、合計も測定することができるという利点がある（小泉, 2001; 酒井, 2000）。

そして、Sato & Jacobs（1992）では、学習者が、言語情報を処理してインプットからインテイクのプロセスを促進するためには、選択的注意が働き、脳内の NRT を活性化する必要があるとしている。また、NRT が指令を出すと大脳皮質が活性化され脳血流量が増えると考えられる。光トポグラフィを使用し、脳血流量の増加量を測定することにより、言語理解の過程で選択的注意が意識的に働いているかどうかが観測できると考えることができる。

6.1.3 光トポグラフィの限界

光トポグラフィによる脳機能計測には、上記のような利点がある反面、問題点もいくつか残されている。まず、脳内の活性部位について言語処理に関わっ

ているとされる聴覚野、ウェルニッケ野、角回、縁上回が頭皮上から特定できるわけではなく、ブロードマンの脳図を参照することにより、頭皮上から推定することに留まる。しかし、リスニングやリーディングで、音声、文字を提示した場合に、その刺激に対して反応する部位が特定できたことから、それらの部位が言語野近傍であることが判別できる（大石、2001a）。

　次の限界点は、血流が増えたことの意味の解釈である。頭皮に光トポグラフィで測定する血流内の酸化ヘモグロビンの量が、直接脳神経活動を反映しているとは限らない。大脳皮質の血流量はさまざまな要因によって変化するため、血流が増えたことが、興奮性の脳活性化を反映しているのか、抑制性の活性化なのかを明らかにする方法がない。本研究においても、血流増加が言語理解を意味するのか、単に意識的に注意を促しているだけなのかは判別するに至っていない。これについては実験参加者の自己報告および理解度テストから判断する方法しかない。本来なら最も研究の面で明らかにしたい学習者の言語理解の度合は測定できず、あくまで、言語運用時に、意識的に注意が集中し、酸化ヘモグロビンの量が増え、脳が活性化されたと考えることに留まってしまう。つまり、学習者にとって容易な問題や、すでに聞いたことのある文章で、意識的に注意を集中させなくても理解できる場合には、脳内の血流量の増加は少ないことがこれまでの研究でも報告されている。一方、上級学習者でも難易度の高い英文が与えられた場合に、意識を集中させて取り組むこととなり血流量の増加が多くなる。したがって、理解できていなくても、意識的に注意が集中されることによって、脳の言語処理に関する部位の血流量が増え、一見して脳内が活性化された状態になり、言語理解に結びついているかのようになる。一方、容易に理解していても、脳血流量が増加しない場合には、脳内が無活性状態と誤って観察されてしまう恐れがある。しがたって、実験参加者の習熟度やメタ認知ストラテジーなどと統合的に調査する必要がある。

　また、言語処理メカニズムを探るためには、多くのデータを収集して一般化しなければならないが、一度の計測で採取できるのは実験参加者一人のデータである。さらには、光トポグラフィ装置の特質上、実験参加者の頭皮上にプローブを装着するのに時間を要することで、データが採取できる実験参加者数は一

つの実験について少人数となってしまう。なお、これらは、fMRIなどの他の装置でも同様に抱えている限界点である。

6.2 英語学習者の脳をしらべる

6.2.1 脳の自動化の可能性をさぐる

本研究の目的は、日本人英語学習者の課題遂行中の脳活性度の変化を調査し、脳内メカニズムを選択的注意の自動化という点に注目し解明することである。まず、英語を聞いたり読んだりするときに、学習者の脳内のどの部位に血流が集中しているのかを調査する。そして、課題の難易度、スキーマの有無、課題の繰り返し提示によって脳活性状態がどのように変化をするのかについて、学習者の習熟度別に光トポグラフィを用いて測定する。しかし、血流量のみで脳内活性パターンを判読することはできないため、実験参加者のさまざまな要因と統合的に照らし合わせ判別する。具体的には、実験参加者の英語能力、提示された課題の理解度、課題遂行中のメタ認知ストラテジーの3要因と脳血流量の変化を合わせて判断する。そして、脳内での言語処理過程における選択的注意の自動化の状況を探り、学習者の言語知識の無意識化および言語処理の自動化の可能性に結びつける。

6.2.2 脳をしらべる6つの実験

実験（図6-3参照）は、3部で構成する。実験1と2（第7章）では、課題を遂行するときに実験参加者の脳のどの部位に血流が最も集中し、活性化するのかについて調べる。実験3（第8章）では、実験参加者を初級、中級、上級学習者に分類し、実験1、2で最も活性化されると明らかになった部位において、それぞれの実験群で脳内活性パターンにどのような特徴がみられるのかについて調査する。そして、上級学習者の活性パターンを最適脳活性パターンとし、その特徴を明らかにする。実験4、5、6では、課題の提示方法を変え、実験1、2で最も活性されると明らかになった部位において脳活性状態の変化を計測する。課題の提示方法は、実験4で課題の難易度を変えた場合、実験5で課題提

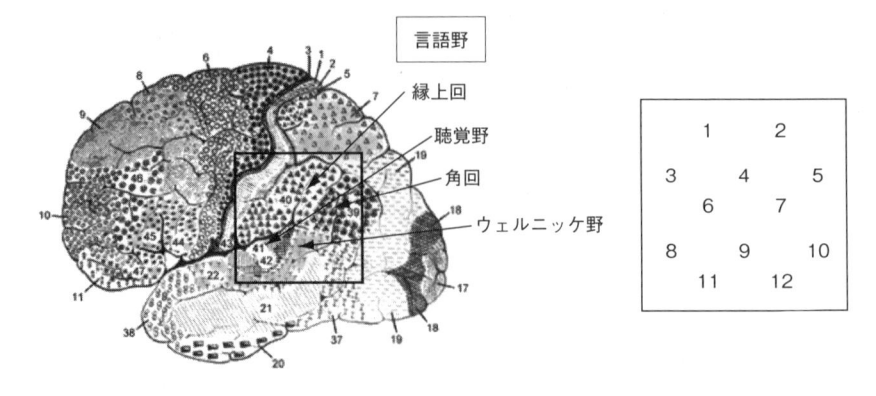

図 6-1　左脳光トポグラフィ・プローブ
　　　　ブロードマンの脳図（1909）上で装着位置

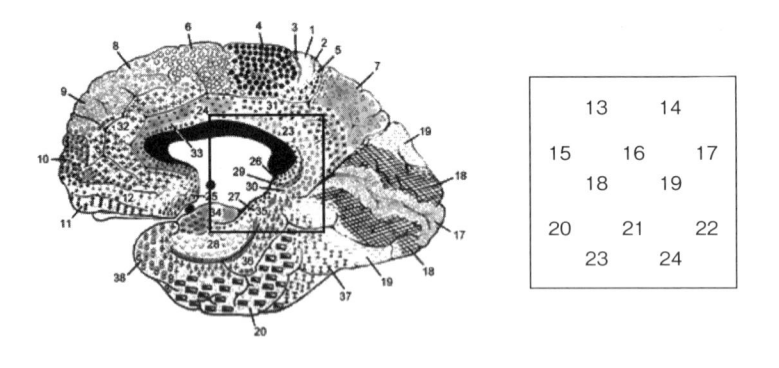

図 6-2　右脳光トポグラフィ・プローブ
　　　　ブロードマンの脳図（1909）上で装着位置

示前に内容に関する情報を与えスキーマを活性した場合、実験6でテキストの繰り返し提示（2回）を行った場合とし、これらの提示方法が脳活性状態にどのような影響を及ぼすのかについて調査する。

　脳活性状態を測定した後、理解度テストおよびアンケートとインタビューを実施する。その結果から、実験参加者の言語処理過程を客観的手法と主観的手法の両面から総合的に探る。

```
                    ┌─────────────────────┐
                    │   脳内活性度観測      │
                    │ (リスニングとリーディング) │
                    └──────────┬──────────┘
                               │
                    ┌──────────┴──────────┐
                    │ TOEFL による実験参加者分類 │
                    │ 上級学習者：500 点以上  │
                    │ 中級学習者：400 点以上  │
                    │ 初級学習者：400 点未満  │
                    └─────────────────────┘
```

┌─────────┐   ┌──────────┐   ┌──────────────┐
│ 第7章   │   │ 第8章   │   │ 第9章   │
│ 英語を処理する│ │ 言語野の最適 │   │ 言語野を最適活性状態に │
│ 脳内言語野の推定│ │ 活性状態推定 │   │ する課題提示方法の検証 │
└─────────┘   └──────────┘   └──────────────┘

                              ┌──────────────┐
                              │ 実験4   │
                              │ 難易度の有効性：課題の │
                              │ 難易度を変えた場合の脳 │
                              │ 内活性度変化観測 │
                              └──────────────┘
┌──────────┐   ┌──────────┐   ┌──────────────┐
│ 実験1   │   │ 実験3   │   │ 実験5   │
│ 段階仮説の検証と│ │ 最適脳活性状態推定 │ │ スキーマの有効性：ス │
│ 左脳優位説の検証│ │ (学習者の習熟度と脳 │ │ キーマ活性後の脳活性度変 │
└──────────┘   │ 内活性状態との関係) │ │ 化観測   │
┌──────────┐   └──────────┘   └──────────────┘
│ 実験2   │   ┌──────────────┐
│ 言語のモジュール性│   │ 実験6   │
│ 仮説検証   │   │ 繰り返しの有効性：2回 │
└──────────┘   │ 繰り返した場合の脳内活 │
                              │ 性度変化観測   │
                              └──────────────┘

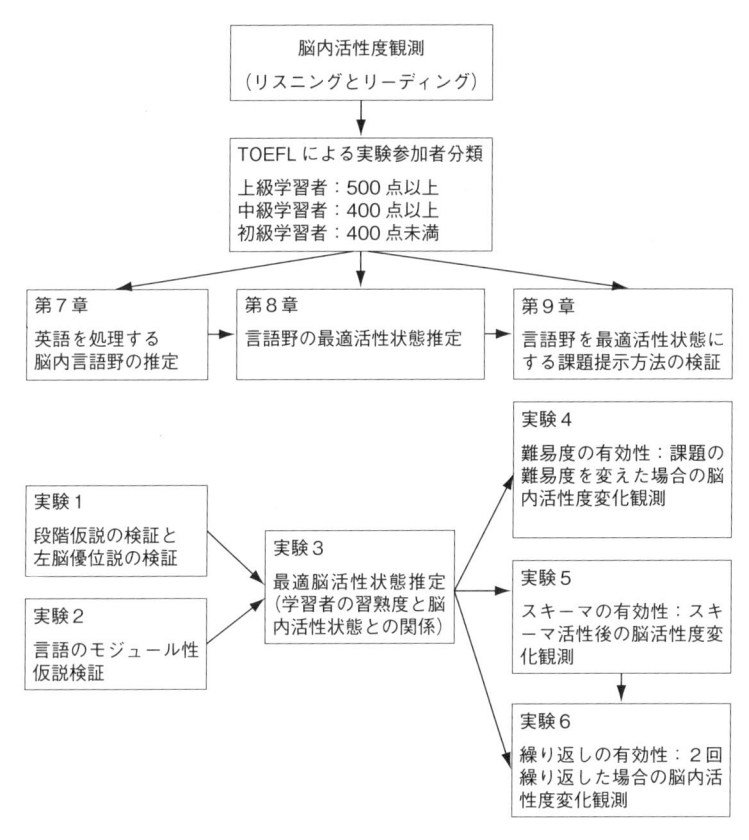

図 6-3　実験計画

実験参加者

実験に参加したのは大学・大学院生で、TOEFL および TOEIC の得点所持者である。すべての実験参加者に実験開始前に、実験の目的と方法を説明し、個人のデータを研究目的のために使用することの承諾を得た。

実験参加者の英語力

実験参加者の英語力の分類は、TOEFL の得点を基準にした。なお、実験参

加者のうち、TOEIC のみの点数所持者は、点数換算表により TOEFL の得点に換算した。TOEFL の得点が 300 点～399 点を初級学習者、400 点～499 点を中級学習者、500 点以上を上級学習者とした。但し、実験 4、5、6 では、人数の都合上、初・中級学習者と上級学習者の 2 群に分類した。

実験装置（巻末資料 II 参照）

近赤外光トポグラフィ脳機能測定装置（ETG-100、日立メディコ）を用いて、脳血流量を測定し、脳活性状態を判別した。照射、検知プローブは、頭皮上 9cm × 9cm の範囲を 3cm 間隔で各 12 チャンネル、左脳と右脳、あるいは、左脳と前頭葉の合計 24 チャンネルで同時計測を行った。各プローブの位置は、ブロードマンの脳図と重ね合わせて測定部位を特定した。

実験提示教材（巻末資料 I、6.1、6.2 参照）

実験課題は、実用英語検定試験問題集準 1 級用と 2 級用から抜粋した。その理由としては、提示する課題の難易度が明確であるためである。実験 1、2、3 および 5、6 については、リスニング、リーディングとも準 1 級の問題を使用し、実験 4 では、リスニング、リーディングとも準 1 級用と 2 級用の問題を使用した。

理解度テスト（巻末資料 I、6.3 参照）

課題の理解力の測定方法として、多肢選択式 7 問（14 点満点を 100 点満点で換算表示）とリコール・プロトコル方式で理解した内容を口頭で報告してもらった。多肢選択式のペーパーテストでは、内容が正確に把握されていなくても正答できる場合があるため、確認の意味で、口頭式のリコール・プロトコル方式を行った。評価方法としては、命題数を基本とし 14 点満点で採点した。

また、TOEFL と理解度テストの相関関係は、スピアマンの順位相関係数で、選択式理解度テストにおいては、rs = 0.812（p<0.01）、プロトコル式理解度テストにおいては、rs = 0.805（p<0.01）で、いずれも TOEFL との相関は高かった。また、選択式理解度テストとプロトコル式理解度テストの相関係数は、rs = 0.91（p<0.01）で相関は高かった。統計処理では、選択式の得点を採用した。そして、その得点を比率で換算した。出題言語と回答の言語は母語の日本語にした。その理由は、目標言語では、言語使用の困難さによる干渉があるとの報告があることから（Lee, 1986; Wolf, 1993）、理解した内容を正確に報告してもらうためで

ある。

データ処理方法と統計分析法

　光トポグラフィにより計測された脳血流量は安静時をゼロ値とした血流量の増加分（血流増加量の割合）を相対値で統計分析した。血流量相対値は、ヘモグロビン濃度で示され、その単位は、次の式で求められている。mM・mm = Hb の濃度 × 10^{-3} × 光路長（mm）。データ解析の際には、課題提示中のデータをマハラノビス処理によって、解析範囲のヘモグロビン濃度データを、データの分散に対する相対値として扱うことにより正規化をした。これにより、変化量のレンジが異なるヘモグロビン濃度データの変化の割合を同一尺度で比較することができる（日立メディコ：光トポグラフィ装置 ETG-100 取扱説明書参照）。さらに、移動平均処理によって前後5秒のデータから平均を求めて各時刻のデータを置き換え、ノイズを平均化したデータを求め、そのデータに基づいて処理をした。

　この方法については、データ処理上の問題点も残されている。現時点では、データ分散と血流量の増分が必ず比例すると保障されるとは限らないこと、また、計測時によって、ノイズが多い場合も少ない場合も含まれていることを記しておきたい。

　統計分析は、課題遂行中の0.1秒単位の平均を求めた。データ数が少ないことと正規分布をしないことから、ノンパラメトリック法を採用した。平均の差に関しては、関連のある2群の差の検定としてウィルコクソン符号付順位和両側検定（T 検定）、関連のない2群の差の検定としてマンホイットニー検定（U 検定）を用いた。3つ以上の順位差においては、クラスカル・ワーリスの順位差検定を用いた。

アンケート

　課題遂行中の学習者の言語処理過程を探るために、メタ認知ストラテジー使用状況に関するアンケート（巻末資料 I、7.1 参照）を実施した。実験の目的は、実験参加者の脳活性度を調査するものであるが、計測データである脳血流量においては、血流量のみで脳内活性パターンを判読することは現在のところ難しいため、実験参加者のさまざまな要因と総合的に照らし合わせて脳活性度を判

断することとした。実験参加者自身のメタ認知ストラテジーもその要因の一つであり、メタ認知ストラテジー利用状況と理解過程中の脳血流増加の割合とを統合的に判断することにより、学習者の言語理解過程が脳科学的に裏付けられる。

インタビュー

メタ認知ストラテジーの使用状況を探るアンケートを実施したが、記号選択式のアンケートでは、実験参加者の内面まで踏み込むことはできない。そのため、一人ひとりが課題に取り組んでいるとき、どのような読みをしていたのか、リスニングで集中して聞いた箇所、学習者自身が感じた難易度などについて、2次元画像（口絵参照）を参照しながら質問をした（付録7.1参照）。

6.3 光トポグラフィで英語学習脳をしらべる

6.3.1 パイロット実験

本実験に先立ち、光トポグラフィの機能および使用方法、計測データを確認するために、パイロット実験を行った。実験の目的は次の通りである。

1) 本実験の手順で光トポグラフィの装着と課題提示中の実験参加者の肉体的、精神的負担があるのかどうかを確認する。
2) 本実験と同じ課題を使用し、課題提示時間、多肢選択式およびプロトコル方式の理解度テストが制限時間内で実施できるかどうかを確認する。
3) 光トポグラフィを使用して左脳言語野近傍の血流量を測定した際、リスニング、リーディングの課題提示による血流の増加量が、実験参加者の意識下の現象と関連性があるのかについてインタビューにより調査する。つまり、意識的に注意を向けた場合には、言語野に血流の増加がみられ、意識を向けなかった場合には言語野の血流は増加しないのかについて、課題提示開始と血流量増加の関係で調査する。
4) リスニングとリーディングの情報処理方法について、二つのタスクになんらかの関連性があるのかどうかについて研究の可能性を模索する。

6.3.2 英語学習で脳血流増加

パイロット実験の結果、1）に関しては、実験参加者のアンケートの回答結果より、肉体的、精神的負担はほとんどないことが確認できた。ただ、実験参加者によっては、光トポグラフィのプローブを頭皮に装着する際に手間取る場合があったため長時間を拘束することになってしまった場合もあった。2）に関しては、装置装着後、課題提示と理解度テストはスムーズに運ぶことが確認できた。3）については、課題提示とともに、光トポグラフィで観測される画像の血流量が増加したことが確認できた。また、課題に集中することができない実験参加者については、血流の増加は見られなかった。したがって、学習者が注意を意識的に課題に向けた場合に血流が増加することが観測できた。4）リスニングとリーディングの血流経路や血流増加状態については、個別性が見られた。

6.3.3 英語教育への応用の可能性

本章では、言語処理方法を脳科学的に解明をするために、光トポグラフィ装置を応用する可能性と限界について焦点をあててきた。fMRIなどの脳機能画像装置と比較すれば脳内の活性部位をピンポイント的にねらうことについては限界があるが、本研究結果からは、おおよその言語野いわゆる、聴覚野、ウェルニッケ野、縁上回、角回近傍を推定して計測することは可能であることが示唆された。言語活動の作業は、机上に向かった作業であり、先にも触れたが、fMRIのような身体的拘束を要する装置では日常的な学習データは採取しにくいため、現時点の技術では光トポグラフィ装置がその点において適していると言える。とくに、装置の簡易性という点においては、日常の環境下において、プローブを頭皮に装着するだけで測定できるため、実験参加者に対する負担も少なく、使用中の騒音もないので課題に集中して取り組むことができる。計測データが意味するものについても、学習者の意識下レベルでの報告と光トポグラフィでの血流量の変化が一致し、選択的注意とその活性度が捉えられると解釈できた。

その上、光トポグラフィの装着位置が頭皮上から不確定だとはいえ、本研究

から示唆されたように、言語刺激に反応して、言語野近傍に血流が見られたことから、言語をつかさどるおおよその部位は捉えることができることが明らかになった。

6.4 英語教育への応用
── 英語学習者の脳内メカニズム解明のために ──

　本パイロット研究では、光トポグラフィ装置の機能が、実験参加者の意識の現象についてどの程度測定できるのかということ、つまり学習者の認知的側面とどのようなかかわりがあるのかについて調査した。そして、英語学習者がリスニングとリーディングの課題を遂行する過程で、それぞれの情報伝達経路で差異があるのかを調査した。その手法としては、認知的側面からは、実験参加者の学習ストラテジーと理解過程についてのアンケートとインタビューを実施し、脳科学的側面からは、光トポグラフィで脳内の活性度を観察した。そして、両側面から得られたデータを照合することにより、多面的な学習メカニズムの解明にアプローチした。

　実験参加者の意識の状態、いわゆる、メタ認知的行為と脳血流量の関連性については、意識的に注意を向けたかどうかについて脳血流状態によって判別できる可能性は高いと思われる。つまり、注意を向けたと意識している実験参加者については、血流は増加し、注意を向けることができず注意散漫状態になってしまったという実験参加者については、血流量は増加していない。

　また、脳内の血流経路については、言語情報入力後の情報処理過程に注目してみると、実験参加者によってかなり多様性（個別性）があるということが明確になった。従来、リスニングとリーディングにおける言語情報処理過程は、言語入力後同一であるという仮説と、それぞれ別の処理過程をたどるという仮説とに大きく分けられる (Danks, 1980)。これまでの認知処理過程の立場からは、音声や文字を入力した後の処理は共通しているという立場が強い（Gale, 1990; Levelt, 1993）が、本研究においては、実験参加者の脳の活性状況を観察した結果、実験参加者によってかなり個別的なパターンを示していることが明らかに

なった。

　個別的な現象では、リスニングのとき、音声を聞いているのにもかかわらず、血流増加は、聴覚野に見られず、ウェルニッケ野のみに見られたり、ウェルニッケ野と聴覚野、角回の血流が同時に増加していたりする。これについては、血流の増加が見られない部位は、言語機能が自動化している可能性も予測できる。また、リーディングのとき、文字の音韻符号化のため、つまり、脳に入力される前に心の中で反芻するため聴覚野や角回が働いたであろうと推測される。ただし、ここでの解釈には限界がある。それというのは、測定装置の特質上、理解度が必ずしも脳内のネットワークレベルでの活性度と相関関係があるわけではなく、実験参加者の「意識の集中度」の測定に留まってしまうということである。したがって、情報処理経路については、本研究では取り扱わず、言語野の活性状態と学習者の習熟度との関連性について、焦点をあてる。そこで、なんらかの法則性が発見できると期待する。

　本研究には、これまで記したように、いくつかの方法論的限界はあるものの、ひとつの重要な示唆を含んでいると考えられる。それは、従来の英語教育の分野では、学習者と指導者による認知的経験則にもとづき教授法が開発されてきたことに加えて、脳科学的側面から学習者の情報処理過程の個別性を確認することで、いわば、意識化できない理解プロセスの個別性を配慮した教授法または学習法を開発する可能性を切り開いたことである。

　本パイロット研究でリスニングとリーディングの情報処理の個別性が主張できたことで、リスニングとリーディングのそれぞれ単独の指導が向いているのか、または複合した指導が向いているのか、さらには、どのレベルのどのタイプの脳内情報処理パターンをもった学習者にはどういった指導法が効果的なのかを特定することが可能になろう。ひいては、それぞれのタイプの学習者に適切な学習教材も検討できるのではないだろうか。

　上述したように、光トポグラフィを利用することによって、従来の主観的な学習者の報告法に加え、実験参加者を客観的に観察することができると言える。実験参加者の数を増やし、課題遂行時にどれだけ脳血流量が増加したのかその割合を習熟度別に、分析してみれば、英語学習者の脳活性状態が解明できるであろう。

第7章　英語は脳のどこで学習されるのか

　われわれは第二言語を学習するとき、どのようなメカニズムで言語を処理しているのであろうか。この疑問に応えるため、従来は、学習者のメタ認知ストラテジーなどの調査に基づく認知的経験則から理論化されていた。しかし、そのデータは学習者と観測者の主観的な見地に留まり客観性に乏しいと指摘されてきた。そこで、最近では、客観的手法の一つとして脳科学の立場からの研究が注目されている。

　これまでに述べたことをまとめてみると、脳科学、神経学の分野では、失語症患者を対象に脳研究が進められていたが、近年、非侵襲的脳機能計測装置によって人体を傷つけることなく脳機能を計測する方法が開発され、健常者を対象にした実験が少しずつ進められてきている。中でも、脳内のどの部位で言語処理がなされているのか、たとえば、言語処理は、左脳が司っているのか右脳が司っているのかということに焦点がおかれ、研究データが少しずつではあるが報告されている。本実験では左脳と右脳の活性度に焦点をあてる。

7.1　左脳優位説をたしかめる

7.1.1　左脳と右脳をみる（実験1）
　左脳と右脳の活性度の関連性については、脳梁という神経線維で結ばれているために、両半球間の情報交換が可能になっていて（岩田：1996）、両半球の働きは互いに影響しあっていると言える。しかし、第二言語処理における左脳説、右脳説についての議論は、バイリンガルの失語症の研究に始まり長い間続いている（Obler & Gjerlow, 1999）。ことに、第一言語を理解する場合には、左脳の言語野、一般的には、言語産出にはブローカ野、言語理解にはウェルニッケ野

および文字処理には角回、音韻保持のためには縁上回が関与しているとされていた。しかし、近年の研究結果からは、どの部位がどの言語機能を司っているのかその対応は明らかにされていないが、脳機能のモジュール構造を為し相互に関連しあいながら言語が処理されているという見解が強くなってきている（酒井、2002）。しかし、第二言語処理においては、第一言語の処理とは異なり、習熟度、学習方法、学習開始年齢などの要因によって、右脳で処理されるのか、左脳で処理されるのか議論が分かれている。

　Krashen & Galloway（1978）およびObler（1981）では、第二言語習得における段階仮説を提唱し、「第二言語処理における右脳の働きは、習熟度が高いバイリンガルより低い者にはっきりと現れる」としている。Paradis（1994）でも、第一言語習得過程において、1歳になるころまで、いわゆる言語が自動的処理される段階に至るころまでは、左脳より右脳の方が活性化される。いわゆる、言語の脳機能は、言語発達段階が進むにつれ、右脳から左脳に移行していくとし、段階仮説を支持している（第5章5.4.1参照）。

　一方、この仮説とは反対に、二分聴取法を用いた多くの研究で、熟達したバイリンガルの第二言語処理では、より右脳の方が活性化しているという報告もなされている（Gordon, 1980; Piazza & Zatorre, 1981）。さらに、Susanne（2002）では、ドイツ人の英語学習者を対象にした脳波計（EEG）を使用して実験を行った。この実験では、映像を伴ったリスニング教材を提示する方法で、大学で英語教育を受けた実験参加者を上級学習者と中級学習者にグループ分けをした。その結果どちらのグループにおいても左脳の方が活性化したとして、段階仮説を否定している。

　これまでの結論はさまざまであるが、日本人の英語学習者では、どのような現象を示すのであろうか。日本人英語学習者の言語習得段階による脳活性度は、段階仮説を支持するのであろうか。また、Susanne（2002）では、上級学習者と中級学習者を対象にしていたが、学習者の習熟度差を大きくして初級学習者と上級学習者を比較してみてはどうだろうか。本実験では、日本人の初級学習者と上級学習者を対象に、課題遂行中の左脳と右脳の血流増加量の割合を比較する。具体的には、左側頭葉の耳の上9cm × 9cm（縁上回・角回、聴覚野、ウェ

ルニッケ野周辺）と、右側頭葉の耳の上9cm×9cmの範囲を測定する。そして、段階仮説の検証を行い、その要因について、アンケートおよびインタビューで学習者のバックグランドを調査し裏付けをする。

7.1.2 左脳が優位か？
次の3つの仮説をたてて、日本人英語学習者を対象に、習熟度によって左脳と右脳のどちらの脳が活性化しているかに焦点をあて、血流増加量の割合を調べることによって、段階仮説の検証をする。

1) 言語処理時において、上級学習者では、右脳より左脳の血流増加量の割合が多い。
2) 言語処理時において、初級学習者では、左脳より右脳の血流増加量の割合が多い。
3) 言語処理時において、初級学習者では、左脳と右脳の血流増加量の割合に差がない。

7.1.3 左脳と右脳を調べる方法
実験参加者

大学院生および大学生22名（男性8名、女性14名）、すべての実験参加者は右利きであった。平均年齢は、24.3歳であった。実験参加者のTOEFLの得点は、最低370点、最高625点であった。TOEFLの得点によって、300点～399点を初級学習者、500点～625点を上級学習者とした。実験参加者のTOEFLの得点と本実験での課題テストの結果は次の通りである（表7-1）。

実験提示教材

英検準1級の問題（巻末資料Ⅰ、6.1、6.2参照）の説明文2題を選出した。1題をリスニング時、1題をリーディング時に利用した。

理解度テスト

第6章　付録6.3参照

表 7-1 実験 1. TOEFL と理解度テスト結果

学習者	人数	TOEFL M (SD)	リスニング 選択式 M*(%) (SD)	リスニング プロトコル式 M*(%) (SD)	リーディング 選択式 M*(%) (SD)	リーディング プロトコル式 M*(%) (SD)
初級学習者	11	394.40 (69.45)	44.50 (3.56)	42.85 (3.06)	40.00 (3.03)	41.21 (3.00)
上級学習者	11	585.8 (29.3)	89.57 (1.54)	80.35 (1.52)	94.60 (2.5)	88.46 (0.74)

M*(%) は、(テストの得点/14) ×100 で換算した100点満点方式の平均点。

実験手順

実験は個別に行った（計測者1名、実験参加者1名）。実験参加者には机の前に着席してもらった。光トポグラフィ装置のプローブを左脳と右脳、具体的には実験参加者の耳の上に位置する言語野（角回、縁上回、聴覚野、ウェルニッケ野）を含む左側頭葉上の頭皮9cm×9cmの範囲で、右脳も同様に耳の上の右側頭葉上の頭皮に9cm×9cmの範囲で、各12チャンネル合計24チャンネルを装着した。実験に先立って、実験参加者に実験手順を説明し、実験データは本研究のために使用することを、参加者より同意を得た。

実験参加者への実験手順についての説明は次の通りである。
1) 40秒の安静時間をとる。
2) リスニング課題をヘッドホンを通して流す（40秒間）。
3) 課題提示後40秒の安静時間をとる。
4) 理解した内容を1分で報告をする。それを録音する。
5) 内容に関する理解度テストを実施する。
6) 安静時と課題遂行時の血流量を比較するため、安静時には何も考えず、課題提示中は、内容理解に集中することを教示する。
7) 課題終了後、ストラテジー、理解方法、情報処理過程について、脳活性状態の画像と照合しながらインタビューを実施する。
8) 同様の手順で、リーディング課題も実施する。課題提示は、印刷紙を提示

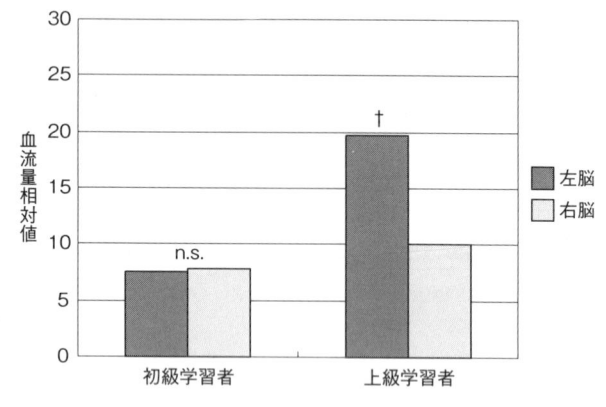

図 7-1 リスニング時の血流増加量の割合
ウィルコクソンの符号付順位和検定 † p<0.1

する（40秒間）。

統計分析法

段階仮説の検証方法については、TOEFL の得点によって実験参加者を習熟度別に初級学習者と上級学習者の2群に分け、それぞれの群において、課題遂行中の左脳と右脳の脳血流増加量の割合を比較した。統計分析は、データ数が少ないことと正規分布をしないことから、ノンパラメトリック法を採用した。右脳と左脳の血流増加量の割合の差は、関連のある2群の差の検定としてウィルコクソン符号付順位和両側検定（T検定）を用いた。

7.1.4 左脳が優位―英語力は分析能力

リスニング実験結果

リスニング時における、初級学習者と上級学習者の左脳と右脳の血流増加量の割合の差についての実験結果と統計分析結果を図7-1および表7-2に示す。

リスニング仮説の検証

図7-1および表7-2に基づいて、仮説の検証をする。

表7-2　リスニング時の血流増加量の割合

学習者	脳血流量 (課題遂行時40秒間平均)			有意点	
	左脳	右脳	T値	下側	上側
	M (SD)	M (SD)			
初級学習者	7.86 (8.57)	7.98 (8.21)	31	21	65
上級学習者	19.69† (18.00)	10.01 (8.00)	18	21	65

ウィルコクソンの符号付順位和検定　†p＜0.1

仮説1の検証：段階仮説検証

図7-1および表7-2の上級学習者の左脳と右脳の血流増加量の割合の差に注目してみる。上級学習者は右脳より左脳の血流増加量の割合が高く、ウィルコクソン符号付順位和両側検定による統計結果では、有意傾向が認められた（n = 11、T値 = 18、有意点下側：21、上側65、p<0.1）。したがって、「上級学習者では、右脳より左脳の血流増加量の割合が多い。」という仮説が実証された。

仮説2の検証

図7-1および表7-2の初級学習者の左脳と右脳の血流増加量の割合の差に注目してみる。初級学習者は、左脳と右脳の血流増加量の割合に有意差が認められなかった（n = 11、T値 = 31、有意点下側21、上側65、n.s.）。したがって「初級学習者では、左脳より右脳の血流増加量の割合が多い。」という、右脳優位の仮説は実証されなかった。

仮説3の検証

仮説2が否定され、初級学習者においては、左脳と右脳の血流増加量の割合に有意差がないことが言えた。したがって、「初級学習者では、左脳と右脳の血流増加量の割合に差はない。」という仮説は実証された。

リーディング実験結果

リーディング時における、初級学習者と上級学習者の左脳と右脳の血流増加量の割合の差についての実験結果と統計分析結果を図7-2および表7-3に示す。

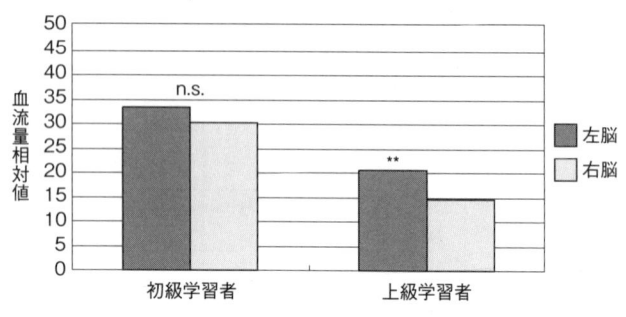

図7-2 リーディング時の血流増加量の割合
ウィルコクソンの符号付順位和検定 **p<0.01

表7-3 リーディング時の血流増加量の割合

学習者	脳血流量相対値 (課題遂行時40秒間平均)			有意点	
	左脳 M (SD)	右脳 M (SD)	T値	下側	上側
初級学習者	33.57 (37.61)	30.17 (32.43)	29	21	65
上級学習者	20.52** (18.15)	14.47 (9.70)	19	21	65

ウィルコクソンの符号付順位和検定 **p<0.01

リーディング仮説の検証

図7-2および表7-3に基づいて、仮説の検証をする。

仮説1の検証：段階仮説検証

　図7-2および表7-3の上級学習者の左脳と右脳の血流増加量の割合の差に注目してみる。上級学習者においては、右脳より左脳の血流増加量の割合が多く、ウィルコクソン符号付順位和両側検定による統計結果で、有意差が認められた（n = 11、T値 = 19、有意点下側21、上側65、p<0.01）。したがって、「上級学習者は、右脳より左脳の血流増加量の割合が多い。」という仮説は実証された。

仮説2の検証

図7-2および表7-3の初級学習者の血流増加量の割合の差に注目してみる。初級学習者においては、左脳と右脳の血流増加の割合量に有意差が認められなかった（n = 11、T値 = 29、下側有意点 = 21、上側有意点65、n.s.）。したがって、「初級学習者では、左脳より右脳の血流増加量の割合が多い。」という、初級学習者の右脳優位説は実証されなかった。

仮説3の検証

仮説2の結果から、初級学習者において左脳と右脳との血流増加の割合量に有意差が認められず、左脳と右脳の血流増加量の割合に差がない結果となった。したがって、「初級学習者において、左脳と右脳の血流増加量の割合には差がない。」という仮説が実証された。

7.1.5 なぜ左脳優位か

実験1から得られた結果により、段階仮説、左脳優位性の要因、脳内活性度とメタ認知ストラテジーの3点について考察をする。

段階仮説の実証

本実験結果より、リスニングにおいてもリーディングにおいても、Krashen & Galloway（1978）の「第二言語処理における右脳の働きは、習熟度が高いバイリンガルより低い者にはっきりと現れる。」とする第二言語習得の段階仮説を間接的に支持する結果となった。

本実験結果で、仮説1「上級学習者は、右脳より左脳の血流増加量の割合が多い。」および仮説3「初級学習者は、左脳と右脳の血流増加量の割合には差がない。」は実証された。したがって、実験参加者の左脳と右脳の活性度については、上級学習者ほど左脳優位とされ、習熟度が上がるほど左脳に依存する割合が多くなっていくと推察された。また、右脳のみの活性度に注目してみると、習熟度が高いと左脳の方の依存度が高いが、習熟度が低いと左脳と右脳の活性度に有意差が認められず、左脳のみではなく右脳の働きにも依存していると考えることができた。

左脳優位である要因

　左脳の優位性について、Genesee（1998）で、学習者の習熟度、学習環境、学習開始年齢の3つの要因が考えられるとしている。Genesee（1998）と本実験の参加者の学習経験を照らし合わせてみると、学習環境の要因によって、段階仮説が検証されたと解釈できる。

　学習環境と言語の脳半球分化の関係については、数少ない研究例ではあるが、第二言語を母語のように自然に習得した場合には右脳の使用が多くなるとされ、一方、教室内で形式的な教授法によって学習した第二言語の処理には、左脳がより多く使用される可能性があることが報告されている（Zangwill, 1967）。つまり、第二言語習得において、第二言語に触れる環境が自然な環境である場合には、右脳の働きが優位となるが、教育機関などでの授業で学習した場合には、左脳の働きの方が優位になるとされている（Genesee, 1998）。

　本実験からは、上級学習者は、右脳より左脳の活性度が高く、初級学習者は、右脳と左脳の活性度には差がない、という結果を得ている。本実験参加者は、全員が学校教育において英語を学習した者である。上級学習者の内3名が英語圏で1年から2年間の留学経験があるものの、そうした実験参加者も生活の中で英語を自然に習得したというより、語学研修機関において学習したというのが実態である。しかも、すべての実験参加者が英語の学習を始めたのが、中学1年生であり、また、留学経験が18歳を過ぎたころであるため、学習開始年齢も留学時の年齢も、言語習得の臨界期（Lennerberg（1967）では、思春期を過ぎると「生物学的に言語習得が非常に困難になる」と主張し、言語習得がしやすい時期を臨界期（the critical period）とよんでいる。）を過ぎていると言える。

　英語学習開始年齢については、早期バイリンガルと後期バイリンガルを比較した研究において報告されている。それによると、神経学的および認知学的な要因によって「第一言語と比較して第二言語が習得されるのが遅ければ遅いほど右脳の働きが大きくなり、また、逆に、早ければ早いほど左脳の働きが大きくなる」とされている。

　本実験の実験参加者は、早期バイリンガルにも後期バイリンガルにも属さない。全員が臨界期を過ぎてから、日本の学校教育で英語学習を始めたいわゆる

「外国語としての英語学習者」である。その結果として、習熟度が高い学習者の方が左脳優位となり段階仮説を支持する結果なったと解釈することができる。ただし、本実験では、実験提示教材としてリスニングとリーディング、つまり言語のインプットに関してのみを扱っていることに触れておきたい。スピーキング、ライティングについては、今後の研究課題として残される。

メタ認知ストラテジーが脳を活性させる

本実験の課題提示時の脳内活性パターンにおいて、上級学習者については、左脳優位、初級学習者については、左脳と右脳の活性度に有意差がないとの結果を得た。アンケート結果（巻末資料Ⅰ、7.1参照）から上級学習者と初級学習者のメタ認知ストラテジー使用における相違点について注目してみる。因子分析結果（付録7.2）によると、リスニングでの上級学習者の因子1として問題意識の因子、因子2として推測因子が抽出された。つまり、上級学習者は、課題に問題意識をもって積極的に取り組み、理解できないところは、推測をして理解しようとする。また、脳内活性度と関連づけて考えてみると、問題意識や推測は、分析的ストラテジーであるために、左脳の活性度が高くなると考えることができる。一方、初級学習者においては、因子1としてボトムアップ因子、因子2としてはトップダウン因子が抽出された。提示された単語や内容が理解できないときに、一つひとつの単語を日本語に訳したり、聞いた音声を文字化したりしている。そして、理解できないときには、「なんとなく」という感覚で理解しようとしたことが報告されている。このことから、本実験の初級学習者において、ボトムアップ処理がうまくいかないとトップダウン処理に頼ることがうかがわれる。「なんとなく」理解できないときには英語を日本語に訳したり、音読したりする。また、イメージ化をすると解釈ができるため、左脳、右脳ともできるかぎりの機能をフルに働かせ、課題の内容を理解しようとしていることが推察できる。

リーディングでは、上級学習者は、因子1として問題意識と課題集中因子、因子2として推測因子が抽出された。つまり、上級学習者は、問題意識を持ち集中して課題に取り組み、理解できないときは、単語の意味や文章の内容を推測をして理解しようとする姿勢が推察できる。したがって、脳内も選択的に活

性化されていると推測できる。しかし、初級学習者は、因子1として選択的注意欠如因子、因子2として相互作用因子が抽出された。この結果から、初級学習者のリーディングにおいては、文章中の重要なポイントに集中していないが文字は目で追っている。そして、理解しようとする場合には、ボトムアップ処理もトップダウン処理もフルに活用しようとする状態になっていることが推測できる。つまり脳内でも選択的に重要なポイントに焦点をあてることができず、瑣末なことがらに注意を向けているために、選択的に脳内が活性されずあらゆる部位に血流が集中している状態であることが推察される。

7.1.6 学習環境が脳活性状態に影響

　実験1の結果からは、本実験参加者において左脳優位説が検証され、この結果は、実験参加者の学習環境要因から裏付けすることができた。

　実験参加者の学習背景を調査してみると、上級学習者の中には、20歳前後に、英語圏で生活経験をしている者もいるが、英語学習開始年齢は、実験参加者すべてが学校教育において10歳を過ぎた頃で、主な学習環境は教室内での形式教授を受けているという事実が本実験の結果を裏付けるものであると考えられる。

　本実験結果から、上級学習者は、左脳が右脳より活性化する度合いが大きく、初級学習者においては、左右両半球を同様に活性化している。つまり、上級学習者は、英語を左脳で、分析的に処理しているが、初級学習者は、左脳で英語としての言語情報を分析的に十分に処理することができないため、右脳を働かせて、非言語情報やイメージの処理などより多くの手がかりをヒントにして理解しようと努力していると推測することができる。

　この理由としては、言語活動は認知活動であるため年齢とともに発達する認知の働きによって言語機能が発達することがあげられる。上級学習者は、左脳で言語が処理されていると判断するのは、形式的かつ分析的な処理を要求する認知機能が言語発達とともに活性化することによって、言語処理時に左脳が優位に働くようになっていくと言える (Witelson, 1977) ことも、本実験結果を支持する。さらに、Zangwill (1967) による研究において、6歳を越えてから、

形式教授において言語を学習した場合の言語処理は、左脳が優位であると報告された結果とも一致する。Krashen (1974) でも、5歳以降に言語処理時の左脳優位性が安定し、言語および認知的処理が次第に型にはまってくるとしている。

なお、Krashen (1977) では、言語の「学習」と「習得」をはっきりと区別して提唱しているが、左脳優位説は、これらの区別と関連性があるとも考えることができる。Krashen によると、Grammar-Translation の伝統的訳読方式や Audiolingual のドリル方式での教授法は、言語の構造に意識が向けられる特徴があり、言語はある規則に従った記号であるという考え方が基となっている方法である。つまり、本実験参加者の言語能力のように形式的言語学習で培われた能力は、分析的処理をつかさどる左脳で処理されることは納得ができる説明である。つまり、自然な環境で言語を「習得」した場合は右脳の機能に依存し、形式教授により「学習」した場合には、左脳の機能に依存するということになる。この点で、脳内メカニズムは、Krashen が主張するように「学習」と「習得」は相容れないものであると言えるのかもしれない（第5章5.4.2参照）。

しかし、疑問として残ることは、左脳の活性状態に着目したとき、習熟度が高くになるにしたがい、意識的処理状態から無意識的処理状態に移行していくのではないかということである。もし意識的処理状態から無意識的処理状態に移行していくのであれば、「習得」から得られた潜在的知識と「学習」から得られた顕在的知識は、同一の知識に成り得ないとする習得—学習仮説は否定され、「習得」と「学習」の間になんらかの関連性があるとする McLaughlin や Byialystok の立場や「習得」と「学習」は、両極を行ったりきたりすると考える中間言語の可変性を肯定することになる。学習の習熟度と課題遂行時の脳血流状態を観測すれば、脳内メカニズムは明らかになるのではないか。これについては、実験3で記す。

7.2 脳内は協調するか

7.2.1 左脳と前頭葉をみる（実験2）

　実験2では、脳機能の分散協調説の実証研究をする。実験1では、実験参加者が英語を聞いたり、読んだりするとき、とくに、上級学習者については、左脳の言語野（縁上回・角回、聴覚野、ウェルニッケ野周辺）を含む側頭葉が右脳の側頭葉より活性化していると解釈できた。一方、初級学習者では、左脳と右脳の活性度に差が認められなかった。つまり、この結果は、「学習者の習熟度が高くなるほど左脳の活性度が高くなる」という解釈ができ、間接的ではあるが段階仮説を支持したと解釈した。

　では、前頭葉と左脳を比較してみたらどうであろうか。近年、前頭前野の働きは、学習時に重要な効果をおよぼすことに注目され、他の動物と人が違うのは前頭前野を持っているからだ（川島、2003）とされている。また、ワーキングメモリとの関連からも研究が進んでいる。Baddeley (1986) で脳内の領域局在説として、ワーキングメモリのモデルを提唱しワーキングメモリは音韻ループと視空間スケッチパッドと中央実行系からなり、その中でも、中央実行系が前頭葉に局在することを示唆している。とくにブロードマンの脳図で46野が中央実行系の働きをし、ワーキングメモリのセンターとされている。このモデルでは、脳科学的に言語理解を説明するには、ワーキングメモリの働きのみで説明できるため、言語のモジュール性仮説を考慮に入れる必要はないとしている。

　一方、課題によって異なった働きがあるとする立場からは、視覚ワーキングメモリは視覚関連脳領域、聴覚ワーキングメモリは聴覚関連脳領域、言語ワーキングメモリは、言語関連脳領域が各々に働くとされている。そして、最近の知見では、ワーキングメモリの分散協調説が強くなり、Petrides (1995) では、脳内の特定領域にワーキングメモリの機能が局在しているのではなく、いくつかの部位が相互に関連しあいながら機能していると主張されている。澤口（2000）でも、言語処理時には、従来から言われているウェルニッケ野、ブロー

カ野が働くが、それだけではなく、ワーキングメモリのセンターである前頭葉の 46 野も認知活動を伴う言語理解に深く関わっているとして、分散協調説を支持している。

　日本人英語学習者の言語処理時の前頭前野を含む前頭葉と言語野を含む左脳とを比較した場合、どちらがより活性化しているのであろうか。前頭前野の働きは習熟度との関連性があるのだろうか。習熟度が高いほど、前頭葉の働きが自動化し、課題遂行時の脳血流増加量の割合は少なくなるのであろうか。本実験では、中級学習者と上級学習者の実験参加者を対象に、英語のリスニングとリーディング課題提示中の左脳と前頭葉の血流増加量の割合を測定し、言語理解の一領域局在説を検証する。

　なお、それぞれの学習者群において、課題提示中の左脳と前頭葉の血流増加量の割合を比較した。課題遂行に伴う前頭葉の血流増加量の割合が左脳と同様もしくは前頭葉の方が多い場合には、一領域局在説が実証される。一方、左脳の血流増加量の割合が多い場合には、この仮説は、実証されず、実験 1 と同様に、左脳における言語のモジュール性仮説が間接的に実証されるという解釈をする。

7.2.2　前頭葉が優位か？

　言語処理をつかさどる脳活性部位についての一領域局在説を検証するために次の 3 つの仮説をたてた。

1. 中級学習者および上級学習者の両群において、課題遂行時の血流増加量の割合は、左脳より前頭葉の方が多い。
2. 中級学習者および上級学習者の両群において、課題遂行時の血流増加量の割合は、前頭葉より左脳の方が多い。
3. 中級学習者および上級学習者の両群において、課題遂行時の血流増加量の割合は、前頭葉と左脳では差がない。
4. 中級学習者と上級学習者間を比較すると、前頭葉の血流増加量の割合には差がない。

表7-4 実験2. TOEFLと理解度テスト結果

学習者	人数	TOEFL M (SD)	リスニング理解度テスト 選択式 M*(%) (SD)	プロトコル式 M*(%) (SD)	リーディング理解度テスト 選択式 M*(%) (SD)	プロトコル式 M*(%) (SD)
中級学習者	7	468.5 (35.7)	56.00 (5.00)	53.57 (3.20)	50.01 (3.03)	41.21 (3.00)
上級学習者	8	558.1 (32.0)	8426 (3.54)	80.35 (1.52)	94.60 (225)	88.46 (0.74)

M*(%)は、(テストの得点／14)×100で換算した100点満点方式の平均点。

7.2.3 左脳と前頭葉をしらべる

実験参加者

実験参加者は、大学院生および大学生15名（男性8名、女性7名）で、すべての実験参加者は右利きであった。平均年齢は、23.5歳。実験参加者のTOEFLの得点は、最低400点、最高625点であった。TOEFLの得点によって、400点～499点を中級学習者、500点～625点を上級学習者とした。実験参加者のTOEFLと本実験での課題テストの結果は表の通りである（表7-4）。

教　材

実験1と同じ

理解度テスト

実験1と同じ

実験手順

光トポグラフィ装置のプローブを左脳と前頭葉の頭皮に装着した。実験手順は実験1と同じである。

統計分析方法

統計分析は、データ数が少ないことと正規分布をしないことから、ノンパラメトリック法を採用した。左脳と前頭葉の血流量の差の検定に関しては、関連のある2群の検定として、ウィルコクソン符号付順位和両側検定（T検定）を用いた。中級学習者と上級学習者の前頭葉の血流増加量の割合の差の検定は、関連のない2群の差の検定としてマンホイットニー検定（U検定）を用いた。

7.2.4 前頭葉の活性が弱い

リスニング実験結果

リスニング時における、上級学習者と中級学習者の左脳と前頭葉の血流増加量の割合の差についての実験結果と統計分析結果を表7-5および図7-3に示す。

リスニング仮説の検証

表7-5および図7-3に基づいて、仮説の検証をする。

仮説1.2.3の検証

中級学習者および上級学習者において、前頭葉よりも左脳の血流増加量の割合が多く、有意差が認められた（上級学習者：n = 8、T値 = 1、有意点 = 下側3、上側30、p<0.01、中級学習者：n = 7、T値 = 2、有意点下側3、上側25、p<0.01）。したがって、仮説2の「中級学習者および上級学習者の両群において、課題遂行時の血流増加量の割合は、前頭葉より左脳の方が多い。」が実証され、仮説1の「中級学習者および上級学習者の両群において、課題遂行時の血流増加量の割合は、左脳より前頭葉の方が多い。」および仮説3「中級学習者および上級学習者の両群において、課題遂行時の血流増加量の割合は、前頭葉と左脳では差がない。」は否定された。

仮説4の検証

上級学習者と中級学習者の前頭葉の血流増加量の割合を比較すると、課題提示中に前頭葉における血流増加量の割合には有意差が認められなかった。（マンホイットニー検定：U値 = 85.3、有意点下側52、上側95、n.s.）。したがって、仮説3の「中級学習者と上級学習者間を比較すると、前頭葉の血流増加量の割合には差がない。」は実証された。

リーディング実験結果

リーディング時における、上級学習者と初級学習者の左脳と前頭葉の血流増加量の割合の差についての実験結果と統計分析結果を表7-6および図7-4に示す。

リーディング仮説の検証

表7-6および図7-4に基づいて、仮説の検証と考察をする。

仮説1.2.3の検証

中級学習者においても上級学習者においても、前頭葉よりも左脳の血流増加

表 7-5　リスニング時の血流増加量の割合
　　　　（課題遂行時 40 秒間平均）

学習者	左脳 M (SD)	前頭葉 M (SD)	T 値	有意点 下側	有意点 上側
中級学習者	36.0** (5.30)	5.30 (5.03)	2	3	25
上級学習者	22.9** (15.29)	3.90 (4.78)	1	3	30

ウィルコクソンの符号付順位和検定 **p＜0.01

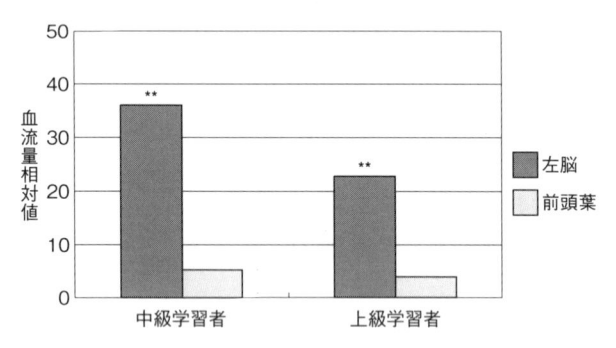

図 7-3　リスニング時の血流増加量の割合
ウィルコクソンの符号付順位和検定 **p<0.01

表 7-6　リーディング時の血流増加量の割合
　　　　（課題遂行時 40 秒間平均）

学習者	左脳 M (SD)	前頭葉 M (SD)	T 値	有意点 下側	有意点 上側
中級学習者	38.6** (47.46)	11.53 (0.13)	2	3	47
上級学習者	32.6** (25.95)	11.30 (0.11)	5	7	55

ウィルコクソンの符号付順位和検定 **p<0.01

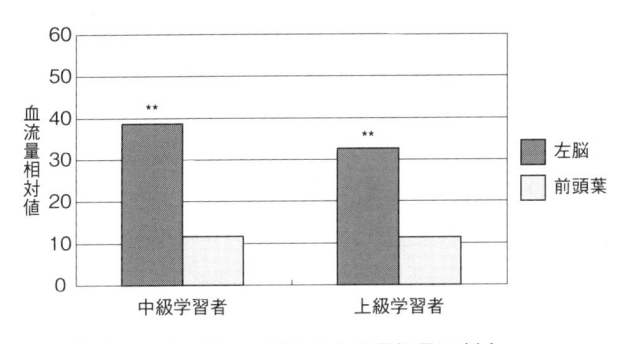

図7-4 リーディング時の血流増加量の割合
ウィルコクソンの符号付順位和検定 **p<0.01

量の割合が多く、有意差が認められた（上級学習者：n = 8、T値 = 5、有意点下側7、上側55　p<0.01、中級学習者：n = 7、T値 = 2、有意点下側3、上側47、p<0.01）。したがって、仮説2の「中級学習者および上級学習者の両群において、課題遂行時の血流増加量の割合は、前頭葉より左脳の方が多い。」が実証され、仮説1の「中級学習者および上級学習者の両群において、課題遂行時の血流増加量の割合は、左脳より前頭葉の方が多い。」および仮説3「中級学習者および上級学習者の両群において、課題遂行時の血流増加量の割合は、前頭葉と左脳では差がない。」は否定された。

仮説4の検証

上級学習者と中級学習者の前頭葉の血流増加量の割合を比較すると、課題提示中に前頭葉における血流増加量の割合には有意差が認められなかった（マンホイットニー検定：U値 = 90.2、有意点下側52、上側97、n.s.）。したがって、仮説3の「中級学習者と上級学習者間を比較すると、前頭葉の血流増加量の割合には差がない。」は実証された。

7.2.5　なぜ前頭葉の活性が弱いのか

実験2の結果により、言語のモジュール性仮説および一領域局在説、学習者の習熟度と前頭葉の活性状態の関係、ワーキングメモリの活性要因の3点につ

いて考察し、計測上の限界点について述べる。

言語のモジュール性仮説の実証

本実験結果から、実験1と同様に、言語の脳内モジュール性仮説（酒井、2002）が支持された。すなわち、日本人学習者は、英語の処理を左脳言語野（聴覚野、ウェルニッケ野、角回、縁上回含む）で行っていることが明確となった。

前頭葉の機能については、ワーキングメモリの運用能力と第二言語の習熟度との関連について、これまでにも盛んに議論されてきた。ワーキングメモリと第二言語の学習成果との関連性についての実証研究は数少ないが、Skehan (1989) や Harrington 他 (1992) では、ワーキングメモリの運用能力は、第二言語習得や学習成果を予測する指標になり得るとしている。また、リーディングスパンテストの結果が、第一言語と第二言語で高い相関関係が認められたと報告されていることから、ワーキングメモリは、同一個人内で使用言語が異なっても転移する能力であると推測できる。

しかしながら、本実験からは、学習者の習熟度と前頭葉の血流増加量の割合との相関関係は認められなかったため、習熟度とワーキングメモリの関連性もみいだせなかった。

本実験結果で、中級学習者においても上級学習者においても前頭葉の活性度が低いことの原因は何であろうか。ワーキングメモリの働きが、情報の処理と一時的保持の役割を担うのであれば、言語学習の熟達者は、情報の処理と保持が脳内でスムーズにできているはずではないか。とくに、今回の上級学習者に分類された実験参加者は、TOEFLの平均点が558点であり、その中には、600点以上取得している者も2人含まれていた。その2人の前頭葉と左脳の血流量の増加を比較してみても、左脳の方が多い結果を示している（両者ともT値=1、有意点下側=3、上側29、$p<0.01$）。本実験参加者の英語の習熟度が上級学習者に分類されたとしても、母語使用時のワーキングメモリの容量と比較すればはるかに少なくなってしまうからであろうかという疑問が残る。この疑問については、母語に比較して、第二言語処理をするときは、低位レベルの処理に費やすために多くの認知資源が必要となり、高位レベルでの情報の処理と保持のための認知資源が少なくなってしまうことが原因として考えられる。

以上の結果から、本実験に参加した英語学習者について、ワーキングメモリの一領域局在説は否定され、分散協調説が間接的に実証されたと解釈する。つまり、視覚ワーキングメモリは、視覚関連脳領域、聴覚ワーキングメモリは聴覚関連脳領域、言語ワーキングメモリは言語関連脳領域が働くとする立場を支持することになったと解釈できる。

ただし、前頭葉の活性度が低いといっても、まったく活性化されていないわけではない。前頭葉のみの血流増加量の割合に焦点をあててみると、課題提示中 40 秒間の平均と課題提示前 10 秒間の平均を比較したとき、上級学習者、中級学習者のリスニング時、リーディング時各々の場合においての血流は明らかに課題提示中 40 秒間の平均の方が多く統計的にも有意差が認められた（T 値 = 1、有意点下側 3、上側 30、p<0.01）。この結果は、課題提示中には、前頭葉は左脳に比較して活性度は低いが、情報の処理機能として、内容理解の助けになるように機能していると解釈することができる。

習熟度と前頭葉の活性度には関連性みられない

学習者の習熟度と前頭葉の活性度を調査するために、本実験で分類した上級学習者と中級学習者の前頭葉の血流増加量の割合を比較すると、課題提示中に前頭葉に集中した血流量は、リスニングにおいても（マンホイットニー検定：U 値 = 85.3、有意点下側 52、上側 95、n.s.）リーディングにおいても（U 値 = 90.2、有意点下側 52、上側 97、n.s.）有意差が認められなかった。つまり、本実験参加者の場合、前頭葉、いわゆるワーキングメモリが局在されているとする部位の活性度と学習者の習熟度とは関連がないことが示唆された。ワーキングメモリはどのようなときに有効に働くのかについては、Just & Carpenter (1992) でも記しているが、学習者の習熟度よりむしろ課題遂行時のストラテジーに因るのではないかと推測される。

ワーキングメモリの活性度はさまざま

近年の研究で、ワーキングメモリの個人差を測定するテストとして、リーディングスパンテスト（RST）やリスニングスパンテスト（LST）が使用されている。Daneman & Carpenter (1980) では、RST の成績が読みの内容理解と強く関連していることが報告されている。一方で、苧阪他 (1994) で、RST

の結果と読解力と間には相関関係が認められないとの結果を報告していることや、従来行われてきた記憶範囲と理解とは相関関係が認められない（Perfetti & Goldman, 1976）とする結果は本実験の結果と一致する。

なお、Just & Carpenter（1992）では、言語能力の個人差は、言語処理過程において、ワーキングメモリを効率良く働かせることができるかどうかによって決められるとされている。上級学習者と中級学習者を比較した実験をした結果、両者の間にはさまざまな言語処理方法の違いがあることを指摘している。苧阪（1992）でも、RSTテストで効果的に働くのは、保持する単語の意味をイメージに置き換えたり、単語間に意味的関連性を持たせるなどのストラテジーを使用することであるとしている。ストラテジー使用と前頭葉の機能の関連性の有無については、今後、さらに追究の可能性を残した課題である。

計測上の限界点か

本実験結果から、実験参加者の課題遂行時の血流増加量の割合は前頭葉よりも左脳の方が多いことが明らかになった。その理由を、実験参加者の学習背景とワーキングメモリの活性度の関連性について考察を試みたがその点については不明である。

前頭葉の血流増加量の割合が左脳よりも少なかった理由については、血流量を計測する上での限界点から考えることもできる。それは、頭蓋骨の厚さが前頭葉の方が左脳よりも厚いため、前頭葉の血流量が少なく計測されてしまうのではないのかという疑念が残されていることである。この点においては、実験の方法論の面からも計測装置の可能性からも、今後検討されるべき課題である。

7.2.6 ワーキングメモリの低減と計測の限界

本実験では、まず、左脳と前頭葉のどちらが言語課題遂行時に活性化するのか、そして、活性が優位でない方も、課題提示前の血流量と比較すると増加しているのかどうか、それが、習熟度と関連性があるのかについて調査した。

その結果として、前頭葉より左脳の方が活性度が高いとの結果を得た。しかし、前頭葉も課題遂行前に比べて課題遂行中は、血流量が増加しており、統計的にも有意な結果となっている。したがって、左脳での言語処理機能は大きい

が、前頭葉も言語理解に貢献していると解釈できる。

　これまでにも、ワーキングメモリの運用能力と第二言語習熟度との関係は議論されてきたが、第二言語習得や学習の成果との関係について明解になったデータはまだ数少ない。ただし、ワーキングメモリは、第二言語習得の成果を予測する指標となり得るとし、その関連が深いと主張している研究者たちもいる。

第8章　英語学習者の最適脳活性状態

　Krashen（1977）では、母語のように自然の環境で習得する方法では、言語は無意識的に処理されるが、教室内で学習された言語は、意識的に処理されるとし、両者は相容れないものとしている。一方、McLaughlin et al.（1983）のAttention-Processing Modelでは、注意の自動化という点で、言語が習得されるにつれ、課題に向ける注意の働きは、コントロール処理（意識的処理）からオートマティック処理（自動的処理）に移行していくとしている。さらに、Bialystok（1982）では、知識の操作性（control）について、学習者が自らの言語知識に対するアクセスの容易さの度合いから、自動的にアクセスできる状態を「＋自動性」、自動的にアクセスできない状態を「－自動性」とし、学習の発達段階は、低い自動性から高い自動性に移行していくとしている（第1章参照）。

　さらに、注意の容量配分について、Schmidt（2001）やSimard & Wong（2001）で、言語学習には注意は不可欠のものであるが、その容量には限界があるため、選択的に課題に向けられなければならないとしている（第2章2.1.1参照）。大石他（2002）では、日本人を対象にした光トポグラフィによる実験で、言語能力と脳血流増加量の割合の関係について、日本語の課題遂行時と英語の課題遂行時を比較した結果、日本語の課題遂行時の方が英語の課題遂行時より学習者の脳血流増加量の割合が少なかったとの結果を得た。このことから、学習者にとって理解し易い課題ほど学習者の脳血流増加量の割合は少ないことが示唆された。

8.1 英語処理脳は母語処理脳に近づくのか

8.1.1 最適脳活性状態とは（実験3）

　実験1と2において、学習者が英語を聞いたり読んだりするときには、とくに英語学習の熟達者は左脳の機能に依存していることが確認された。酒井（2002）でも、言語のモジュール性を提唱し、言語システムを構成している統語論、意味論、音韻論が互いに補って言語を処理しているとしている。同様に、脳内機構においてもこれらのどの働きがどの部位に対応するのかは明らかになっていないが、ブローカ野、ウェルニッケ野、角回・縁上回の機能が補完し合い、脳内で言語のモジュール機構をなしているとしている。

　習熟度と言語処理の研究では、これまで認知心理学的な立場において言語処理の自動化という観点から研究が進められてきた。ここでは、学習者の言語処理方法は、学習を重ねるにつれて意識的処理から自動的処理に移行していくのかどうかということが議論の対象になってきたが今のところ明確な見解は得られていない。

　本章では、実験参加者の習熟度と言語野（聴覚野、ウェルニッケ野、角回、縁上回周辺）の活性度の関連性において次の二点について解明する。一つは、習熟度が高い学習者は、習熟度が低い学習者より言語野の脳血流増加量の割合が少ないのかについて、もう一つは、脳血流増加量の割合は、習熟度が高い学習者ほど、言語野の方が言語野以外の部位よりも多いのかについてである。実験参加者を TOEFL の得点で初級学習者、中級学習者、上級学習者に分類し、リスニング時とリーディング時それぞれの場合について調査し、英語の習熟度別脳内活性状態を解明する。

8.1.2 習熟度によって脳活性状態が違う？

　学習者の習熟度と脳活性状態のメカニズムを解明するために次の仮説をたてた。

1. 初級学習者は、言語野と言語野以外の血流増加量の割合に差がない。
2. 中級学習者および上級学習者の両学習者群において、血流増加量の割合は言語野の方が言語野以外より多い。
3. 言語処理時の血流増加量の割合は、中級学習者、上級学習者、初級学習者の順に多い。

8.1.3 習熟度別に脳活性状態をしらべる
実験参加者

大学院生および大学生38名（男性20名、女性18名）、すべての実験参加者は右利きであった。平均年齢は、24.3歳であった。全員TOEFLもしくはTOEICの得点所持者である。結果分析にはTOEFLの得点をデータ処理に使用した。TOEICのみの得点所持者は、換算表にしたがって、TOEFLの得点に換算した。参加者のTOEFLの得点は、最低301点、最高625点であった。TOEFLの得点が300点～399点を初級学習者、400点～499点を中級学習者、500点～625点を上級学習者とした。

習熟度別の理解度テスト結果は次の通りである（表8-1）。

実験提示教材

実験1と同じ

表8-1 実験3. TOEFLと理解度テスト結果

学習者	人数	TOEFL M (SD)	リスニング理解度テスト 選択式 M^* (%) (SD)	プロトコル式 M^* (%) (SD)	リーディング理解度テスト 選択式 M^* (%) (SD)	プロトコル式 M^* (%) (SD)
初級学習者	10	387.30 (44.80)	40.25 (3.20)	35.68 (3.68)	43.05 (4.25)	40.55 (4.78)
中級学習者	9	477.70 (18.54)	54.58 (4.85)	50.25 (4.22)	58.66 (5.36)	55.98 (3.06)
上級学習者	19	572.60 (34.00)	91.55 (3.66)	86.98 (2.58)	92.58 (1.54)	86.26 (1.52)

M^* (%) は、(テストの得点／14) ×100 で換算した100点満点方式の平均点。

実験手順

実験1に同じ。ただし、左脳のデータのみを統計分析した。

統計分析法

統計分析は、正規分布をしないことからノンパラメトリック法を採用した。関連のある2群の差（言語野とそれ以外の部位）の検定はウィルコクソン符号付順位和両側検定（T検定）を用いた。関連のない3群（初級、中級、上級学習者）の差の検定はクラスカル・ワーリス順位検定を用いた。

8.1.4 習熟度別脳活性パターン

リスニング実験結果

リスニング時における、初級学習者、中級学習者、上級学習者の言語野と言語野以外の血流増加量の割合の差についての実験結果と統計分析結果を表8-2および図8-1に示す。

リスニング仮説の検証

表8-2および図8-1に基づき、仮説の検証をする。

仮説1の検証

初級学習者の言語野と言語野以外の間に血流増加量の割合に有意差は認められなかった（T値=17、有意点下側10、上側55、n.s.）。したがって、「初級学習者は、言語野と言語野以外の血流増加量の割合に差がない。」という仮説は実証された。

仮説2の検証

中級学習者および上級学習者では、言語野の血流増加量の割合の方が言語野以外の血流増加量の割合より多かった（中級学習者：T値=2、有意点下側

表8-2 言語野と言語野以外の血流増加量の割合

学習者	言語野 M（SD）	言語野以外 M（SD）
初級学習者	14.63（16.11）	14.49（13.82）
中級学習者	39.40（29.21）	28.32（20.16）
上級学習者	34.82（44.34）	14.34（23.64）

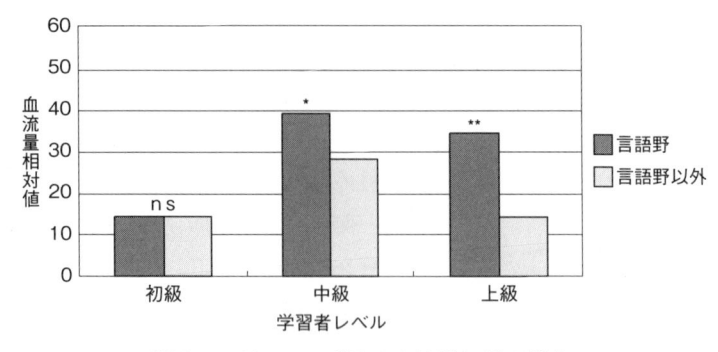

図 8-1　リスニング時の血流増加量の割合
ウィルコクソンの符号付順位和検定 **p<0.01, *p<0.05

3、上側 37、p<0.05、上級学習者：T 値 = 6、有意点下側 8、上側 22、p<0.01)。したがって、「中級学習者および上級学習者の両学習者群において、言語野の血流増加量の割合の方が言語野以外の血流増加量の割合より多い。」という仮説は実証された。

仮説 3 の検証

言語野の血流増加量の割合は、中級学習者、上級学習者、初級学習者、の順に多く、クラスカル・ワーリスの順位検定で有意な結果となった（p<0.01)。したがって、「血流増加量の割合は、中級学習者、上級学習者、初級学習者の順に多い。」という仮説は実証された。ただし、上級学習者の 2 名と初級学習者の 2 名を比較した場合、クラスカル・ワーリス順位検定で、言語野の血流増加量の割合の差が認められなかった。

リーディング実験結果

リーディング時における、初級学習者、中級学習者、上級学習者の言語野と言語野以外の血流増加量の割合の差について実験結果と統計分析結果を図 8-2 および表 8-3 に示す。

リーディング仮説検証

図 8-2 および表 8-3 に基づき、仮説の検証をする。リスニングとほぼ同様の結果が得られている。

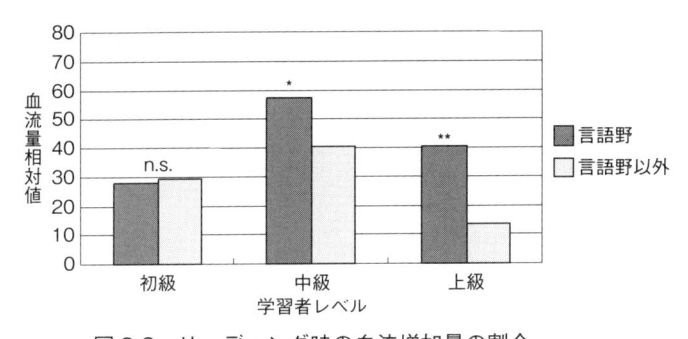

図8-2 リーディング時の血流増加量の割合
ウィルコクソンの符号付順位和検定 **p<0.01, *p<0.05

表8-3 言語野と言語野以外の血流増加量の割合

学習者	言語野 M (SD)	言語野以外 M (SD)
初級学習者	28.13 (32.43)	29.37 (51.27)
中級学習者	57.57 (65.93)	40.32 (41.59)
上級学習者	40.48 (52.64)	13.63 (13.12)

仮説1の検証

初級学習者の言語野と言語野以外の間に血流増加量の割合に有意差は認められなかった（T値＝17、有意点下側10、上側55、n.s.）。したがって、「初級学習者は、言語野と言語野以外の血流増加量の割合に差がない。」という仮説は実証された。

仮説2の検証

中級学習者および上級学習者では、言語野の血流増加量の割合の方が言語野以外の血流増加量の割合より多かった（中級学習者：T値＝1、有意点下側3、上側31、p<0.05、上級学習者：T値＝3、有意点下側5、上側25、p<0.01）。したがって、「中級学習者および上級学習者の両学習者群において、言語野の血流増加量の割合の方が言語野以外の血流増加量の割合より多い。」という仮

説は実証された。

<u>仮説3の検証</u>

　言語野の血流増加量の割合は、中級学習者、上級学習者、初級学習者の順に多く、クラスカル・ワーリスの順位検定で有意な結果となった（p<0.01）。したがって、「血流増加量の割合は、中級学習者、上級学習者、初級学習者の順に多い。」という仮説は実証された。ただし、上級学習者の2名と初級学習者の2名を比較した場合、クラスカル・ワーリス順位検定で、言語野の血流増加量の割合の差が認められなかった。

8.1.5　学習は脳を変える
習熟度と脳活性状態

　英語の習熟度と脳活性状態について考えてみる。上級学習者および中級学習者は言語野が選択的に活性化されるのに対して、初級学習者では、言語野が選択的に活性化されず、その他周辺の部位も血流量の増加が見られた。したがって、初級学習者は、課題遂行のために、活性の必要のない脳内部位にまで負荷がかかってしまい、不必要な労力を費やしてしまうため、学習者の疲労度は大きくなる。一方上級学習者の血流増加量の割合が初級学習者と中級学習者の中間に位置したことは、課題に取り組んでいるときに、必ずしも注意量が多く、血流量の増加が多いことが、言語処理の円滑化に結びつくとは限らないことを意味する。

　以上の説明からすると、習熟度と血流状態に関連性があるかのように見られるが、一方では、血流量のみでは判別が困難である場合もある。同レベルの習熟度であっても血流増加量の割合に差が認められる場合や習熟度が異なっていても血流増加量の割合に差が認められない場合があることにも注目しなければならない。

　上級学習者の2名を取り上げてみる。TOEFLの点は、両実験参加者とも600点以上であるが、血流増加量の割合については、両者は異なる結果を示している。上級学習者2は、リスニングでは、聴覚野およびウェルニッケ野に血流が集中し、リーディングでは、ウェルニッケ野のみに血流が集中している。

この状態は、Oishi & Kinoshita（2003）での、英語のリスニング時における英語の母語話者の状態と類似している。一方、上級学習者1については、上級学習者2よりもリスニングにおいてもリーディングにおいてもやや広い領域の縁上回、ウェルニッケ野に血流量の増加が見られる（口絵参照）。

　また、上級学習者の2名と初級学習者2名を取り上げて、クラスカル・ワーリス検定で分析してみると、この両群には、血流増加量の割合の差は認められなかった。この点については、習熟度の異なる学習者に血流増加量の割合の差が認められないとしても、脳活性状態は同様ではなく、大きな違いがある。上級学習者は、脳活性状態が自動処理状態となっていて、課題を理解するのに脳内に負荷がからないため血流増加量の割合が少なくなる。一方、初級学習者で血流増加量の割合が少ないということは、脳内は無活性状態であると解釈することができる。

　したがって、習熟度と血流増加量の割合の関係は、先にも述べたとおり、統計分析からは、横軸を学習者レベル縦軸を血流量とした場合、図8-3のように太い逆Uカーブを示すことになりそうである。習熟度と脳活性状態は、初級学習者から上級学習者になるにつれ、無活性型、過剰活性型、選択的活性型、自動活性型に移行していくと推測できる。

　厳密に調査をすると、TOEFLなどの英語能力テストと血流量の関係においては、英語能力テストの得点が低い方からテストの得点が高くなるにつれ血流増加量の割合は上昇し、ある程度のレベルまでは、英語能力テストの得点に比例して増加していくと考えることができるが、その一定レベルの能力を超えた上級学習者については、母語話者のように自動的処理状態になる実験参加者と、言語野に血流の増加が著しい実験参加者の二通りが観察された。いずれにしても、自動化の過程では、血流増加量の割合は増え続け、自動化が完了すると、血流増加量の割合は少なくなり母語話者に近づいていくと解釈できる。

脳血流量と学習要因

　脳血流量の増加が著しい状態では、学習者の内面で何が行われているのだろうか。Dulay et al.（1982）で、第二言語の学習には3つの心理作用が機能しているとしている。これらの作用のうち2つは「フィルター」と「オーガナイ

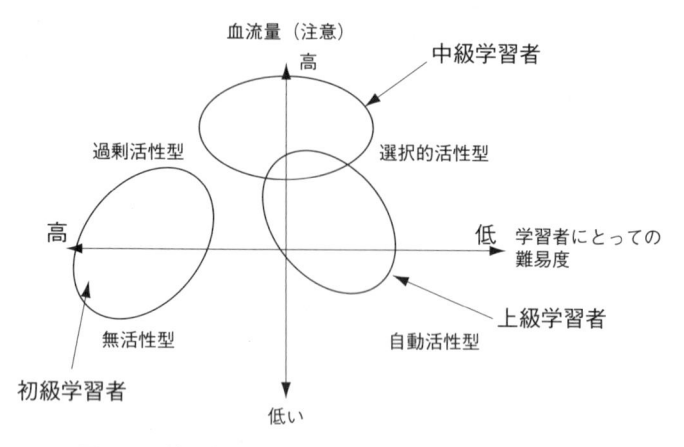

図 8-3　英語学習者の習熟度と脳活性状態

ザー」とよばれる無意識的な作用であり、もう一つは「モニター」とよばれる意識的な作用であるとされている。言語学習者は、聞いた音声や読んだ文字情報をすべてインプットできるわけではない。学習者の習熟度、動機、ニーズ、態度、感情などによって、言語情報がフィルターにかけられている。フィルターにかけられた結果が、言語学習の速度や内容に影響を及ぼすとしている。すなわち、血流増加量の割合と情報がフィルターを通過する状態の関係は、フィルターをスムーズに通過することができるときに、血流増加量の割合は少なく、うまく通過しない場合に、血流増加量の割合は多いと考えることができる。本実験結果からも、学習者が内面で「モニター」を働かせて、意識的に文法や構文に注意を向けている場合に、脳血流の増加が生じると考えることができる。

習熟度と選択的注意の活性度

英語の習熟度と血流増加量の割合に目を向けてみる。血流量が注意の度合いを表していると考えると、注意は、過剰に向けすぎても、向けなさすぎても学習結果には好い影響は及ぼさず、中位の注意量、いわゆる最適注意量が定義づけされる。

本実験結果において、脳血流状態を注意と関連づけて考えると、注意を、促進

性選択的注意 (facilitative selective attention) と抑制性注意 (debilitative attention) と区別して考えることができる。言語処理をする場合、難易度の高い課題に取り組むときは、課題と「格闘」するために多くの注意を必要とし、脳内は注意過剰活性状態になる。一方、課題の難易度が学習者にとって負担になる程のものであれば、学習タスクから「逃避」するようになり、回避行動として、タスクに注意を向けなくなるために、脳内は無活性状態になると解釈することができる。

　注意の容量には限りがあるために選択的に向けられなければならず、言語処理を円滑にするためには、言語野を選択的に活性化させ、血流も選択的に言語野に集中する状態でなければならない。この状態が最適脳活性状態である。英語学習の上級者は、この機能が循環しているといえる。

8.1.6　最適脳活性状態へ導く可能性

　本実験では、脳血流量、とくに課題遂行時の言語野の血流増加量と英語の習熟度との関連性について調査した。結果は、習熟度が低い学習者の血流量の増加の割合が少なく、習熟度が高くなっていくにしたがい血流の増加の割合が増していくこととなった。しかし、上級学習者になるに従い、ある地点を境に再度、血流増加量の割合は少なくなっていく。その関係は、おおよそ逆U字型のカーブを描くことになる。さらに、どの部分に血流が集中しているのかについては、中級学習者の一部および上級学習者については、言語野（ウェルニッケ野、聴覚野、角回、縁上回）に集中していることが解る。この状態が最適脳活性状態である。

　この結果は、Bialystok (1982) や McLaughlin et. al. (1983) での、上級学習者になるにつれ、言語処理が自動化していくこと、Schmidt (1999) や Simard & Wong (2001) での、注意は選択的に向けられなければならないこと、と一致する。したがって、脳血流量が言語処理の自動化の一つの指標になると考えることができる。ただし、ほぼ同じ習熟度の学習者でも、脳血流量の状態が異なる場合がある。このことは、ペーパーテストで示された結果は、必ずしも脳活性状態を反映しているとは限らない場合もあることを示唆している。

なお、与えられる課題の難易度に応じても注意の自動化の状態は変化するのではないだろうか。Tarone（1988）などで、中間言語の可変性を主張し、言語学習時に、学習者の知識は、潜在的知識と顕在的知識に明確に分けられるものではなく、与えられた課題の難易度や質により、あるときには、より潜在的な知識が、また、あるときには、より顕在的な知識が運用されるとしている。脳内メカニズムにおいても、課題の難易度が異なれば、同一学習者において脳活性度が異なるのではないだろうか。この疑問については、第9章で取り扱う。

第9章 教授法開発で脳活性化

第8章実験3において、英語の習熟度が高い学習者の方が、習熟度の低い学習者に比べて脳活性状態は自動処理状態に近いとの結果を得た。しかし、この場合、課題の難易度と学習者の能力のバランスによって生じた脳血流量の変化であるとも考えられる。同一学習者でも提示される課題の難易度や提示方法が異なれば、脳内の活性状態も変化するのではないだろうか。

9.1 課題の難易度は脳を変化させるか

9.1.1 むずかしさと脳の働き（実験4）

学習者自身の言語知識から考えてみると、直感的な情報として蓄積された潜在的知識と学習者が意識して得た顕在的知識があるが、これらをはっきりと区別せず両極とした連続性の中でとらえる考え方もある。これを中間言語の可変性（variability position）（第1章参照）と言う。この説では、学習者が言語課題に向ける注意の度合いによって使用される言語知識が決定されるとしている。つまり、あるときには、より顕在的な知識、またあるときには、より潜在的な知識が使用されることになる（Tarone, 1985; Ellis, 1985）。

たとえば、提示する課題の難易度を低くすれば、潜在的知識を働かせることができ、学習時の脳活性状態を最適活性状態いわゆるインプット可能状態にすることができるのではないだろうか。もし、インプット可能状態が推定できれば、学習者の習熟度に応じた教材の難易度も同時に設定できるのではないか。

どんな学習者にとっても、学習者の習熟度と比較して提示される教材の難易度が高くなると、理解は困難になることは明らかである。Krashen（1985）のインプット仮説でも、さまざまな曖昧性があるものの（McLaughlin, 1987）、現

時点で学習者が持つ言語知識のレベルを「i」と表すと、その「i」をわずかに1つ分越える「i + 1」のレベルにある文の意味を処理することによって、理解可能なインプットが得られ、学習者の言語習得は効率的に進むとしている（第1章1.2.1参照）。したがって、学習者に提示する課題の難易度が言語理解および言語習得に大きく影響を与えていると言える。

　本実験では、難易度の異なる二つの課題を提示し、それぞれの理解度テストの結果の差と脳血流増加量の割合の差を観測する。難易度が高い課題より低い課題を提示したときの方が、理解度テストの得点は高いのか。それに反比例するように、実験参加者の脳血流量の増加の割合は少ない結果となるのか。左脳の言語野（縁上回・角回、聴覚野、ウェルニッケ野）での血流増加量の割合を測定して比較してみる。

9.1.2　課題の難易度で脳活性度は変化する？

　リスニング時における課題の難易度と理解度テストおよび脳血流量変化の関連を明らかにするために次の仮説をたてた。

1. 初級・中級学習者および上級学習者の両学習者群において、難易度の高い課題（難課題）の理解度テストより、難易度の低い課題（易課題）の理解度テストの得点の方が高い。
2. 初級・中級学習者および上級学習者の両学習者群において、難課題遂行時より易課題遂行時の方が、言語野の血流増加量の割合は少ない。

9.1.3　課題の難易度を変えてしらべる
実験参加者

　大学院生および大学生16名（男性8名、女性8名）、すべての実験参加者は右利きであった。平均年齢は、22.5歳であった。全員 TOEFL もしくは TOEIC の得点所持者である。結果分析に際しては、TOEFL の得点をデータ処理に使用した。TOEIC のみの得点所持者は、換算表にしたがって、TOEFL の得点に換算した。TOEFL の取得点が 310 点〜480 点を初・中級学習者、

550点〜620点を上級学習者とした（表9-1）。

実験装置

近赤外光トポグラフィ脳機能測定装置（ETG-100、日立メディコ）を用いた。

実験提示教材（巻末資料Ⅰ、6.1参照）

難易度の異なる二つの課題を用意した。難易度が高い課題として、英検準1級の問題（難課題）、難易度が低い課題として、英検2級の問題（易課題）の、説明文より選択した。

実験手順

実験は個別に行った（計測者1名、実験参加者1名）。実験参加者は机の前に着席し、光トポグラフィ装置のプローブを左脳、具体的には実験参加者の耳の上に位置する言語野（角回、縁上回、聴覚野、ウェルニッケ野）を含む左側頭葉上および右側頭葉の頭皮9cm×9cmの範囲で、各12チャンネル、合計24チャンネルが装着された。統計処理には、言語野のデータのみを分析した。実験に先立って、実験参加者に実験手順を説明し、実験データは本研究のために使用することを、参加者より同意を得た。

実験参加者への実験手順についての説明は、次の通りである。

1) 40秒の安静時間をとる。
2) リスニング課題をヘッドホンを通して流す（40秒間）。
3) 課題提示後40秒の安静時間をとる。
4) 理解した内容を1分で報告をする。それを録音する。
5) 内容に関する理解度テストを実施する。
6) 安静時と課題遂行時の血流量を比較するため、安静時には何も考えず、課題提示中は、内容理解に集中することを教示する。
7) 課題終了後、ストラテジー、理解方法、情報処理過程について脳活性状態の画像と照合しながらインタビューを実施する。
8) この作業を易課題、難課題の順で実施する。
9) 同様の手順で、リーディング課題も実施する。課題提示は、印刷紙を提示する（40秒間）。

統計分析法

統計分析法は、データ数が少ないこと、正規分布をしないことから、ノンパラメトリック法を採用した。関連のある2群の差（易課題遂行時の血流増加量の割合と難課題遂行時の血流増加量の割合の差）の検定に関しては、ウィルコクソン符号付順位和両側検定（T検定）を用いた。

9.1.4 難易度による理解度と脳活性度変化

リスニング実験結果

リスニング時における、初級・中級学習者と上級学習者のTOEFLと理解度テスト結果を表9-1で、血流増加量については、図9-1で記す。

リスニング仮説の検証

表9-1および図9-1により、仮説の検証と考察をする。

仮説1の検証

表9-1により、初級・中級学習者においては、課題の難易度が低い場合、理解度テストの得点は向上し、有意差が認められた（初級・中級学習者：T値=1、有意点下側2、上側31、p<0.01）。しかし、上級学習者では、難課題と易課題には、有意差は認められなかった（上級学習者：T値6、有意点下側3、上側25、n.s）。したがって、初・中級学習者においては、「難易度が下がると、理

表9-1　TOEFLと理解度テスト結果

学習者	人数	TOEFL M (SD)	リスニング理解度テスト 選択式 難課題 M* (%) (SD)	リスニング理解度テスト 選択式 易課題 M* (%) (SD)	リスニング理解度テスト プロトコル式 難課題 M* (%) (SD)	リスニング理解度テスト プロトコル式 易課題 M* (%) (SD)
初・中級学習者	8	461.85 (41.44)	48.21 (3.56)	87.5** (4.25)	42.85 (3.06)	80.65** (3.97)
上級学習者	8	563.5 (31.36)	94.4 (1.50)	97.80 (1.65)	81.2 (1.66)	95.50 (1.87)

M* (%) は、(テストの得点/14)×100で換算した100点満点方式の平均点。
**p<0.01

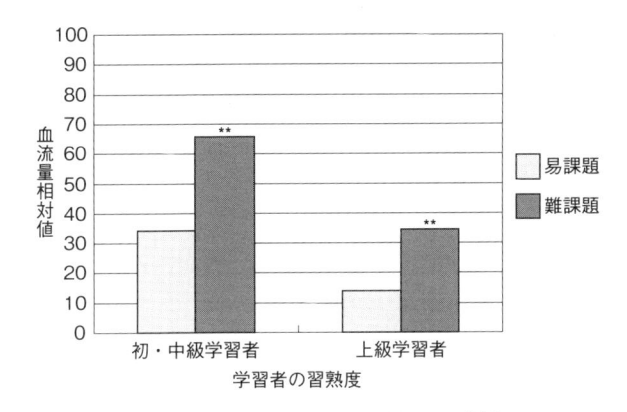

図9-1 リスニング時の血流増加量の割合

ウィルコクソンの符号付順位和検定 **p<0.01

解度テストの得点は上がる」という仮説は実証されたが、上級学習者では、実証されなかった。

仮説2の検証

図9-1より、初級・中級学習者および上級学習者の両学習者群において、難課題より易課題遂行時の方が、血流増加量の割合が少なく有意差が認められた（初級・中級学習者：T値=5、有意点下側8、上側45、p<0.01、上級学習者：T値=2、有意点下側3、上側26 p<0.01）。したがって、「初級・中級学習者および上級学習者の両学習者群において、難課題遂行時より易課題遂行時の方が、血流増加量の割合が少ない。」という仮説は実証された。

リーディング実験結果

リーディング時における、初級・中級学習者と上級学習者のTOEFLと理解度テスト結果を表9-2で、血流増加量の割合については、図9-2で記す。

リーディング仮説の検証

表9-2および図9-2に基づいて、仮説の検証をする。

仮説1の検証

表9-2により、初級・中級学習者においては、課題の難易度が低い場合、理

表 9-2 TOEFL と理解度テスト結果

学習者	人数	TOEFL M (SD)	リーディング理解度テスト 選択式 難課題 M*(%) (SD)	リーディング理解度テスト 選択式 易課題 M*(%) (SD)	リーディング理解度テスト プロトコル式 難課題 M*(%) (SD)	リーディング理解度テスト プロトコル式 易課題 M*(%) (SD)
初級・中級学習者	8	461.85 (41.44)	53.57 (3.56)	87.5** (2.54)	51.25 (3.06)	83.68** (3.85)
上級学習者	8	563.5 (31.36)	95.33 (1.54)	97.33 (1.77)	86.25 (1.52)	95.58 (1.92)

M*(%)は、(テストの得点/14)×100で換算した100点満点方式の平均点。
**p<0.01

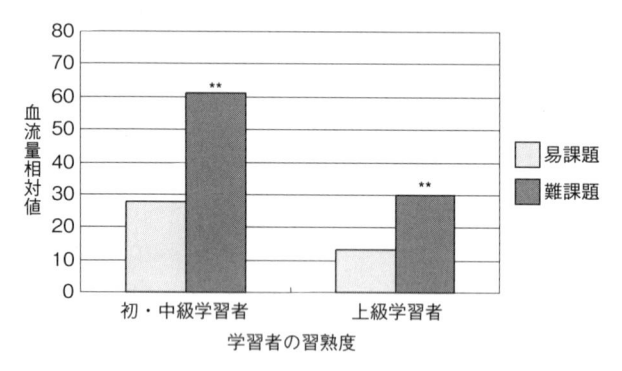

図 9-2 リーディング時の血流増加量の割合

ウィルコクソンの符号付順位和検定 **p<0.01.

解度テストの得点は向上し、有意差が認められた（初級・中級学習者：T値= 1、有意点下側 2、上側 30、p<0.01）。しかし、上級学習者では、難課題と易課題には、有意差は認められなかった（上級学習者：T値 5、有意点下側 3、上側 25、n.s）。したがって、初・中級学習者においては、「難易度が下がると、理解度テストの得点は上がる」という仮説は実証されたが、上級学習者では、実証されなかった。

仮説2の検証

図9-2より、初級・中級学習者および上級学習者において、難課題より易課

題遂行時の方が、血流増加量の割合が少なく有意差が認められた（初級・中級学習者：T値=1、有意点下側2，上側30，p<0.01、上級学習者：T値=4、有意点下側5、上側30、p<0.01）。したがって、「初級・中級学習者および上級学習者の両学習者群において、難課題遂行時より易課題遂行時の方が、血流増加量の割合が少ない」という仮説は実証された。

テスト結果と脳活性度

理解度テストの得点と言語野の血流増加量の割合の関係は、本実験では、リスニングとリーディングにおける初・中級学習者において、理解度テストの得点が上昇すると、反対に、言語野の血流増加量の割合は少なくなるという結果を得た。

しかし、上級学習者においては、リスニングにおいてもリーディングにおいても難課題と易課題で、言語野に血流増加量には有意差が認められたものの理解度テストの得点に有意差が認められなかった。したがって、必ずしもテストの得点が、脳活性度変化を示しているとは限らないことが言える結果となった。しかし、本実験で使用した教材とその問題は、難課題は英検準1級、易課題は英検2級の問題であり、どちらも、上級学習者にとっては容易な問題で、理解度テストの得点に天井効果が生じたと解釈することができる。

9.1.5 適度な難易度が脳活性を促進

本実験結果は次のように解釈することができるであろう。課題の難易度が高くなるとそれにともなって高い脳活性度が要求される。一方、課題の難易度が低くなると、高い脳活性度は必要なく、脳活性状態は、自動的処理状態に近づく。つまり、学習者にとって課題の難易度が高いということは、テキスト構造が複雑で語彙などが親しみのないものであるために理解度が低下し、理解しようとする学習者側の脳活性度は高くなり、脳血流量も増加するというメカニズムである。

この脳活性現象から中間言語の可変性が脳科学的に説明できたことになる。学習者の能力に比して課題の難易度が低いときは、学習者は潜在的知識を使用し、選択的注意が無意識的に働き、少ない脳活性度で課題が理解できる。一方、

課題の難易度が高くなると、顕在的知識を利用しているため、意識的に選択的注意が働き、易課題遂行時よりも脳活性に負荷がかかり、脳血流量は増加すると解釈することができる。

ただし、本実験の上級学習者は、難課題と易課題とでは、課題遂行時の脳血流状態には違いがみられたが、理解度テストの得点に差がなかった。このことから、本実験に参加した上級学習者にとっては、難課題も易課題も理解が容易にでき、理解度テストに天井効果がみられたものと思われる。一方、課題遂行のために脳活性にかかる負担は、易課題の方が少ないと言えた。

ここで、言語能力と言語運用能力について考えてみる。Chomsky (1965) では、言語能力と言語運用能力とを区別しているが、本実験結果からも、脳内に蓄積されている言語能力と理解度テストで表面化する言語運用能力は、必ずしも一致しないと考えることができる。第3章でも記したが、人の言語能力には、認知学的にも脳科学的にも2通りの能力がある。1つは、人が内面で持っている言語知識としての「言語能力」であり、もう一つはそれを使用する「言語運用能力」である。「言語能力」と「言語運用能力」は一致することはほとんどなく、現実に評価の対象になるのは観察可能な「言語運用能力」である。

本実験結果の範囲内では、言語能力という抽象的概念が、脳内の神経組織として個別に存在するかどうかということを明らかにすることはできないが、言語能力と言語運用能力の相違や関連性を示唆する一つの指標になると考えられる。人は、明確にどのような知識を持っているのかについて、自分自身で口に出して表現できるわけではないが、文法的規則が正しいと理解できたり、聞いたり読んだりした内容を正確に把握しながらテスト問題の回答をすることができる。こうした現象を考えると言語知識として潜在的に持っている能力と、言語運用時の実際に観察可能な能力は一致するとは限らないことが分る。本実験の脳科学的データは、人の言語能力と言語運用能力の区別や関連性について述べるために補足的ではあるがこれまでにない客観的データが得られたと解釈できる。

9.2 脳科学によるスキーマ理論

9.2.1. スキーマと脳の働き（実験5）

　実験4では、中間言語の可変性（variability position）の検証の一つとして、難易度が高い課題と低い課題を提示した場合について、それぞれの課題遂行時の言語野の血流量を比較してみた。その結果、難易度が低い課題の遂行時の方が高い課題の遂行時より、言語野の血流増加量の割合は少ないとの結果を得た。

　Brown（1994）でも、中間言語に見られる可変性を支持し（variability）、学習者自身の知識には、無意識的に蓄積された潜在的知識と意識的に得た顕在的知識があり、学習者が言語課題に向ける注意の度合いによって使用される言語知識が決定されることになるとしている。また、提示される課題の難易度によって、難易度が高い場合に、より顕在的な知識が、難易度が低い場合に、より潜在的な知識が使用されると考えられている（Tarone, 1985; Ellis, 1985）。このことと実験3の結果および考察と照合してみると潜在的知識を使用する場合は、学習者の脳活性状態は自動活性状態であり、顕在的知識を意識的に使用する場合には選択的活性状態または過剰活性状態になると考えることができる。では、課題提示前に学習者のスキーマ（背景知識）を活性するために内容に関する情報を提示する場合は、情報を提示しない場合と比較し、脳内の活性状態はどのように変化するのか。

　スキーマ理論については、1980年以降、盛んに研究されてきた。Carrell & Eisterhold（1983）では、読解とは、読者のスキーマとテキストとの相互作用であり、効果的な読みをするためには、テキストの内容を読み手の持つスキーマに関わらせて読んでいくことが必要になるとしている。そして、読解過程では、読み手は、スキーマに基づいて読み、読みながら内容を予測しその予測を検証している。一つ一つの文字や語の処理は、文や談話の処理につねに先行されるわけではなく、スキーマに従って解釈される、とされている。

　スキーマの研究には、フォーマルスキーマ（形式スキーマ）を扱うもの、あるいは、コンテントスキーマ（内容スキーマ）を扱うものとがある。テキスト

の形式および内容スキーマと読解力の関係を探った研究（Johnson, 1981, 1982；Carrell, 1983, 1984, 1987）では、主にテキスト構造の理解が英文読解力の助けとなっているとされていたが、現在では内容スキーマを引き出すことにより読解が促進するという立場が強い。つまり、ボトムアップ処理もトップダウン処理も同時並行的に行われるとして、読解を促進する方法として、パラレル処理の立場が強調されてきた（Anderson et. al.; 1977, Carrell et. al. 1983; Grabe, 1991）。一方、Johnson（1982）の実験で、スキーマを与えるためのキーワードの提示は、テキストの理解に役立つが、無作為に語彙を提示しても効果はそれほど高くないとの結果を報告している。Taglieber, Johnson & Yarbrough（1988）でも、読解前の挿し絵の提示、語彙の学習、質問の3種類のヒントがもたらす効果を比較した結果、語彙の学習の効果が少なかったと報告している。一方、Hudson（1988）では、多肢選択問題において、語彙を前もって教えることの効果は、上級レベルの学生の方がその他のレベルの学生より大きいと主張している。

　スキーマ理論については、盛んに研究されてきたが、これまで、スキーマは読解において、読み手の助けとなる性質があることを強く示唆しているものの、明らかにされていないことが多い。一つは、門田（2001）で、指摘されているが、スキーマ理論は、Goodman-Smithらの心理言語学モデルをもとに構築されたが、それ以後進展したものはない。二つ目には、Greene（1986）でも指摘しているように、スキーマが長期記憶内に蓄えられていることは、推察にすぎず、スキーマがどのように読解のメカニズムに関わっているのかは、明確な知見が得られていない。

　一般的に考えて、新しい情報を理解する場合とすでに知識を持っている情報を理解する場合とでは、どちらがより簡単に理解できるのであろうかという問いについては、後者の方が容易に理解できることは明らかであろう。スキーマの定義については、本書第3章で論じているように、定義については厳密なものはなく、かなり幅広く柔軟性をもっているものであるとされている。本実験では、課題テキストの内容に関する情報を与えることが実験参加者のスキーマを活性化するという立場で論ずる。

課題提示1回目と2回目の間に、プロトコル方式での口頭報告、理解度テスト、キーワードの提示をし、1回目に提示された内容および、理解できなかった箇所の確認をすることにした。このように、1回目と2回目の課題提示の間に、実験参加者はテキストの内容に関連する追加情報が得られるため、情報量は2回目に提示された方が遥かに多いことになる。そこで、1回目よりも2回目の課題提示時の方が、内容に関するスキーマが増強されたという解釈に基づき論ずる。内容に関する情報提示が、リスニング時およびリーディング時にどれだけ言語野の脳血流量に変化を与えたのかという点について調査をし、スキーマが言語処理の自動化および選択的注意の活性化に有効なのかどうかについて論じる。

9.2.2. スキーマが脳を活性化する？

スキーマが、言語理解および脳活性状態に与える影響を明確にするために次の四つの仮説をたてて検証する。

1. 初・中級学習者および上級学習者の両実験参加者群において、内容に関する情報を与える場合の方が与えない場合より、理解度テストの得点は高い。
2. 実験3で分類された脳活性パターンのすべての実験参加者群（無活性型、過剰活性型、選択的活性型、自動活性型）において、内容に関する情報を与える場合の方が与えない場合より、言語野の血流増加量の割合は少ない。
3. 初級学習者の無活性型の実験参加者において、内容に関する情報を与える場合の方が与えない場合より、言語野の血流増加量の割合は多くなる。
4. 上級学習者の自動活性型の実験参加者において、内容に関する情報を与える場合と、情報を与えない場合と比較すると、言語野の血流増加量の割合に差はない。

9.2.3 スキーマの有無で脳活性状態をしらべる
実験参加者

大学院生および大学生20名（男性10名、女性10名）すべての実験参加者

は右利きであった。平均年齢は、23.5歳であった。TOEFLの得点は、最低310点、最高623点であった。TOEFLの取得点が310点～480点を初・中級学習者、550点～623点を上級学習者とした。なお、これらに分類されない学習者で、脳活性パターンが無活性型のTOEFLの平均点は336点（2人）、自動活性型のTOEFLの平均点は610点（2人）であった。

なお、これらの学習者の脳活性パターンは、実験3の結果に基づき、無活性型は、平均脳血流増加量の相対値が5.0未満でかつTOEFLの得点が400点未満、過剰活性型は、平均脳血流増加量の相対値が50.0以上で言語野と言語野以外の血流増加量の割合に差がない参加者、選択的活性型は、脳血流増加量の相対値およびTOEFLの得点はとくに定めず、言語野と言語野以外の血流増加量の割合に差がある参加者、自動活性型は脳血流増加量の割合が10.0未満でTOEFLの得点が600点以上とした。

実験提示教材

英検準1級の問題（巻末資料I、6.1、6.2参照）の説明文2題を選出した。
1題をリスニング時、1題をリーディング時に利用した。

実験手順

実験は個別に行った（計測者1名、実験参加者1名）。実験参加者は机の前に着席し、光トポグラフィ装置のプローブを左脳と右脳、具体的には実験参加者の耳の上に位置する言語野（角回、縁上回、聴覚野、ウェルニッケ野）を含む左側頭葉と右側頭葉の頭皮9cm×9cmの範囲に、各12チャンネル合計24チャンネルが装着された。ただし、結果処理には左脳の言語野の頭皮に装着したデータのみ使用した。実験に先立って、実験参加者には実験手順が説明され、実験データは本研究のために使用することを、参加者より同意を得た。

実験参加者への実験手順についての説明は、次の通りである。

1) 40秒の安静時間をとる。
2) リスニング課題をヘッドホンを通して流す（40秒間）。
3) 課題提示後40秒の安静時間をとる。
4) 理解した内容を1分で報告をする。それを録音する。

5) 内容に関する理解度テストを実施する。
6) 安静時と課題遂行時の血流量を比較するため、安静時は何も考えず課題提示中は、内容理解に集中することを教示する。
7) 終了後、ストラテジー、理解方法、情報処理過程についてトポ画像を照合しながらインタビューを実施する。
8) 内容に関するキーワードを提示する（巻末資料Ⅰ、7.3参照）。
9) 1回目と同じ課題を同様に提示する。
10) 同様の手順で、リーディング課題も実施する。課題提示は、印刷紙を提示する（40秒間）。

統計分析法

統計分析は、データ数が少ないことと正規分布をしないことから、ノンパラメトリック法を採用した。関連のある2群（情報提示有の場合と無の場合の血流量）の差の検定に関しては、ウィルコクソン符号付順位和両側検定（T検定）を採用した。

9.2.4 スキーマ活性による理解度と脳活性度

リスニング実験結果

リスニング時における、初級・中級学習者と上級学習者の情報提示有無の場合のTOEFLと理解度テストの結果および脳血流増加量の割合の差についての実験結果と統計分析結果を表9-3および図9-3、図9-4に示す。

リスニング仮説の検証

表9-3および図9-3、図9-4に基づいて、仮説の検証をする。

仮説1の検証

初級・中級学習者および上級学習者の実験参加者では、内容に関する情報を与えない場合より与える場合の方が、理解度テストの得点は高く、統計的にも有意差が認められた（初級・中級学習者：T値=1、有意点下側3、上側21、p<0.01、上級学習者：T値=1、有意点下側2、上側25、p<0.01）（表9-3）。ただし、上級学習者の内、自動活性型の実験参加者は、内容に関する情報を与え

表 9-3　TOEFLと理解度テスト結果

学習者レベル	人数	TOEFL M (SD)	理解度テスト 情報提示無 M* (%) (SD)	理解度テスト 情報提示有 M* (%) (SD)	プロトコルテスト 情報提示無 M* (%) (SD)	プロトコルテスト 情報提示有 M* (%) (SD)
初級・中級学習者	10	453.5 (43.05)	68.55 (3.95)	85.33** (2.85)	52.68 (3.82)	83.10** (2.33)
上級学習者	10	556.3 (44.47)	84.4 (1.85)	95.5** (2.52)	83.5 (2.11)	94.8** (1.09)

*M（%）は、(テストの得点/14)×100で換算した100点満点方式の平均点。
**p＜0.01

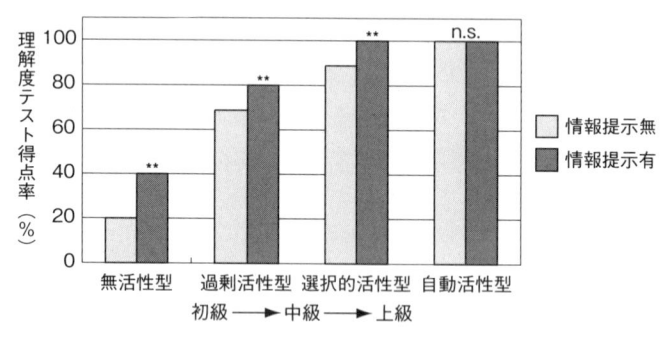

図9-3　スキーマ活性による理解度変化：リスニング時
ウィルコクソンの符号付順位和検定 **p<0.01

ても、理解度テストの得点に有意差はなかった（T値＝8、有意点下側3、上側20、n.s.）（図9-3）。したがって、自動活性型の上級学習者を除く実験参加者において、「内容に関する情報を与える場合の方が、与えない場合より、理解度テストの得点は高い。」という仮説は実証された。

仮説2の検証

選択的活性型および過剰活性型の実験参加者の場合、内容に関する情報を与える場合の方が、与えない場合より、言語野の血流増加量の割合は減少し、統計的にも有意差が認められた（選択的活性型：T値＝2、有意点下側3、上側

第9章　教授法開発で脳活性化　177

図9-4　リスニング時の血流増加量の割合

ウィルコクソンの符号付順位和検定 **p<0.01.

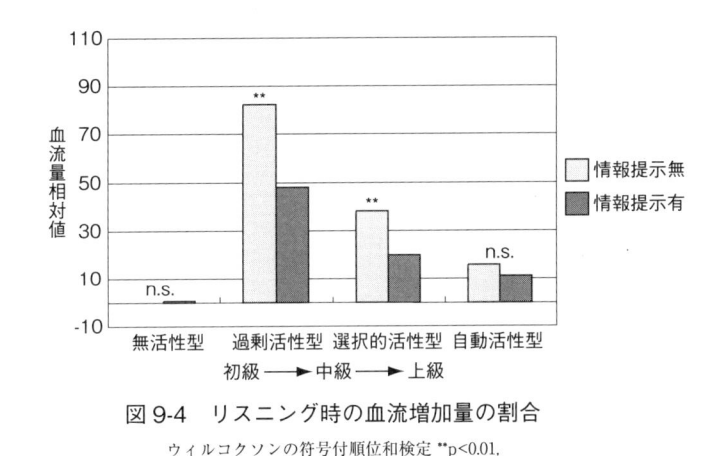

25、p<0.01、過剰活性型：T値＝1、有意点下側3、上側28、p<0.01）（図9-4）。したがって、「内容に関する情報を与える場合の方が、与えない場合より、言語野の血流増加量の割合は少ない。」という仮説は選択的活性型および過剰活性型のみに実証された（図9-4）。

　仮説3の検証

　無活性型の実験参加者2名の場合、内容に関する情報を与える場合と与えない場合とでは、与える方が言語野の血流増加量の割合は数値上は多くなったが、統計上の有意差は認められなかった（個人内（2名）において：T値＝8、有意点下側5,上側23；T値＝10、有意点下側3,上側18、n.s.）（図9-4）。したがって、「初級学習者の無活性型の実験参加者において、内容に関する情報を与える場合の方が、与えない場合より、言語野の血流増加量の割合は多くなる。」という仮説は実証されなかった。

　仮説4の検証

　自動活性型の実験参加者において、言語野の血流増加量の割合は、内容に関する情報を与える場合と与えない場合では、与える場合の方が血流量は数値上減少したが、統計上では有意差が認められなかった（個人内比較：2人の参加

者に共通して、T値=8、有意点、下側:3、上側:23、n.s.)(図9-4)。したがって、「上級学習者の自動活性型の実験参加者においては、内容に関する情報を与える場合と与えない場合とでは、言語野の血流増加量の割合に差はない。」という仮説は実証された。

リーディング実験結果

リーディング時における、初級・中級学習者と上級学習者の情報提示有無の場合の言語野の血流増加量の割合の差についての実験結果と統計分析結果を表9-4および図9-5、図9-6に示す。

リーディング仮説の検証

表9-4および図9-5、図9-6に基づき、仮説の検証をする。

仮説1の検証

初級・中級学習者および上級学習者の実験参加者では、内容に関する情報が与えない場合より与える場合の方が、理解度テストの得点は高く、有意差が認められた(初級・中級学習者:T値=1、有意点下側3、上側25、$p<0.01$; 上級学習者:T値=1、有意点下側3、上側30、$p<0.05$(表9-4)。ただし、上級学習者で自動活性型の実験参加者2名については、内容に関する情報を与えても、理解度テストの得点に有意差はなかった(T値=7、有意点下側1、上側20、n.s.)(図9-6)。したがって、上級学習者の自動活性型を除く実験参加者においてのみ、「内容に関する情報を与える場合の方が、与えない場合より、理

表9-4 TOEFLと理解度テストの結果

学習者レベル	人数	TOEFL	理解度テスト		プロトコルテスト	
			無	有	無	有
		M (SD)	M* (%) (SD)	M* (%) (SD)	M* (%) (SD)	M* (%) (SD)
初級・中級学習者	10	453.5 (43.05)	63.54 (5.36)	83.68** (3.58)	65.31 (6.35)	84.21** (459)
上級学習者	10	556.3 (44.47)	82.66 (2.02)	96.00* (1.58)	82.3 (3.24)	92.35* (3.68)

M*(%)は、(テストの得点/14)×100で換算した100点満点方式の平均点。
**$p<0.01$

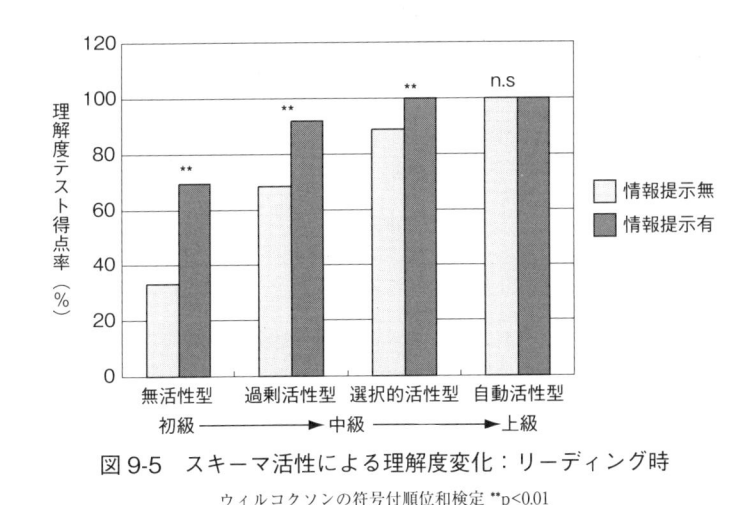

図9-5 スキーマ活性による理解度変化：リーディング時
ウィルコクソンの符号付順位和検定 **p<0.01

解度テストの得点は高い。」という仮説は実証された。

仮説2の検証

選択的活性型および過剰活性型の実験参加者の場合、内容に関する情報を与える場合の方が、与えない場合より、言語野の血流増加量の割合は減少し、統計的にも有意であった（選択的活性型：T値=2、有意点下側3、上側21、p<0.01、過剰活性型：T値=1、有意点下側3、上側31、p<0.01）（図9-6）。したがって、「内容に関する情報を与える場合の方が、与えない場合より、言語野の血流増加量の割合は少ない。」という仮説は、選択的活性型および過剰活性型の参加者で実証された。

仮説3の検証

無活性型の参加者の場合、内容に関する情報を与える場合と与えない場合とでは、与える場合の方が言語野の血流増加量の割合は多く、有意差が認められた（個人内比較2名の参加者について順にT値=3、有意点下側5、上側23 p<0.01；T値=3、有意点下側5、上側18 p<0.01）（図9-6）。したがって、「初級学習者の無活性型の実験参加者において、内容に関する情報を与える場合の方が、与えない場合より、言語野の血流増加量の割合は多くなる。」という仮

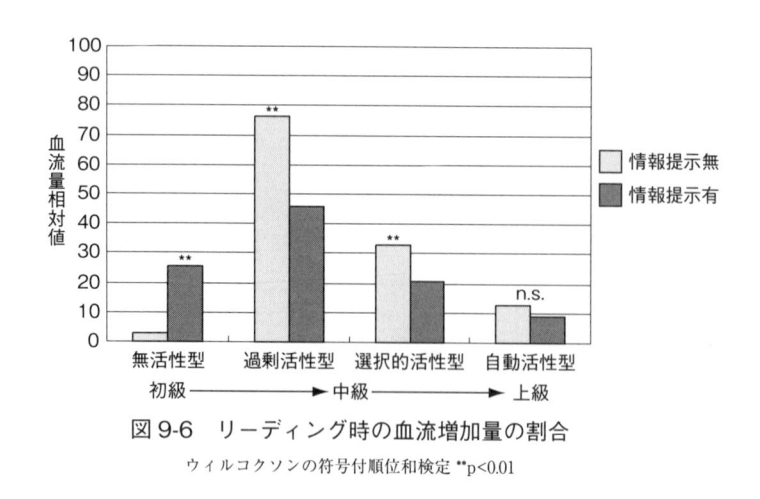

図9-6 リーディング時の血流増加量の割合
ウィルコクソンの符号付順位和検定 **p<0.01

説は実証された。

<u>仮説4の検証</u>

　自動活性型の実験参加者において、言語野の血流増加量の割合は、内容に関する情報を与える場合と与えない場合では、与える場合の方が血流増加量の割合は減少したが、統計的には有意差が認められなかった（個人内比較：2人の参加者に共通して、T値=8、有意点、下側：3、上側：25、n.s.）（図9-6）。したがって、「上級学習者の自動活性型の実験参加者においては、内容に関する情報を与える場合と与えない場合とでは、言語野の血流増加量の割合に有意差はない。」という仮説は実証された。

理解度・脳活性度変化は習熟度による

　実験参加者をTOEFLの得点で初・中級学習者と上級学習者の2群に分類した場合、内容に関する情報を提示する場合はしない場合に比べ、どちらの学習者群においても、理解度テストの得点は有意に高く、それと反比例するように、血流増加量の割合は少なくなった。

　しかし、初級学習者の脳活性状態が無活性型2名の参加者の場合、リスニングの場合は、理解度テストの得点は上昇していたが、言語野の血流増加量の割

合の差は有意ではなかった。一方、リーディングの場合は、言語野の血流量は増加し、有意差が認められた。リスニングの場合、理解度テストの得点は上昇したが、言語野の血流増加量の割合に差がなかったということは、無活性型の学習者が提示された情報のみを参考に理解度テストに取り組んだ結果であって、脳内の活性化につながったわけではないと解釈することができる。一方、リーディングの場合は、無活性型の学習者が提示された情報を参考に、理解度テストにとりくんだため、提示された情報は得点を向上させるために効果的であったと解釈できる。脳血流量も増加したことから、課題遂行前に情報が提示されることによって、無活性であった状態から活性状態に変化したと解釈することができる。このリーディングとリスニングの結果の違いの要因は、本実験からは明確ではない。

　なお、リーディングおよびリスニングで自動活性型に分類される上級学習者の場合には、天井効果のため、理解度テストの得点に有意差がなく、また、脳活性状態も変化がなかったと考えることができる。

9.2.5　スキーマは脳活性度を促進する

　本実験では、課題の内容に関する情報が課題遂行時の脳活性度とどのような関連性があるのかについて調査をした。結果として言えることは、大半の実験参加者については、課題遂行前の情報提示と脳血流量の差については、情報が提示される場合の方が提示されない場合より理解度は上がり、血流増加量の割合は少なくなっていた。

　同一の課題で、同一の学習者において、課題遂行前に、内容に関する情報提示を行った場合、内容理解は容易となる。つまり、課題の提示方法を変えることで、理解度も変わり、脳活性状態も変化したと言える。したがって、本実験において、中間言語の可変性は脳科学的にも実証されたといえる。

　しかし、情報提示を行っても脳活性度に変化が見られない場合もあった。それは、リスニングにおける、初級学習者の無活性型の実験参加者、および、リスニング、リーディングの両課題について、上級学習者の自動活性型の実験参加者の場合である。ただし、この二つの実験参加者には、情報提示が内容理解

に効果がない理由に違いがあると思われる。前者は、情報提示をしても理解できないという理由で、後者は、情報提示がなくても情報提示が有る場合と同様に理解できるという理由である。

　このように、課題遂行前の情報提示の効果は、内容の理解度においても脳活性度においても、習熟度別、脳活性型別に厳密に見ると違いがあることが解る。同じ教室内で、英語力が同レベルの学習者に、同じ課題を同様の方法で提示したとしても、理解度、脳活性度の変化には、個別性があることを示唆している。したがって、こうした学習者の個別性に対応した教授法開発も今後の課題として残されることが脳科学の立場からも明らかになった。

9.3　繰り返しの脳

9.3.1　繰り返しは効果があるか（実験6）

　実験5では、実験参加者のスキーマを活性化させるために、課題遂行前に、内容に関する情報提示を試みた。その結果、学習者の脳活性状態が、中級学習者および上級学習者の過剰活性型および選択的活性型の学習者は、理解度テストの得点は向上し、脳活性状態を自動的処理状態に近づけることができたとの結果を得た。しかし、実験5の課題提示方法には、繰り返しの効果も考慮に入れる必要があることが疑問視された。なぜなら、1回目と2回目の課題提示の間に、内容に関する情報を与え、同じ課題を2回繰り返し提示したからである。そこで、本実験では、課題の繰り返し提示の効果の有無を検証するために、単に課題を2回繰り返し提示した場合の言語野の血流増加量の割合を比較した。

　言語学習において「慣れ」の効果についての先行研究はいくつかある。Plough & Gass（1993）では、タスクを事前にやって慣れているグループと慣れていないグループを比較した場合、二つのグループ間に明確なパターンの相違は示さなかった。ただし、タスクに慣れているグループは、課題遂行中確認チェック（confirmation check）をすることが多く、タスクに慣れていないグループは、中断や休止（interruption）をすることが多いことが報告されている。これは、タスクに慣れていないグループは、新しい情報に触れるように、タスク

により深く熱中しようとしているが、タスクに慣れているグループは、そのタスクに退屈しているからであるとしている。一方、Bygate（1996）では、慣れによって学習者は退屈するどころか、繰り返し課題遂行を重ねるにつれ、積極的フィードバックがなされたと報告している。その理由としてタスクを繰り返すことによって、課題の統語法に注意が注がれるとしている。

　脳内メカニズムの側面からは、高木（1996）で、脳に入ってきた情報は、その情報が一定時間続かないと記憶が残らず、4回以上繰り返し復習すると記憶量が急激に増し、7回以上はその変化が小さくなっていくとして、繰り返しの効果が認められる回数に注目している。さらに、高木（1996）では、母語習得のプロセスの研究で、赤ちゃんは養育者の話しかけを繰り返し聞くことによって除々に音を認識できるようになっていくとしている。そして、子どもが5歳か6歳になるころには、外界から母語を聴くことに、すでに2万時間以上費やしていることから、外国語学習の場合にも、学習する言語により多く回数を重ねて触れることが、言語習得を促進させる大きな役割をしているとしている。

　本実験の目的は、実験5の補足実験のため、単に2回課題を繰り返すこととし、脳活性度変化を比較し、繰り返しの回数が2回でも効果が認められるのかを検証する。もしこれら2回の差が認められなければ実験5で同じ課題を2回繰り返したことが脳血流量および理解力に影響をおよぼさないことが明確になり、内容に関する情報提示というスキーマ活性の効果のみに焦点をあてることが妥当となる。

9.3.2 課題の繰り返しは脳を自動化する？

　2回の繰り返し課題提示が、脳活性度に与える影響の有無を明確にするために次の仮説をたてて検証する。

1. 初・中級学習者および上級学習者の両群において、課題遂行時の言語野血流増加量の割合は1回目と2回目では差がない。
2. 初・中級学習者および上級学習者の両群において、課題遂行時の言語野の血流増加量の割合は1回目より2回目の方が多い。

3 初・中級学習者および上級学習者の両群において、課題遂行時の言語野の血流増加量の割合は、1回目より2回目の方が少ない。

9.3.3 課題を2回繰り返して脳活性状態をしらべる

実験参加者

大学院生および大学生15名(男性7名、女性8名)、すべての実験参加者は右利きであった。平均年齢は、24.3歳であった。全員TOEFLもしくはTOEICの得点所持者である。結果処理においては、TOEFLの得点をデータ処理に使用した。TOEICのみの得点所持者は、換算表にしたがって、TOEFLの得点に換算した。TOEFLの得点は、最低380点、最高620点であった。TOEFLの取得点が380点〜480点を初・中級学習者、550点〜620点を上級学習者とした(表9-5)。

実験提示教材

英検準1級リスニング用の問題(巻末資料I、6.1、6.2参照)の説明文2題を選出した。

1題をリスニング時、1題をリーディング時に利用した。

実験手順

実験は個別に行われた(計測者1名、実験参加者1名)。実験参加者は机の前に着席し、光トポグラフィ装置のプローブを左脳と右脳、具体的には実験参加者の耳の上に位置する言語野(角回、縁上回、聴覚野、ウェルニッケ野)を含

表9-5 実験2.1 英語力とリスニング課題テスト結果

学習者レベル	人数	TOEFL M (SD)	リスニング理解度テスト 選択式 M*(%) (SD)	リスニング理解度テスト プロトコル式 M*(%) (SD)	リーディング理解度テスト 選択式 M*(%) (SD)	リーディング理解度テスト プロトコル式 M*(%) (SD)
上級学習者	8	558.10 (32.70)	84.26 (3.54)	80.35 (1.52)	94.60 (2.25)	88.46 (0.74)
初・中級学習者	7	468.50 (35.70)	56.00 (5.00)	53.57 (3.20)	50.01 (3.03)	41.21 (3.00)

*M(%)は、(テストの得点/14)×100で換算した100点満点方式の平均点。

む左側頭葉と右側頭葉の頭皮に 9cm × 9cm の範囲で、各 12 チャンネル合計 24 チャンネルが装着された。ただし、結果処理は左脳の言語野周辺のみ行った。実験に先立って、実験参加者には実験手順が説明され、実験データは本研究のために使用することを、参加者より同意を得た。

実験参加者への実験手順は次の通りである。

1) 40 秒の安静時間をとる。
2) リスニング課題をヘッドホンを通して流す (40 秒間)。
3) 課題提示後 40 秒の安静時間をとる。
4) 同じ課題を再度ヘッドホンを通して流す (40 秒間)。
5) 理解した内容を 1 分で報告をする。それを録音する。
6) 内容に関する理解度テストを実施する。
7) 安静時と課題遂行時の血流量を比較するため、安静時は何も考えず課題提示中は、内容理解に集中することを教示する。
8) 課題終了後、ストラテジー、理解方法、情報処理過程についてトポ画像を照合しながらインタビューを実施する。
9) 同様の手順で、リーディング課題も実施するが、課題提示は、印刷紙を提示し、40 秒間を与えることとする。

統計分析法

統計分析は、データ数が少ないことと正規分布をしないことから、ノンパラメトリック法を採用した。平均の差に関して、関連のある 2 群 (1 回目と 2 回目) の差の検定には、ウィルコクソン符号付順位和両側検定 (T 検定) を用いた。

9.3.4 2 回の繰り返しでは自動化しない

リスニング時およびリーディング時における、課題提示 1 回目と 2 回目の血流増加量の割合の差 (2 回目 − 1 回目 /2 回目) についての実験結果と統計分析結果を図 9-7、図 9-8 に示す。

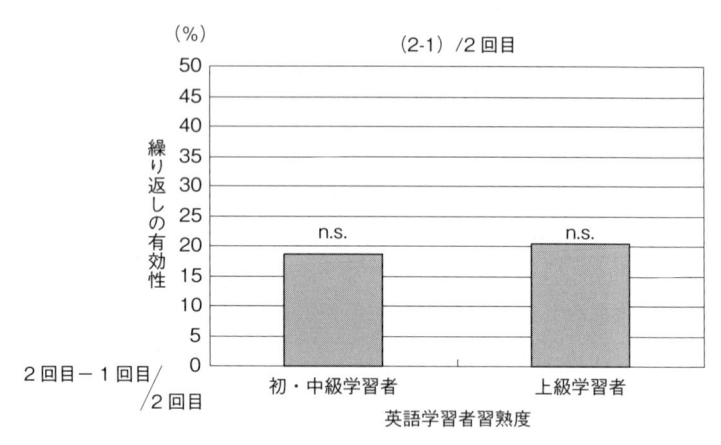

図 9-7　繰り返しの有効性：リスニング

ウィルコクソンの符号付順位和検定で、両群とも n.s.

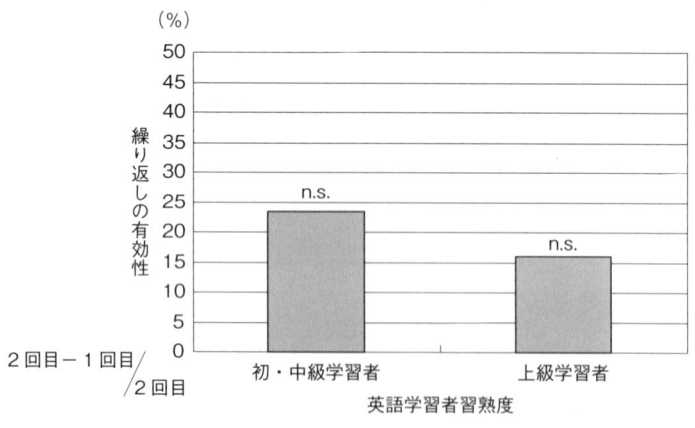

図 9-8　繰り返しの有効性：リーディング

ウィルコクソンの符号付順位和検定で、両群とも n.s.

仮説 1.2.3 の検証

　リスニングとリーディングにおける課題遂行時の言語野（角回、縁上回、聴覚野、ウェルニッケ野）において、1回目と2回目の血流増加量の割合の差を比較してみると、初級・中級学習者および上級学習者のリスニング時、リーディ

ング時とも言語野血流増加量の割合に有意差はみられなかった（リスニング：T値＝8、有意点下側3、上側65、n.s、リーディング：T値＝12、有意点下側8、上側55、n.s.）（図9-7、図9-8）。

したがって、この実験結果は、2回課題を繰り返す実験において、仮説1「初・中級学習者および上級学習者の両群において、課題遂行時の言語野の血流増加量の割合は1回目と2回目では差がない。」が実証され、仮説2「初・中級学習者および上級学習者の両群において、課題遂行時の言語野の血流増加量の割合は1回目より2回目の方が多い。」および仮説3「初・中級学習者および上級学習者の両群において、課題遂行時の言語野の血流増加量の割合は、1回目より2回目の課題提示時の方が少ない。」は否定された。

補足的ではあるが、とくに血流量が増加した部位に注目してみると、上級学習者のウェルニッケ野であると推定される部位のみの血流量が増加し有意差が認められた（T値＝3、有意点下側7、上側30、$p<0.01$）。したがって、繰り返し回数が2回では、脳血流増加量の割合が減少し、脳活性状態を自動的処理状態にする助けにはならないことが実証された。

繰り返しと脳活性度

本実験の結果は、繰り返しと言っても、2回の繰り返しのみである。本実験の目的は、リスニングにおいてもリーディングにおいても、2回の繰り返し課題提示は、言語野の血流量の変化に影響があるのだろうかという点について調査することであった。2回同じ課題を繰り返すことによって、課題に慣れ、血流増加量の割合は減少し脳活性状態の自動化につながると予測されたが、両課題において、両実験参加者群とも血流増加量の割合はむしろ増加した。しかし、この増加量には有意差は認められなかった。繰り返し課題を提示することで課題に慣れることによる自動化説は、本実験において、2回の繰り返しでは当てはまらないことが明確になった。有意差は認められなかったものの、血流増加量の割合が2回目に増えたということは、1回目に理解できなかったところに注意を向けて、より深い理解のために意識的に注意を働かせて理解しようとしていたと考えることができる。あるいは、2回目の課題遂行時には、注意の容量に余裕ができ、1回目ではできなかった言語処理に注意が向けられたと考え

ることができる。

　実験参加者のアンケート結果でも記されているが、「1回目で理解できなかったところを2回目に集中して聴いた。」「1回目では、緊張して聴けなかったが、2回目で落ち着いて聴くことができた。」あるいは、「2回繰り返し聴くとあらかじめ解っていたので1回目は気がゆるんであまり聴けなかった。」という理由があげられていることからも2回目に注意を集中させていたことが推察できる。したがって、1回目より2回目の課題遂行時の方が、課題に対する注意の集中度が増すと推測できる。この結果は、高木（1986）での、言語と記憶との関係を調査する実験において、タスクの繰り返しは、4回以上で記憶量が急激に増し、7回以上で変化が小さくなっていくことや、Bygate（1996）の慣れによって積極的フィードバックがなされること、タスクの繰り返しは、より統語的方法に関心がよせられるとの報告と関連性があると思われる。Sato et al.（1999）では、言語理解における課題提示について、提示回数を重ねるごとに血流量が減少したとの結果を報告している。本実験では、繰り返し回数が2回の効果に注目した。結果として、繰り返し提示回数が2回では、有意差は認められないことが明確になった。

　本実験の結果から判断できることは、実験5において血流増加量の割合が減少しているのは、繰り返しの効果は含まれず、スキーマ活性化のための情報提示の影響が大きいと解釈できる。

9.3.5　2回の繰り返しよりスキーマ活性が効果的

　本実験は、実験5の補足実験として行われた。2回の課題繰り返し提示の効果についての実証研究にもなった。実験5では、血流増加量の割合の減少が、スキーマ活性化の効果のみによるものではなく、繰り返し課題を提示され「慣れ」によるものも含まれるのかもしれないとの疑いもあったため、実験6では、課題を単に2回繰り返し提示した場合の血流量変化について調査してみた。

　結果として、リスニングにおいてもリーディングにおいても、2回の繰り返しだけでは有意な血流量の減少はみられなかった。むしろ、血流量は減少するどころか、有意差は認められないものの両実験参加者群において、リスニン

グ時にもリーディング時にも血流量が増加した。もう少し詳細に観察してみると、上級学習者のウェルニッケ野と推定される部分に、リスニング時においてもリーディング時においても血流増加量の割合は増え有意差が認められた。つまり、実験5において、2回目の血流増加量の割合が1回目に比較して減少した原因は、繰り返し課題を提示した影響よりも2回目の課題提示の前にスキーマ活性化のための内容に関する情報提示をした効果があったと考えることができる。

第10章　英語教育における今後の課題

10.1　英語学習成功のカギ

　本研究では、第二言語習得への脳科学的アプローチを試みた。まず、言語習得における意識の働きに注目し、従来の認知的理論を概観し、第二言語はいかに習得されるのかについて脳科学の立場からの実証研究に取り組んだ。英語学習者を対象とし、英語を処理する脳内メカニズムを光トポグラフィを用いて観測した。結果として明らかになったことは、習熟度によって、脳活性パターンが異なることが確認された。その脳活性パターンから、外国語学習の環境で英語を学習した日本人学習者において、習熟度が上がるにつれ言語処理が自動処理状態、いわゆる母語習得として言語を処理した場合の脳活性状態に近づいていくことが観察できた。つまり、第二言語の処理は、学習をつみ重ねると意識的処理から無意識的処理になっていくことが学習者の脳活性状態から判断することができた。これは、Krashen（1977）の提唱した「習得―学習仮説」に反する結果である。

　習熟度と脳活性パターンの関係は、初級学習者から上級学習者になるにつれ、無活性型、過剰活性型、選択的活性型、自動活性型に分類された。無活性型は、初級学習者で課題が難しすぎて何も考えることができず、脳内が無活性の状態である。過剰活性型は、初級学習者と中級学習者の現象としてみられ、注意が過剰に言語課題に向けられ、脳内の血流が言語野だけでなくその他の部位でも過剰に増加している状態である。選択的活性型は、中級学習者と上級学習者の現象で、注意が選択的に言語課題に集中している状態である。自動活性型とは、上級学習者の現象であり、注意が自動的に言語課題に向けられ、母語に近い状態で英語が処理されている。本研究では、上級学習者の選択的活性型および自動活性型が最適脳活性状態であり、このような脳活性状態になることが、学習

の到達目標だと判断した。

しかし、こうした分類も、同一学習者において、変化する場合があることが明らかになった。同一学習者に提示する課題の難易度を低くしたり、課題を提示する前に内容に関する情報を与えてスキーマを活性化させた場合、脳活性状態が異なること明らかになった。たとえば、無活性型の学習者に難易度の低い課題を提示した場合、難易度が高い課題を提示した場合に比較し言語野の血流は増加し、無活性から活性状態に変化した。また、過剰活性型の学習者に、課題遂行前にスキーマを与えた場合、脳活性状態は、選択的活性型に変化したことが観測できた。したがって、学習者にとって、適切な難易度の教材を適切な方法で提示すれば、いわゆる、Krashen の理解可能なインプット（comprehensive input）が得られ、無活性型や過剰活性型の脳活性状態から最適脳活性状態に導く可能性を示唆した。

本研究では実験的に検討すべき研究課題は大きく分けて3つあった。一番目の課題は、日本人が英語を処理する際の最も活性する脳内部位の推定であった。二番目の課題は、英語学習者の最適脳活性状態を推定することであった。三番目の課題は、課題の提示方法を変えた場合の学習者の脳活性状態の変化を観測することであった。

一番目の課題は、実験1と2（第7章）で推定された。実験1の結果から、本実験参加者において習熟度が高いほど左脳が活性化している結論を得て、段階仮説および左脳優位説が支持された。その背景を考えると、先行研究において、言語を教室内で形式教授により分析的、理論的に学習した者にとっては、言語処理は左脳で行われるという学習環境の要因が提唱されている。本実験の参加者すべてが、英語を学校教育で学習していることから、段階仮説、左脳優位説が裏付けられた。

実験2においては、左脳と前頭葉を比較したところ、初級学習者も上級学習者も左脳の方が前頭葉より顕著に活性度が高いという結果が得られ言語のモジュール性、ワーキングメモリの分散協調説を支持する結果となった。近年、ワーキングメモリについては、研究が進み、とくに認知活動に関わる統合的な働きをするワーキングメモリは、前頭葉の前頭前野が関係していると言われ

ている。しかし、本実験の結果から、前頭葉は、左脳に比較して活性状態が顕著に低かった。その要因は何であろうか。本実験に参加した英語学習者の場合、英語の課題遂行時にワーキングメモリの活性度が低減しているのだろうかという疑問が浮き彫りにされた。この点については、二つの原因が考えられる。一つは、ワーキングメモリの働きについて、外国語での情報処理は、母語での処理と比較すると、処理速度が遅く、処理容量が少ない。このことが前頭葉の活性度を相対的に低くしていると考えられる。つまり、本実験参加者の場合にも、外国語での処理というハンディキャップがあり認知活動がスムーズに行われなかったと解釈することができる。もう一つは、計測上と本装置の限界点が考えられる。人間の生物学的特徴より、前頭の頭蓋骨が厚いために、脳血流増加量の割合が他の部位よりも低く計測されてしまったのかもしれない。これらについては、本実験結果だけでは、明らかにされないため、今後の課題として補足実験も要求されている。

　二番目の課題は、実験3（第8章）で実証された。実験参加者を初級学習者、中級学習者、上級学習者に分類し、言語理解に関わるとされる言語野（ウェルニッケ野、聴覚野、角回・縁上回）とそれ以外の部位の血流増加量の割合の差を調査した。中級学習者および上級学習者において、言語野と言語野以外の部位の血流増加量の割合の差が有意となったが、初級学習者においては、これらの間に有意差が認められなかった。この結果から、英語に熟達しているほど、言語野が選択的に活性化されるが、熟達していない学習者においては、言語野もそれ以外の部位も区別なく活性化することが推察できた。すなわち、初級学習者は、選択的に言語野を活性化させることができないため不必要な部位まで負荷がかかってしまう状態となっている。従来の学習のストラテジー研究において、流暢に言語を操作できる学習者は、「より少ない努力でより良い成果を生み出すことができる」と報告されているが、本実験結果からも、メタ認知ストラテジーの有効利用は、効率的な言語処理につながると解釈できる。したがって、本研究で注目しているメタ認知ストラテジーの一つである選択的注意が効率よく働けば、脳内での言語処理もスムーズに進むと言える。なお、血流の増加量の割合については、中級学習者、上級学習者、初級学習者の順に多く、言

第10章　英語教育における今後の課題

語処理において、適度な注意量が最も言語処理を促進させると言える。いわゆる、血流増加量の割合の中庸状態が最適注意量と言え、この状態で働く注意が、促進性選択的注意と定義づけることも可能である。

　三番目の課題は、実験 4、5、6（第9章）で扱った。ここでは、中間言語の可変性を検証した。同一実験参加者でも課題の提示方法を変えた場合、理解度と脳活性度が変化することを検証した。実験 4 では、課題の難易度を低くすると、理解度が向上し、脳血流増加量の割合が少なくなったとの結果を得た。つまり、課題の理解が容易に進むと、要求される脳活性度は低くなり、言語野の負荷も少なくて済むことが観測された。学習者にとっての課題の難易度の妥当性については、Krashen（1985）は、学習者の現実のレベルよりもほんの少し上のレベルの課題が最も理解可能なインプットを促すとしている。学習者にとって難しすぎる課題および簡単すぎる課題はインプットを促さない。本実験で、実験に参加した英語学習者の脳活性度を観測することを通して、提示された課題が学習者にとって適切なレベルかどうか脳科学的に判別できる可能性が示唆された。

　実験 5 では、学習者においてスキーマを活性化させるために内容に関する情報を提示をすることが、言語野の血流状態を最適状態に近づけることができるのかどうかについて検証した。具体的には、課題を提示する前に、内容に関する情報を提示した場合と提示しない場合の血流増加量の割合の差を比較した。その結果として、両学習者群において、情報有の場合の方が言語野での血流増加量の割合が少なくなり、有意差が認められた。ただし、ここでは、内容に関する情報の提示の効果だけではなく繰り返しの効果も含まれるのではないかとの疑問が生じたため、実験 6 で、課題を単に 2 回繰り返した場合の血流増加量の割合を比較してみた。その結果、どの実験参加者群においても、言語野の血流増加量の割合が統計的に有意に少なくなることはなかった。この結果は、実験 5 を裏づける結果となった。つまり、実験 5 で得られた結論は、課題を 2 回繰り返し提示することによる影響は少ないことが実証され、あらかじめ内容に関する情報を提示することにより言語野の自動活性化が促進されることが明確になった。

単純に考えると、課題の提示条件を変えた場合の理解度については、難易度を低くしたり、事前にスキーマを活性化したり、課題を繰り返し提示したりすることで、実験参加者にとって課題の理解が容易になると考えられ、言語野の負荷は少なくなると予測される。

　実験参加者の理解度と照らし合わせて考察すると、リスニング、リーディング両課題において、選択式の理解度テストで、上級学習者は難易度の高い課題と低い課題において得点に有意差はなかった。これは、両理解度テストが上級学習者にとって容易であり、天井効果が生じたと考えられる。一方、脳血流増加量の割合は、難易度の低い課題を遂行するときの方が有意に少なかった。したがって、理解度テストの結果と脳活性度が必ずしも常に一致するわけではないことが考えられる。脳活性状態を見る血流増加量の割合の意味について、本人の言語能力に対して、どれだけ負荷がかかっているのかという指標になると考えることができる。つまり、テストで高得点を得てなおかつ課題提示時に脳血流の増加量の割合が少ない場合には、脳活性状態の負荷が少なく、言語処理が自動的処理に近い状態で行われていると解釈できるが、同様に脳血流の増加量の割合が少ない場合でも、テストの得点が低ければ、課題に対して注意を向けていないと判断できる。

　実験6では、単に課題を繰り返した場合の血流増加量の割合を比較してみた。結果として、繰り返し2回では、脳血流は減少せず、言語処理の自動化につながる統計的有意なデータは得られなかった。むしろ、細かく部位を見てみると、ウェルニッケ野では、数値上でどの実験参加者においても血流は増え、統計的にも有意であった。この結果は、実験5での繰り返しの効果の疑いを解消するものとなった。つまり、課題を2回だけ繰り返しても、脳血流増加量の割合は少なくならず、むしろ多くなるとの結果を得た。実験参加者のアンケート結果よりその原因を考えてみると、課題を2回繰り返した場合、1回目に入手した情報のフィードバックを行っているため、2回目は理解した情報について吟味し、学習者が内容理解のためにたてた仮説の検証を重ね認知活動が活発になったことなどが推測された。

　本書では、先に記したように、光トポグラフィを用いて学習者が英語を理解

するプロセスにおける脳活性状態について探求してきた。その結果、第二言語がどのように習得されるかが脳科学的に明らかになった。多くの日本人のように英語を意識的に学習することから始めた場合でも、一歩ずつ着実に階段をのぼる努力のつみ重ねにより、無意識的にあやつることができるようになることが実証された。脳内を最適活性状態に導く英語学習の成功のカギは、まさに、メダル獲得をめざすオリンピック選手のように日々研鑽を重ねることである。

また、教授法を工夫することにより、学習者の脳活性状態を最適な状態に導く可能性が示唆された。こうした脳科学のデータを英語教育に応用して新しい教授法のパラダイム転換を提案する可能性を広げたことで本書の意義を主張することができるであろう。

10.2 教授法開発の展望

本研究では、言語処理過程における脳活性状態について焦点をあててきた。その方法としては、光トポグラフィを用いて学習者の大脳皮質の活性状況を脳血流量により探り、言語処理時にはどのように脳内が活性化されているのかについて観測し、英語の習熟度との関連性について議論した。結果として、英語学習の成功者は、提示された言語に自動的に注意を向けることができ、言語野が選択的に活性されるということが実証データとして得られた。しかし、ワーキングメモリの働きについては、本実験データからは、前頭葉の活性度が左脳に比べて著しく低く、英語能力と前頭葉の血流増加量の割合との相関関係は低かった。これについては、一つは、測定した言語が外国語であったため、第一言語と比較して記憶容量や注意量に制限があり、その機能が十分に果たせなかったのかもしれないこと。二つ目には、計測上の問題で、左脳側頭葉に比較して前頭葉の頭蓋骨が厚く同じ条件で計測できていないのかもしれないことが疑問点として残っている。外国語を処理するときのワーキングメモリの働きをより明確に調査するためには、脳血流のみではなく脳波やアイカメラなど、他の装置を使用し客観性を増したデータを得ることが必要であると考えられる。また、リーディングスパンテストやリスニングスパンテストなどと併用するとより具体的な実証データが得られるであろう。

なお、今後の課題として、認知活動を測定することも残されている。事象関連脳波計と光トポグラフィの同時計測によって、たとえば、脳波計のデータで、N400が検出され、認知活動に反応していると検証され、同時に光トポグラフィによる血流の増減が見られれば、よりデータの信憑性が期待できる。
　さらに、英語教授法開発への応用としては、英語の初級学習者は、どれくらいの期間どのような教授法でトレーニングを受けたら、また、どのようなストラテジーを使用したら、脳活性状態を自動的、選択的活性状態に近づかせることができるのかという点について、今後の研究課題として残されている。さらに、具体的に言語学習における脳内活性状態を解明するには、同一実験参加者について、ある一定期間の学習を施した場合、その結果として、脳活性状態がどのように変化するのかについて調査することも今後の課題である。
　脳機能計測の方法論については、日常の学習行動を測定する装置として、本研究で用いた光トポグラフィが現在のところ適した装置であるが、その装置にもいくつか測定上で限界はある。それは、時間解像度は優れているが、空間解像度については限界があるために、脳内部位を特定することにおいて曖昧性が残されるという点である。研究データの蓄積と同時に、装置の開発の必要性も求められている。
　また、測定しているデータは、大脳皮質に近赤外光を照射し吸収された光の量によってヘモグロビン量を測定した相対脳血流量であるが、大脳皮質の血流量とは何を示しているのかという点について曖昧性が残っている。現在のところ脳血流量変化は、神経活動であるのか、注意量であるのか、あるいは、単なる筋肉の動きによるのかは単独では特定できず、それらすべてを含むものであろうとされている。確かに、ある刺激に対して、脳血流量の増加があったことは、なんらかの脳内の活動が局所で行われることは示されるが、それが、本研究の場合、英語でのリスニングやリーディングが刺激で、内容を理解するための負荷量と実験参加者のメタ認知ストラテジーがおよぼす影響が血流相対値で示されているとする解釈に留まっている。
　しかし、実際には、生身の人間を対象にしているかぎり、測定データにさまざまな要因が含まれることは避けられない。人間の内面の働きには、かなり個

人差があり、本実験のように、平均年齢20歳前半の実験参加者を対象にした場合、乳幼児の脳の白紙（タブララサ）状態とは異なり、すでに備わっている記憶として、無数の概念や常識などが脳内に保持されており、さらに概念同士は互いに関係し合って繋がっており、全体としては複雑なネットワークを形成していると考えられている。そのため、個人的要因、たとえば心理的要因、認知的要因、社会的要因などが脳活性に影響を与えていることも考えられ、脳機能測定結果を判断する際に学習者のバックグランドおよび個人の学習スタイルやストラテジーなどと統合的に解釈をする必要がある。今後も学習者のデータをより多くの側面から採取することが不可欠となる。

　21世紀は「脳の世紀」と言われ、言語と脳の研究が速い速度で進んでいる。ここ数年の脳科学の研究では、「脳を知る・脳を守る・脳を創る」という3本の柱が掲げられて計画が推進されてきた。現時点では、まだ、神経学と心理学、言語学とが統合的に判断されなければならないが、いずれ近い将来、脳がモデル化されるのではないであろうか。これまで経験則に基づく評価しかなされてこなかった学生達の能力も脳科学的な根拠に基づいた評価が可能になるのかもしれない。本書は、英語教育の新しい分野において第一歩を踏み出した研究書である。今後さらに発展し続けるであろう学習者の脳活性度変化とその因果関係の調査、そして、その脳内メカニズムの解明のために役立つことを期待する。

あとがき

　2003年3月イラク戦争勃発の翌日、ペンタゴンの近隣で開催された米国応用言語学会に筆者はいた。光トポグラフィを使った「第一言語と第二言語の脳活性パターン」についての国際舞台で初の発表であった。
　脳と言語学を結びつける糸は、筆者が米国留学時、サンフランシスコ州立大学大学院でScovel教授が人の「脳」の実物を手にしながら、言語習得の話をされた衝撃的な授業にさかのぼる。帰国後は、認知心理学の面からの言語研究に取り組んでいた。しかし、さらに客観的な裏付けが欲しいと思い、意を決して名古屋大学大学院・木下徹教授の研究室へおとずれ、「言語と脳の研究がしたい」と申し出た。意外にも、「それはおもしろい」ということばが返ってきた。しかし、文系分野でどのように脳の研究を進めていくのかということが大きな壁となった。海外ではすでにfMRIを使用した言語研究がすすめられていたが、本文中でも記したが、かなり大がかりな取り組みとなる。そんなとき、たまたま、病院に勤める友人から「光トポグラフィ」という脳を測る装置について情報を得た。「これはいける！」そんな直感を持ち、業者との交渉に走った。これが、筆者と光トポグラフィとの出会いである。
　光トポグラフィの実験はおもしろい。実験に参加してくれた人に英語を聞いたり、読んだりしてもらい、脳の血流量を測定した。英語の音声がながれたとたん、真っ青の光トポグラフィの画面が、赤く色づきはじめ、だんだん赤が強くなっていく状態は、まさに脳の中をみているようであった。しかし、音声を流しても、英文を見せても、安静状態の青い画面から変わらず、課題が終了してもなんら脳が変化しない人がいた。個人差が大きいのか、実験方針がまちがっているのか不安がよぎった。終了後「まったくわかりませんでした。あきらめました。」というその人のことばには、互いに爆笑した。「むずかしすぎる課題には、脳は反応しない」そんな示唆が得られた。まさに、認知心理面からの言

語習得理論と脳科学で得られた結果が一致した瞬間である。

　一方、英語を聞く間、読む間、画像の全面がまっ赤になる人もいた。脳に負担がかかり、かなり苦痛を与えていることが示された。また、英語のエキスパートでは、脳内の言語をつかさどる部分のみに血流が集中し、母語話者の状態に近い画像が得られた人もいた。「言語学習を重ねると自動的処理状態になっていく。」いわゆる、われわれのように日本の学校教育で英語学習をはじめても、「努力次第でネイティブスピーカーのようになれる」ことが証明された。筆者も、英語学習者の一人として勇気づけられた。

　光トポグラフィが簡単に脳を測定する装置であるとはいえ、医療目的に開発された装置である。医療機器を一度も操作したことのない筆者にとって、操作方法および得られたデータの解釈は手さぐりの連続であった。光トポグラフィのプローブは、人の髪型によって装着しやすさが異なる。髪がふさふさしている人は、装着に時間がかかる。かぎられた時間で計測例を増やしたいという焦りと緊張感をかかえながらの実験であった。街を歩くときも、無意識に髪が薄い人に注意がむく自分に気づき苦笑することもあった。

　本書では、こうした実験によって得られた脳画像データに基づいて、第二言語習得論を脳科学の視点から論じた。本書が言語学を専攻する学生、大学院生に少しでも助けになればと願っている。第二言語習得、言語教育の研究者には、新しい視点からの研究開発、教材開発に役立てていただくことができれば幸いである。また、英語学習にトライしている人、すでに使いこなしている人も本書を読んでいただき、言語習得理論と自らの経験をすり合わせてみてはいかがだろうか。筆者の誤解や不明瞭な記述があればお許しをいただき、ご指摘をいただきたい。

　本書は、名古屋大学大学院国際開発研究科国際コミュニケーション専攻に提出した学位論文「英語学習者の言語情報処理過程における脳内メカニズムの解明――光トポグラフィによる脳機能観測より――」にもとづいている。研究を進めるにあたって、指導教官の先生方はいつも支えてくださった。主指導教官の木下徹先生には、研究のすべてにわたって極めて示唆に富んだご指導をい

ただいた。齋藤洋典先生には、長い議論におつきあいいただいた。研究者としての厳格なご助言は苦くも甘くもあった。山下淳子先生には、言語習得、英語教育の視点からの丁寧なご指導をいただき、いつも暖かく見守っていただいた。成田克史先生には、本文全体に目をとおしていただき、丁寧なご助言をいただいた。

また、酒井邦嘉先生（東京大学）、定藤規弘先生（自然科学研究機構）には、実験データについて、ご意見をいただいた。多くの研究仲間からも、つねにご意見や励ましをいただいた。ご指導、ご助言をいただいた諸先生方には心より感謝申し上げたい。

（株）日立メディコには、無理を言って光トポグラフィを長い間お貸しいただいた。高草保夫氏（現・（株）日立製作所）には、何度も千葉から名古屋までご足労をいただき、技術面で多くのことを教えていただいた。金城学院大学、名古屋女子大学の私の学生達、名古屋大学の学生達には脳血流量測定に参加していただいた。実験にご協力をいただいた方々に心よりお礼申し上げたい。

本書の一部をなす研究で、2005年度大学英語教育学会賞（新人賞）を受賞した。また、2005年12月25日付朝日新聞社会面に「脳の血流量調べ　語学に活用模索」とのみだしで本研究の成果が紹介された。本書の出版にあたって、2005年度岐阜聖徳学園大学学術図書出版助成を受けた。ご尽力くださった方々に感謝申し上げる。

昭和堂の編集者村井美恵子氏には、1992年白馬の言語学会で知り合い、以来、筆者の研究の話しを聞いていただいている。本書の草稿にも目を通していだき、刊行にいたるまで終始貴重なコメントを頂戴した。出版の機会を与えてくださったことに深く感謝申し上げる次第である。

最後に、近くで筆者を励まし続けてくれた家族に心より感謝したい。

2006年2月1日

大石晴美

参考資料

I 実験用資料
第6章　6.1　実験提示教材：課題
難課題　リスニング用：Conference

I have been studying at the Harvard Graduate School of Business for a couple of months. A strange thing happened recently when I went to a conference on the outlook for the economy. The keynote speaker was a top Japanese government official. He made his speech in very fluent English, and I was very impressed, but the true extent of his ability was revealed after he had finished and was fielding questions from some of the native speakers in the audience. He had to ask for help in understanding the questions, and when he replied, his English was totally different from what he had used in his speech. It seems that memorizing something will only take you so far.

難課題　リーディング用：Concert

I went to a concert recently something peculiar happened. I was so impressed by the performance of one of the pianist. When she finished, I shouted out "Encore！" Much to my surprise, she seemed to get angry and yelled back "Get out of here." A couple of week later, I was at the same concert hall for another performance. When I ran across this same performer in the lobby, I tried to avoid meeting her eyes, but she instantly rushed over to me and gave me a hug！ She apologized for her mystifying behavior, and explained that she had a bad case of fright because it was her professional debut at that stage. She told me that she had in fact really appreciated that I was speaking out.

易課題　リスニング用 : Computer

Mike was having a lot of trouble buying a computer. He was spending a lot of time talking to people in computer stores and would buy two or three computer magazines each month. Whenever he was close to buying a computer, though, a new one would catch his eye, and he'd start looking again. He thought that buying a computer was really difficult.

易課題　リーディング用 : American College

When Hiroshi began studying at an American college, he was surprised at the amount of homework he had to do every night. The reading assignments in English were the most difficult. They took him a long time to read because he had to look up so many words in his dictionary. He did not usually go to bed until past midnight.

6.2　課題の難易度

課題	リスニング用 難課題 英検準1級より Conference	リーディング用 難課題 英検準1級より Concert	リスニング用 易課題 英検2級より Computer	リーディング用 易課題 英検2級より American College
Counts				
Words	119	140	60	63
Characters	548	646	260	282
Paragraphs	1	1	1	1
Sentences	6	8	4	4
Averages				
Sentence per paragraphs	6.0	8.0	40	40
Words per sentence	19.8	17.5	15.0	15.7
Characters per words	45	42	4.3	4.3
Readability				
Passive sentence	16%	12%	0	0
Flesh reading ease	63	65.2	68.9	69.9
Flesh-Kicaid grade level	9.3	8.0	7.3	7.4
他集団での平均 (TOEFL430 (M))				
リスニング時 (%)	62%	62%	83%	84%
リーディング時 (%)	62.6%	642%	83.3%	84%

6.3 理解度テスト
難課題　リスニング用：Conference
適切な解答を選んでください。
問1　講演会では、何がありましたか。
　　1）楽しいこと　　　　　　3）不思議なこと
　　2）苦しいこと　　　　　　4）解らないこと
問2　講演会では、誰が話をしましたか。
　　1）大学の先生　　　　　　3）アメリカ政府の高官
　　2）日本政府の高官　　　　4）ハーバード大学の学長
問3　講演が終わったら聴衆は何をしましたか。
　　1）質問　　　　　　　　　3）拍手
　　2）コメント　　　　　　　4）感謝
問4　講演の後、話者の何が暴露されましたか。
　　1）洞察力　　　　　　　　3）語学力
　　2）認識力　　　　　　　　4）説得力
問5　話者は、聴衆の発言を理解するのに何が必要でしたか。
　　1）辞書　　　　　　　　　3）マイク
　　2）手助け　　　　　　　　4）用紙
問6　講演後の話者の英語は、スピーチの時の英語と比べて、
　　1）まったく同じであった　3）違っていた
　　2）丁寧であった　　　　　4）声が小さかった
問7　（　　）とコミュニケーションをすることとは違う。
　　1）理解する　　　　　　　3）説得する
　　2）行動する　　　　　　　4）暗記すること

　　専攻　　　　年　　　　番号　　　　氏名

難課題　リーディング用：Concert

適切な回答を選んでください。

問1　コンサート会場で何がありましたか。
  1）楽しいこと　　　　　　　　3）奇妙なこと
  2）苦しいこと　　　　　　　　4）面白いこと

問2　何のコンサートでしたか。
  1）歌　　　　　　　　　　　　3）ピアノ
  2）バイオリン　　　　　　　　4）チェロ

問3　筆者が"アンコール"と叫んだ時、
  1）会場から出ていくように命じられた　　3）拍手がおこった
  2）感謝をされた。　　　　　　　　　　　4）何も言われなかった

問4　数週間後、筆者が演奏者に会った時、
  1）駆け寄って行って挨拶をした　　3）目をそらした
  2）遠くから声をかけた　　　　　　4）手をふった

問5　演奏者は、筆者を見つけて、
  1）駆け寄っていって、抱きしめた　　3）遠くから声をかけた
  2）無視をして通り過ぎた　　　　　　4）笑った

問6　演奏者は、先日の演奏者自身の態度について
  1）悲しんだ　　　　　　　　　　3）がっかりしていた
  2）怒った　　　　　　　　　　　4）感謝した

問7　筆者に対する、演奏者の本心は、次のうちどれですか。
  1）疑っていた　　　　　　　　　3）がっかりしていた
  2）困っていた　　　　　　　　　4）感謝していた

  専攻　　　　年　　　　番号　　　　　氏名

易課題　リスニング用：Computer

1. マイクはどんなことで困っていましたか。
    1) コンピュータのプログラムを作ること
    2) コンピュータを売ること
    3) コンピュータを買うこと
    4) コンピュータの使い方を覚えること
2. マイクは悩みを解決するためにどうしていましたか。
    1) コンピュータのお店の人に相談をする
    2) コンピュータ会社の人に相談をする
    3) コンピュータ教室を訪れる
    4) コンピュータが得意な友人に電話をする
3. マイクは毎月何を買っていましたか。
    1) コンピュータソフト
    2) コンピュータ附属機器
    3) コンピュータ
    4) コンピュータ雑誌
4. マイクはコンピュータを買う寸前になるとどのようになりますか。
    1) もったいなくなる
    2) 新しい型のコンピュータに目がいく
    3) 現在所有しているコンピュータに満足する
    4) 新しい型のコンピュータを研究しはじめる
5. コンピュータを買うことは、
    1) 楽しい
    2) 費用がかかる
    3) 難しい
    4) 新しい進歩である

　　専攻　　　　番号　　　　氏名

易課題　リーディング用：American College

問1　ひろしはどこで勉強をはじめましたか。
　　1）イギリスの大学
　　2）オーストラリアの大学
　　3）アメリカの大学
　　4）アフリカの大学

問2　ひろしは何におどろきましたか。
　　1）宿題の多さ
　　2）宿題が出ないこと
　　3）辞書で単語を調べること
　　4）辞書の重さ

問3　ひろしが一番大変だったことは何ですか。
　　1）英語で作文をすること
　　2）英語で本を読むこと
　　3）英語で話すこと
　　4）英語で聴くこと

問4　ひろしが本を読むのにかかった時間は
　　1）長かった
　　2）短かった
　　3）ちょうどよい
　　4）気にならなかった

問5　ひろしが寝る時は、
　　1）午後10時
　　2）真夜中過ぎ
　　3）午後9時
　　4）午後8時

　　専攻　　　　番号　　　　　氏名

第7章　7.1　アンケート用紙

実験アンケート　　年　　月　　日

　　　　　　　　　　　　　　　　氏名　　　　　　　　　　　男・女
　　　　　　　　　　　　　　　　　　右利き・左きき　年齢

①英語学習経験　　　年
②海外滞在経験　　場所　　　　　　年
③専門分野
④英語力
　　　TOEFL　　Section I　　　Section II　　　Section III　　　合計
　　　TOEIC　　リスニング　　リーディング　　　　　　　　　　合計
　　　英　検　　　級

⑤5段階で回答してください
　（1. いいえ　2. どちらかというといいえ　3. はい　4. どちらかというとはい　5. はい）

リスニングの場合

1）課題遂行中、重要なポイントに集中してとりくむことができた。
　　　　1　　2　　3　　4　　5
2）内容をイメージ化していた。
　　　　1　　2　　3　　4　　5
3）問題意識を持ってとりくんだ。
　　　　1　　2　　3　　4　　5
4）何が理解できて何が理解できなかったのか確認しながら読んだ。
　　　　1　　2　　3　　4　　5
5）解らなくても読み（聴き）続けた。
　　　　1　　2　　3　　4　　5
6）内容を理解するために、背景知識や経験を活用した。
　　　　1　　2　　3　　4　　5
7）頭の中で音声を文字化（リスニング）したり文字を音声化（リーディング）

したりした。
　　　　　1　　2　　3　　4　　5
8) 文法的構造を考えながら読んだ。
　　　　　1　　2　　3　　4　　5
9) 日本語に訳していた。
　　　　　1　　2　　3　　4　　5
10) 理解できないことは文脈から推測した。
　　　　　1　　2　　3　　4　　5

リーディングの場合

1) 課題遂行中、重要なポイントに集中してとりくむことができた。
　　　　　1　　2　　3　　4　　5
2) 内容をイメージ化していた。
　　　　　1　　2　　3　　4　　5
3) 問題意識を持ってとりくんだ。
　　　　　1　　2　　3　　4　　5
4) 何が理解できて何が理解できなかったのか確認しながら読んだ。
　　　　　1　　2　　3　　4　　5
5) 解らなくても読み（聴き）続けた。
　　　　　1　　2　　3　　4　　5
6) 内容を理解するために、背景知識や経験を活用した。
　　　　　1　　2　　3　　4　　5
7) 頭の中で音声を文字化（リスニング）したり文字を音声化（リーディング）したりした。
　　　　　1　　2　　3　　4　　5
8) 文法的構造を考えながら読んだ。
　　　　　1　　2　　3　　4　　5
9) 日本語に訳していた。
　　　　　1　　2　　3　　4　　5

10) 理解できないことは文脈から推測した。
   1 2 3 4 5

実験について思ったこと感じたことを自由に書いてください。

インタビュー記録
＊英語学習経験について
どこで、どのような教育を受けましたか。

課題について
＊リスニング中（リーディング中）内容を理解することに集中できましたか。
＊リーディング課題は、最後まで読めましたか。
＊途中でわからなくなった場合どうしましたか。

その他、リスニング中、リーディング中に考えていたこと、感じたことなど。

本実験結果は、私の博士論文のための研究、発表に使用させていただきたいと存じます。ご同意いただけますようお願い申し上げます。　サイン

    名古屋大学大学院・国際開発研究科・国際コミュニケーション専攻・
        博士後期課程1年　　大石晴美

7.2 アンケート因子分析結果

実験1アンケート因子分析結果:リスニング

上級学習者

アンケート項目	因子負荷量		共通性
	因子1:問題解決	因子2:推測	
1 課題遂行中重要なポイントに集中。	0.80	-0.41	0.83
2 内容をイメージ化していた。	0.79	-0.16	0.76
3 問題意識を持ってとりくんだ。	0.70	-0.50	0.91
4 何が理解できて何が理解……。	0.67	-0.32	0.56
10 理解できないことは文脈……。	0.66	0.70	0.94
6 内容を理解するために……	0.52	0.55	0.59
7 頭の中で音声を文字化したり、	0.26	0.04	0.60
5 解らなくても聴き続けた。	-0.46	-0.08	0.52
8 文法構造を考えながら	-0.56	-0.16	0.37
9 日本語に訳していた。	-0.66	-0.32	0.70
固有値	40	1.75	
寄与率	40.0	17.53	
累積寄与率	40.0	57.55	

初級学習者

アンケート項目	因子負荷量		共通性
	因子1	因子2	
9 日本語に訳していた	0.91	0.43	0.83
5 解らなくても聴き続けた	0.74	0.005	0.55
7 頭の中で文字化……。	0.68	0.41	0.64
8 文法構造を考えながら……。	0.57	0.80	0.66
6 内容を理解するために背景知識	0.21	0.61	0.42
2 内容をイメージ化……	-0.18	0.57	0.67
3 問題意識をもって……	-0.11	-0.44	0.21
4 何が理解できて何が理解できない……	-034	-0.61	0.50
10 理解できないことは……	-0.42	-0.07	0.18
1 課題遂行中重要なポイント	-0.67	0.4	0.64
固有値	3.0	2.3	
寄与率	30.31	23.11	
累積寄与率	30.31	53.42	

7.3 実験5 キーワード
リスニング用

Harvard Graduate School of Business
conference　　　Japanese government official
fluent English　　true ability
revealed　　questions
different　　　memorizing

リーディング用

concert　　pianist　　Encore　　surprise　　angry
a couple of week later　　same performance　　lobby
apologize　　mystifying behavior
appreciate

課題テスト作成参考文献

柴田バネッサ・小野聖次郎 (2001). 絶対合格英検2級, 高橋書店.
誉田和由 (2000). 英検準1級一次合格予想モギテスト, 新星出版社.
2001年度版. 英検2級全問題集, 旺文社.

Ⅱ 光トポグラフィについて

光計測の歴史

光を使って生体を計測する歴史は長い。1925 年 Kellibn D. は、蜂の胸筋に光を通した実験を行い、羽ばたいている時の胸筋のスペクトルを得て、チトクローム（cytochrome）を発見した。Cyto-は、細胞を意味し、chromeは、色を意味する。すなわち光から由来した名前である。近赤外分光（NIRS）の分野では、多くの先駆的な人々が長い間地道な努力を積み重ねて現在に至っている。60年ほど前体内の血液の酸化状態を光で計る事に成功した。耳たぶに光を通して血中の酸化・還元ヘモグロビンを分光分析した。生物や化学の分野で活躍している2波長分光法を創始して適用した。（脳図鑑 21 参照）

光トポグラフィとは

光トポグラフィ装置は、簡便に脳の働きを観察するものである。1980年代の後半から、日立中央研究所で開発していた光 CT が基礎となった。NIRS（near infrared spectroscopic imaging: 近赤外分光イメージング）のひとつである。70ピコ秒の超短光パルスを使用して、脳の断層像を光で撮像しようという試みであった。半導体レーザーからの近赤外光は、光ファイバーで導かれ、プリズムで直角に曲げられたあと頭皮の表面から脳内に照射される。他の複数の光ファイバーを使用して脳を透過してきた光を検出し画像を再構成するシステムであ

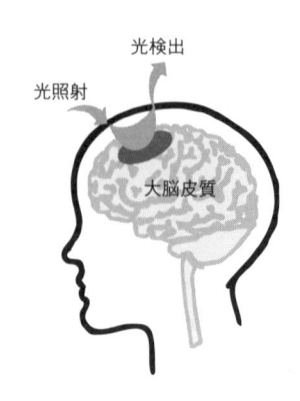

る。この方法は、ラットやネコ、そして子豚あたりまでは使えるが、対象が人間になると、脳を透過してきた光が極めてわずかになってしまって実用的には使えないことが分かった。しかし、動物実験によって、数々の貴重なデータが得ることができた。

　一方、fMRI の応用を種々展開していたが、脳機能でまず興味深いのは、大脳皮質の機能であることが日々の実験からはっきりしてきた。脊椎動物の脳は、ハ虫類から哺乳類、さらにその中の霊長類、そして、人間へと脳は進化してきたのだが、脳は中核となる脳幹の周りに次々と層状構造を作る形で進化した。従って、人間の脳でもっとも人間らしい働きをしているのは、一番外側の大脳新皮質となる。つまり、脳の最も表層の大脳皮質を測定すれば、興味深い成果が得られることが分かってきた。

　そこで、光トポグラフィ（optical topography）という新しい方法を開発した。トモグラフィ（tomography）とトポグラフィ（topography）は、似たようにみえるが意味がまったく異なる。Tomo とはギリシャ語 tomos から来ており、「切る」という意味である。従って、トモグラフィは「断層撮影」という意味である。一方、topo とはギリシャ語の topos（土地）の意味で、トポグラフィとはもともと地図上に等高線で標高を書き込んだ「地形図」を指す用語であった。しかし、MEG などでも使われるように、「二次元の地図にもう一次元の情報を載せた図」の意味で広く用いられるようになった。光を用いたトポグラフィという意味で、「光トポグラフィ」という名称がつけられた。（脳図鑑 21 参照）

光トポグラフィの原理

　光トポグラフィは、頭皮上から光ファイバを通して照射される近赤外光を使って、大脳の表面付近の血液量の変化を計測し、それを 2 次元的なマップに表わす。計測と演算処理にかかる時間は 0.1 秒程度でできるので、リアルタイムの連続測定が可能である。脳のある部位が活動をすると、それに伴って、その部位に酸素を送る為の血液量が増大する。この血液中のヘモグロビンによる近赤外光の散乱を利用して、酸素化および還元ヘモグロビン、またこれらの合計である、総ヘモグロビン量の変化を求めるものである。これらは血流量と対

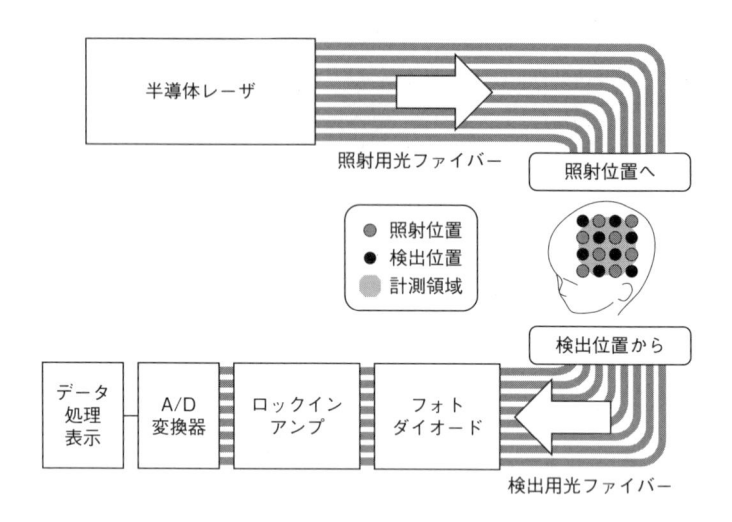

応するものであり、これらの計測データによって大脳皮質の血液量の変化を観察できる。

　実験参加者は、簡単なかぶりものを着けるだけで、脳機能のイメージングができる。頭蓋骨や脳内組織で光が散乱されるために、細かいところまでは見えないが、それを補ってあまりある種々の特徴があることが分かってきた。第一に、実験参加者が自然な環境で実験ができるということである。実験参加者は、測定中に動くこともできる。なぜなら、光トポグラフィでは、計測座標が、実験参加者の脳に固定されているからである。半導体レーザーからの光は、光ファイバーを通って頭皮の毛根の間から脳内へ照射される。そして大脳皮質から散乱・反射され、再び頭皮上へ戻ってきた光を、検出用の光ファイバーで半導体の検知器へ導く。手を太陽にかざすと、指のあいだの肉が薄くなっているところが赤く見えるが、これは太陽光線に含まれる可視光の中で、人体に対する透過性の高い赤い光が透過するからである。光トポグラフィの原理もこれと類似している。この装置では、透過性の高い近赤外光を使用している。近赤外光とは、可視光より波長の長い領域の電磁波で、最近暖房器具などによく利用されている遠赤外光よりは、波長の短い光線である。fMRIなどの脳機能イメージ

ング法では、実験参加者は長い時間動くことはできない。そのうえ、装置がとても大きいので、実験参加者側が装置に寄り添ってじっとしていないと画像がぶれてしまう。つまり、大型装置では、計測座標が装置側に固定されているために、実験参加者は身動きできない。乳幼児を測定する時は、決定的である。赤ちゃんに「良い子だからじっとしていなさい」と言ってもはしゃぐだけである。健常者には、麻酔ができないし、たとえば麻酔をしたのならば、高次機能が正常に機能しなくなってしまう。脳機能は自然な環境で測定されなければならず、その意味では、光トポグラフィは、大きく貢献をしている。(日立メディコ光トポグラフィ　パンフレット参照)

Ⅲ　光トポグラフィと従来技術との比較

	PET	fMRI	脳磁計	光トポグラフィ
低拘束計測 ・任意環境 ・長時間測定	×	×	×	×
空間分解能	□(〜15mm)	□(〜2mm)	□(5〜15mm)	□(〜20mm)
脳深部計測	○	○	□	□
計測対象	血液代謝物質	還元ヘモグロビン	神経電流	酸素化・還元ヘモグロビン

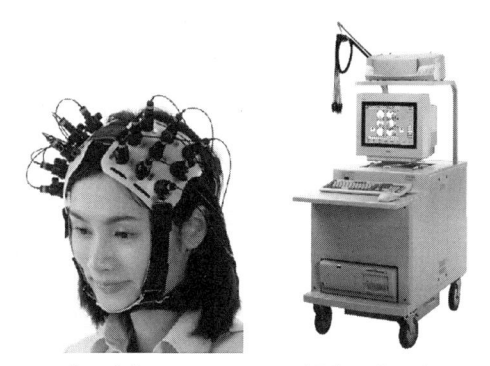

光トポグラフィ　ETG-100（日立メディコ）

参考文献

欧文文献

Aitchinson, J. (1987). *Words in the Mind: An Introduction to the Mental Lexicon*. London: Blackwell.

Albert, M., & Obler, L. (1978). *The Bilingual Brain*. New York: Academic Press.

Alpert, R. & Haber, R. N. (1960). Anxiety in academic achievement situations. *Journal of Abnormal and Social Psychology*, 61: 207-215.

Allport, A. (1989). Visual attention. In M.I. Posner (ed.), *Foundations of Cognitive Science*, 631-682. Cambridge, MA: MIT Press.

Anderson, R. C., Spiro, R. J., & Monatague,W. E. (1977). *Schooling and the Acquisition of Knowledge*. Hillsdale, N.J.: Lawrence Erlbaum.

Atkinson, R. C., & Shiffrin, R. M. (1968). Human memory: A proposed system and its control process. In K. W. Spence & J. T. Spence (eds.), *The Psychology of Learning and Motivation: Advances in Research and Theory*, 2: 89-195. New York: Academic Press.

────── (1971). The control of short-term memory. *Scientific American*, 225, 82-91.

Ausbel, D. P. (1968). *Educational Psychology: A Cognitive View*. New York: Hold Rinehrt & Winston.

Awh, E, Smith, E. E., & Jonides, J. (1995). Human rehearsal process and the frontal lobes: PET evidence. In J. Grafman, K. J. Holyoak, & F. Boller (eds.), *Annuals of the New York Academy of Science*, 769: 97-117.

Baars, B. J. (1988). *A Cognitive Theory of Consciousness*. Cambridge: University Press.

Bachman L F. (1990). *Fundamental Considerations in Language Testing*. Oxford: Oxford University Press.

———— & Cohen, A. D. (eds.). (1998). *Interfaces between Second Language Acquisition and Language Testing Research*. Cambridge: Cambridge University Press.

———— & Palmer A. S. (1996). *Language Testing in Practice*. Oxford: Oxford University Press.

Baddeley, A, D., & Hitch. G. J. (1974). Working memory. In G. H. Bower (ed.), *The Psychology of Learning and Motivation: Advances in Research and Theory*, 8:47-89. New York: Academic Press.

———— (1986). *Working Memory*. Oxford: Oxford University Press.

———— (1999). *Essentials of Human Memory*. Hove: Psychology Press.

———— (2000). Short-term and working memory. In E,Tulving, & F.I.M. , Craik, (eds.) *The Oxford Handbook of Memory*, 77-92. New York: Oxford University Press.

———— & Logie,R.H. (1999). Working memory: The multiple component model. In A. Miyake & P. Shah (eds), *Models of Working Memory: Mechanisms of Active Maintenance and Executive Control*, 28-61. Cambridge: Cambridge University Press.

Baker, S. C., Frith, C., D., Frackowiak, R. S. & Dolan. R. J. (1996). Active representation of shape and spatial location in man, *Cerebral Cortex*, 6, 612-619.

Ballisle, F. (1975). Early bilingualism and cerebral dominance. Unpublished manuscript, Psychology Department, Montreal, Qbec: McGill University.

Barlett, F. C. (1932). *Remembering: A Study in Experimental and Social Psychology*. London: Cambridge University Press.

Barnett, M.A. (1988). Reading through context: how real and perceived strategy use affects L2 comprehension. *Modern Language Journal*, 72: 150-160.

Berquist, B. (1997). Individual differences in working memory span and L2 proficiency: Capacity or processing efficiency? In A. Sorace et al. (eds), *Proceedings of the GALA '97 Conference on Language Acquisition*,

468-473. Edinburg: Human Communication Research Center, University of Edinburgh.

Beebe, L. M. (Ed.). (1988).*Issues in second language acquisition.* Newbury House.（日本語訳 卯城祐司／佐久間康之／島岡丘訳（1998）『第二言語習得の研究―5つの視点から』大修館書店.

Bialystok, E. (1978). A theoretical model of second language learning. *Language Learning,* 28: 69-84

――― (1979). The role of conscious strategies in second language proficiency. *Canadian Modern Language Review,* 35: 372-394.

――― (1981). Some evidence for the integrity and interaction of two knowledge sources. In R. W. Anderson (1981). *New Dimensions in Second Language Acquisition Research,* 62-74. Rowley. MA: Newbury House Publishers.

――― (1982). On the relationship between knowing and using linguistic forms. *Applied Linguistics,* 3: 181-206.

――― (1990). *Communicative Strategies.* Oxford: Basil Blackwell.

――― & Sharwood Smith. (1985). Interlanguage is not a state of mind: an evaluation of the construct for second language acquisition. *Applied Linguistics,* 6: 101-117.

Bickerton, D. (1981). *Roots of Language.* Ann Arbor, MI: Karoma Publishers.

Bley-Vroman, R. (1988). The fundamental character of foreign language learning. In W. Rutherford & M. Sharwood Smith (eds.), (1988). *Grammar and Second Language Teaching: A Book of Reading,* 19-30. Rowley, MA: Newbury House.

Block, E. L (1986). The comprehension strategies of second language readers. *TESOL Quarterly,* 20, 463-494.

Bogen, J. E. (1995). On the neurophysiology of consciousness: systems I. An overview. *Consciousness and Cognition,* 4: 52-62.

Bormuth, J. R.(1972).Review of "Durrell Listening-Reading Series". In O. K. Buros(ed.) *The Seventh Mental Measurement Yearbook.* Highland Park, N.J.: Gryphon

Press.

Broadbent, D. (1958). *Perception and Communication*. London: Pergamon.

Brodmann, K. (1909). *Vergleichende Lokalisationslehre der Grosshirnrinde*, Barth, Lepzig.

Brown, G., & Yule, G. (1983). *Discourse Analysis*. Cambridge: Cambridge University Press.

Brown, H. D. (1991). *Breaking the Language Barrier*. Yarmough, MD: Intercultural Press.

─────── (1994). *Principles of Language Learning and Teaching*. Prentice Hall Regents. NJ: Englewood Cliffs.

Bruner J. S. (1975). From communication to language—A psychological perspective. *Cognition*, 3: 255-287.

Bygate, M. (1996). Effects of task repetition: Appraising the developing language of learners. In J. Willis & M. Willis (eds.), *Challenge and Change in Language Teaching*, 136-146. Oxford: Heinemann. California.

Canale M. (1983). From communicative competence to communicative language pedagogy In J. C. Richards & R. W. Schmidt (eds.), *Language and Communication*, 2 - 27. London & New York: Longman.

─────── (1986) . On some dimensions of language proficiency. In J. W. Oller (ed.) : *Issues in Language Testing Research*, 333-342. Rowley, MA: Newbury House.

─────── & Swain, M. (1980). Theoretical bases of communicative approaches to second language teaching and testing, *Applied Linguistics*, 1: 1-47.

Caplan, D. & Waters, G. (1999). Verbal working memory and sesntence comprehension. *Behav. Brain Science*, 22: 77-126.

─────── Alpert N, & Water, G. (1999). PET studies of syntactic processing with auditory sentence presentation. *Neuroimage*, 9: 343-351.

Carpenter, P.A., Just, M.A., Keller, T.A., Eddy, W.F. & Thulborn, K.R. (1999) . Time course of fMRI-activation in language and spatial networks during sentence comprehension. *Neuroimage*, 10: 216-224.

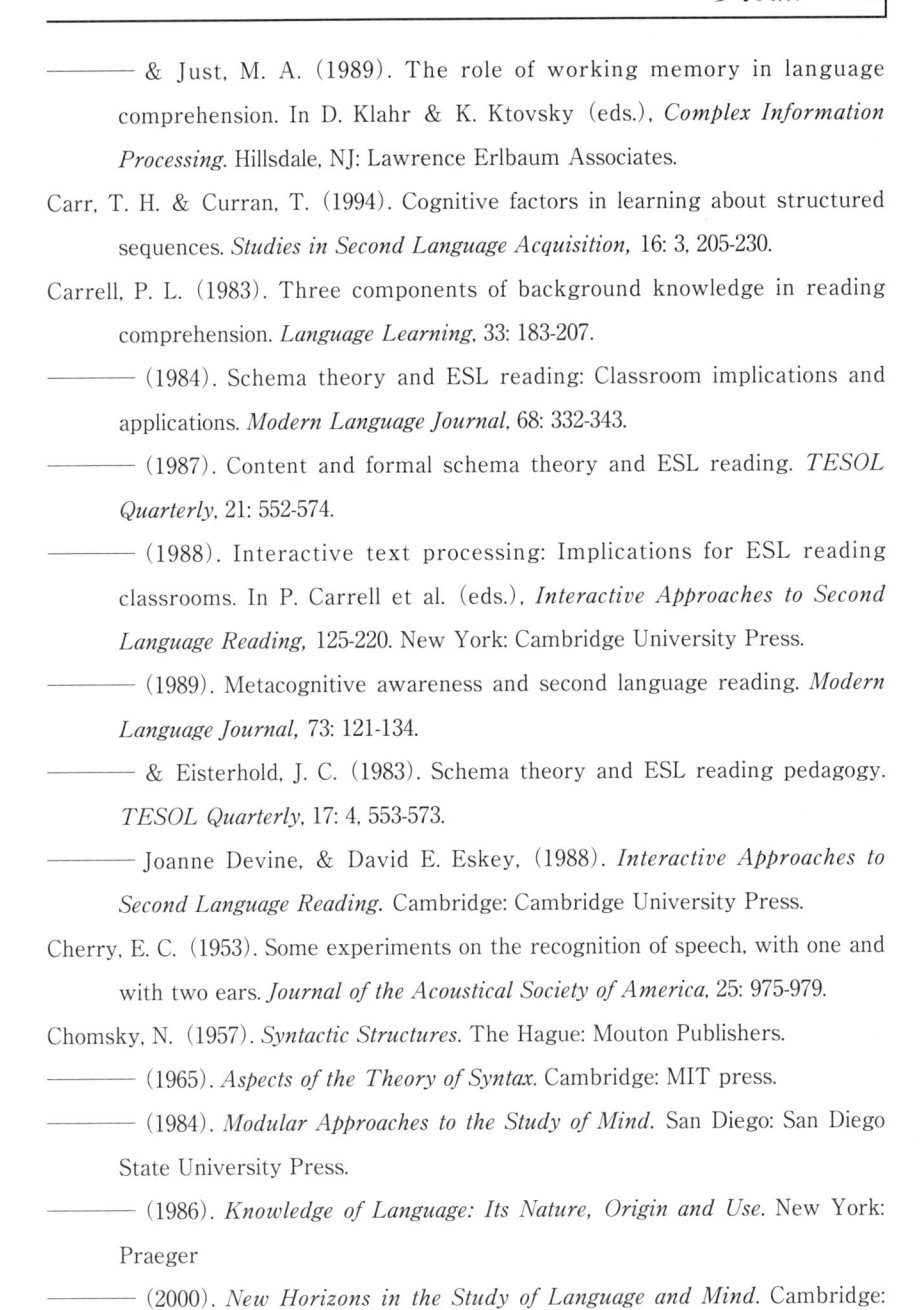

———— & Just, M. A. (1989). The role of working memory in language comprehension. In D. Klahr & K. Ktovsky (eds.), *Complex Information Processing*. Hillsdale, NJ: Lawrence Erlbaum Associates.

Carr, T. H. & Curran, T. (1994). Cognitive factors in learning about structured sequences. *Studies in Second Language Acquisition*, 16: 3, 205-230.

Carrell, P. L. (1983). Three components of background knowledge in reading comprehension. *Language Learning*, 33: 183-207.

———— (1984). Schema theory and ESL reading: Classroom implications and applications. *Modern Language Journal*, 68: 332-343.

———— (1987). Content and formal schema theory and ESL reading. *TESOL Quarterly*, 21: 552-574.

———— (1988). Interactive text processing: Implications for ESL reading classrooms. In P. Carrell et al. (eds.), *Interactive Approaches to Second Language Reading*, 125-220. New York: Cambridge University Press.

———— (1989). Metacognitive awareness and second language reading. *Modern Language Journal*, 73: 121-134.

———— & Eisterhold, J. C. (1983). Schema theory and ESL reading pedagogy. *TESOL Quarterly*, 17: 4, 553-573.

———— Joanne Devine, & David E. Eskey, (1988). *Interactive Approaches to Second Language Reading*. Cambridge: Cambridge University Press.

Cherry, E. C. (1953). Some experiments on the recognition of speech, with one and with two ears. *Journal of the Acoustical Society of America*, 25: 975-979.

Chomsky, N. (1957). *Syntactic Structures*. The Hague: Mouton Publishers.

———— (1965). *Aspects of the Theory of Syntax*. Cambridge: MIT press.

———— (1984). *Modular Approaches to the Study of Mind*. San Diego: San Diego State University Press.

———— (1986). *Knowledge of Language: Its Nature, Origin and Use*. New York: Praeger

———— (2000). *New Horizons in the Study of Language and Mind*. Cambridge:

Cambridge University Press.

Clark, H. H. & Clark, E. V. (1977). *Psychology and Language*. New York: Harcourt Brace Jovanovich.

Coltheart, M. (1994). Reading, phonological recoding and deep dyslexia. In M. Coltheart K. Patterso, & J. C. Marshall. (eds.), *Deep Dyslexia*, 197-226. London: Routledge & Kegan Paul.

Corder, S. P. (1967). The significance of learners' errors. *International Review of Applied Linguistics*, 5: 161-170.

Cowan, N. (1995). *Attention and Memory: An Integrated Framework*. Oxford: Oxford University Press.

Craik, F. I. M. & Lockhart. R. S (1972). Levels of processing : A frame work for memory research. *Journal of Verbal Learning and Verbal Behavior*, 11: 671-684.

Cummins, J. (1984). *Bilingualism and Special Education: Issues in Assessment and Pedagogy*. Clevedon, England: Multilingual Matters.

Daneman, M. & Carpenter, P. (1980). Individual differences in working memory and reading, *Journal of Verbal Learning and Memory*, 19: 450-466.

Danks, J. H.(1980). Comprehension in listening and reading: Same or different ? In J. Danks et al (eds.), *Reading and Understanding*, 1-39. International Reading Association.

Dax, M (1936). Lesions de la mitie gaueh de l'encephale coincident avec l'oubli des singnes de la pensee. *Gazette Hebdomadaire de Medicine et de Chirurgie*, Paris, 259-260.

de Bot, Paribakht, T.S., & Wesche, M.B. (1997). Toward a lexical processing model for the study of second language vocabulary acquisition: Evidence from ELS reading. *Studies in Second Language Acquisition*, 19: 309-329.

Dennett, D. (1978). *Brainstorms: Philosophical Essays on Mind and Psychology*. Cambridge, MA: The MIT Press.

——— (1991). *Consciousness Explained*. Boston, MA: Little, Brown & Co. (山口

泰司訳,1998,解明される意識,青土社)

Dole, J.A., Duffy, G.G., Roehler, L.R., & Pearson, P.D. (1991). Moving from the old to the new: Research on reading comprehension instruction. *Review of Educational Research*, 61: 239-264.

Doughty, C. (1991). Second language instruction does make a difference: Evidence from an empirical study on SL relativization. *Studies in Second Language Acquisition*, 13: 431-469.

────── & Williams, J. (eds.), (1998). *Focus on Form in Classroom Second Language Acquisition*. Cambridge: Cambridge University Press.

Dulay, H., Burt, M. & Krashen. S. D. (1982). *Language Two*. Oxford: Oxford University Press.

Ellis, N. (1999). Cognitive approaches to SLA. *Annual Review of Applied Linguistics*, 19: 22-42.

Ellis, R. (1985). A variable competence model of second language acquisition. *International Review of Applied Linguistics in Language Teaching*, 23: 47-59.

────── (1990). *Instructed Second Language Acquisition: Learning in the Classroom*. Oxford: Basil Blackwell.

────── (1994). *The Study of Second Language Acquisition*. Oxford: Oxford University Press.

────── (1995). Interpretation tasks for grammar teaching. *TESOL Quarterly*, 29: 1, 87-105.

Eskey, D. E. (1986). Theoretical fundations. In F. Dubin, D. E. Eskey & W. Grabe (eds.),*Teaching Second Language Reading for Academic Purpose*, 3-24. New York: Addison-Wesley

Fillmore, C.J.(1979). On fluency. In C. J. Fillmore, D. Kempler, & W. S.Y Wang,(eds.), *Individual Differences in Language Ability and Language Behavior*, 85-101. New York: Academic Press.

Fischler, I. (1998). Attention and Language. In R. Parasuraman (eds.), *The Attentive Brain*, 381-399. Cambridge. MA: MIT. Press.

Foder, J. A. (1983). *The Modularity of Mind: An Essay on Faculty Psychology.* Cambridge, MA: MIT Press.

Fox. P. T. & Raichle, M. E. (1986). *Poc. Nat. Acad. Sci.* USA, 83, 1140.

Gale, M., S. (1990). Convergence of listening and reading processing. *Reading Research Quarterly,* Spring, 115-130.

Galloway, L. & Krashen, S. (1980). Cerebral organization in bilingualism and second language. In R, Scarcell, & S, Krashen (eds.), *Research in Second Language Acquisition,* 74-80. Rowley, MA: Newbury House.

Genesee, F. (1978). Is there an optimal age for starting second language instruction ? *McGill Journal of Education,* 13: 145-154.

─────── (1987). Neuropsychology and Second Language Acquisition. In L. M, Beebe (ed.) (1987). *Issues in Second Language Acquisition,* 81-112. Boston, MA: Heinle & Heinle.

─────── (1998). A case study of multilingual education in Canada. In J. Cenoz & F. Genesee (eds), *Beyond bilingualism: Multilingualism and multilingual education,* 243-258. Clevedon, Eng.: Multilingual Matters.

─────── (ed.). (1999). *Program Alternatives for Linguistically Diverse Students.* Santa Cruz, CA: Center for Research on Education, Diversity, and Excellence.

─────── (2000). Brain research: Implications for second language Learning. ERIC.

Geschwind, N. (1965). Disconnection syndromes in animals and man. *Brain,* 88: 585-644.

Gimson, A. C. (1989). *An Introduction to the Pronunciation of English.* London: Edward Arnold.

Goldman-Rakic, P. S. (1987). Circuitry of primate prefrontal cortex and regulation of behavior by representational memory. In V. B. Mountcasle, & F. Plum (ed.), *Handbook of Physiology: Nervous System, V: Higher Functions of the Brain.* Bethesda, MD: American Psychological Society.

Goodman, K. S. (1966). A psycholinguistic view of reading comprehension. In G. B.

Schick & M, May (eds.), *The Fifteenth Yearbook of the National Reading Conference*. Milwaukee: National Reading Conference.
────── (1967). Reading: A psycholinguistic guessing game. *Journal of the Reading Specialist*, 6: 1, 126-135.
────── (1970). Psycholinguistic universals in the reading process. *Journal of Typographic Research*, 4: 103-110.
Gordon, H. W. (1980). Cerebral organization in bilinguals: I. Lateralization. *Brain and Language*, 255-268.
Gough, P. B.(1972). One second of reading. In J. F. Kavanagh & I.G. Mattingly(eds.), *Language by Ear and by Eye*, 331-358. Cambridge: MIT Press.
Grabe. W. (1991)Current developments in second language reading research. *TESOL Quarterly*, 25: 375-406.
Grass, S. & Selinker, L. (1994). *Second Language Acquisition*. Lawrence Erlbaum Associates.
Greene, J. (1986). *Language Understanding: A Cognitive Approach*. Milton Keynes: Open University Press.
Greenfield, P. M. (1991). Language, tools and brain: The ontogeny and phylogeny of hierarchically organized sequential behavior. *Behavioral and Brain Sciences*, 14: 531-595.
Greenfield, S. (ed.). (1998). *The Human Mind Explained: The Control Center of the Living Machine*. NY: Marshall Editions.（大島清（監）山下敦子（訳）『ここまでわかった脳と心』92-93, 集英社）
Gregg, K. (1984). Krashen's monitor and occam's razor. *Applied Linguistics*, 5: 79-100.
Groenewegen H. J, & Berendse H. W, (1994). The specificity of the non-specific midline and intralaminar thalamic nuclei, *Trends Neurosci*, 17: 52-57.
Hagiwara, H, Sugioka, Y., Ito, T., Kawamura, M., & Shiota, J. (1999). Neurolinguistic evidence for rule-based nominal suffixation. *Language*, 75: 739-763.
Harrington, M. & Sawyer, (1992). L2 working memory capacity and L2 reading

skill. *Studies in Second Language Acquisition*, 14: 25-38.

Hashimoto, R., Homae, F., Nakajima, K., Miyashita, Y. & Sakai, K. L. (2000). Functional differentiation in the human auditory and language areas revealed by a dichotic listening task. *NeuroImage*, 12: 147-158

Hatch, E. & Hawkins, B. (1987). Second-language acquisition: An experiential approach, In Rosenbert, S. (ed.), *Advances in Applied Psycholinguistics*, 2: 241-283.

Hausfeld, S. (1981). Speeded reading and listening comprehension for easy and difficult materials. *Journal of Educational Psychology*, 73: 312-319.

Herkenhan, M. (1986). New perspectives on the organization and evolution of the nonspecific thalamocortical projections. In E. G. Jone & A. Peters. (eds.), *Crebral Cortex*, 5: 403-445. New York: Plenum Press.

Hernandez. A. E., Martinex, A., & Kohnert, K. (2000). In search of the language switch: An fMRI study of picture naming in Spanish-English bilinguals. *Brain and Language*, 73: 421-431.

――― Dapretto M, & Mazziotta J. (2001). Language switching and language representation in Spanish- English bilinguals: An fMRI study *Neuroimage*, 14 (2): 510-520.

――― (2001). In search of the language switch: An fMRI study of single and dual language picture naming in Spanish-English bilinguals. *NeuroImage*, 7: 190.

Homae, F., Hashimoto, R., Nakajima, K., Miyashita, Y. & Sakai, K. L. (2002). From perception to sentence comprehension: The convergence of auditory and visual information of language in the left inferior frontal cortex. *NeuroImage*, 16: 883-900.

Hopfield, J. J. (1982). Neural networks and physical systems with emergent collective computational abilities. In *Proceedings of the National Academy of Sciences*, 2254-2258. National Academy of Sciences.

Howard, D., Patterson, K., Wise, R., Brown, W. D., Friston, K., Weiller, C., &

Frackowiak, R. (1992). The cortical localization of the lexicons: positron emission tomography evidence, *Brain*, 115: 1769-1782

Hudson, T. (1988). The effects of induced schemata on the "short circuit" in L2 reading: non-decoding factors in L2 reading performance. In Carrell, P et al. (eds.), (1982). *Interactive Approaches to Second Language Reading*, 183-205. Cambridge: Cambridge University press.

Hulstijin, J. H. (1990). A comparison between the information-processing and the analysis : control approaches to language learning. *Applied Linguistics*, 11: 30-45.

Hummel. K. M. (1998). Working memory capacity and L2 proficiency. A Paper Presented at Second Language Research Forum. Hawaii, U.S.A.

Inui, T., Otsu, Y., Tanaka, S., Okada, T., Nishizawa, T., and Konishi, J. (1998). A functional MRI analysis of comprehension processes of Japanese sentences. *Neuroreport*, 9: 3325-3328.

―――― Tanaka, S., Okada, T., Nishizawa, S., Katayama, M., & Konishi, J. (2000). Neural substrates for depth perception of the Necker cube : A functional magnetic resonance imaging study in human subjects., *Neuroscience Letters*, 282: 145-148.

Jacobs, B. & Shumann, J. (1992). Language acquisition and the neurosciences: Towards a more integrative perspective. *Applied Linguistics*, 13: 292-301.

―――― Schall, M., & Sheibel, A. B. (1993). A quantitative dendritic analysis of Wernickes area in human. II. Gender, Hemispheric, and Environmental Factors. *The Journal of Comparative Neurology*, 327: 97-111.

James, W. (1890). *The Principles of Psychology*. New York: Holt.

Johnson, P. (1981). Effects on reading comprehension of language complexity and cultural background of a text. *TESOL Quarterly*, 15: 169-182.

―――― (1982). Effects on reading comprehension of building background knowledge. *TESOL Quarterly*, 16: 503-516.

Jone, E. G. (1985). *The Thalamus*. NY: Plenum Press.

Juffs, A. (2000). Working memory and L2 influence in ambiguity resolution in L2 English sentence processing. A Paper Presented at American Association of Applied Linguistics,

─────── (2003). Working memory as a variable in SLA. A Paper Presented at American Association of Applied Linguistics, Arlington, Virginia, USA.

Just, M. A. & Carpenter, P. A. (1980).A theory of reading: From eye fixation to comprehension. *Psychological Review*, 87: 329-354.

─────── & Carpenter, P. A. (1992). A capacity theory of comprehension: Individual differences in working memory. *Psychological Review*, 99: 122-149.

Kaan, E., Harris, A., Gibson, E., & Holocomb, O. (2000). The P600 as an index of syntactic integration difficulty. *Language and Cognitive Processes*, 15: 2, 159-201.

Kahneman, D. (1973). *Attention and Effort*. Englewood Cliffs, N J.: Prentice –Hall.

Kirby, J. R. (1988). Style, strategy, and skill in reading. In R. Schmeck (eds.), *Learning Strategies and Learning Styles*, 229-274. New York: Plenum Press.

Kolers, P.A. & Katzman. (1966). Naming sequentially presented letters and words. *Language and Speech*, 9: 84-95.

Kotik, G. (1975). Investigation of speech lateralization in multilinguals. Unpublished doctoral dissetation. Moscow State University.

Koyama M, Kawashima R, Ito H, Ono S, Sato K, Goto R, Kinomura S, Yoshioka S, Sato T, & Fukuda H. (1997). SPECT imaging of normal subjects with technetium-99m-HMPAO and technetium-99m-ECD. *Journal of Nuclear Medicine*, 38, Issue 4: 587-592.

Krashen, S. (1974). The critical period for language acquisition and its possible bases. *Annals of the New York Academy of Sciences*, 263: 211-224

─────── (1977) . The monitor model for adult second language performance. In M. Burt, H. Dulay & M. Finocchiaro (eds.). (1977). *Viewpoints on English as a Second Language*. New York: Regents Publishing Company.

─────── (1978). Individual variation in the use of the Monitor. In W. C. Ritchie(ed.),

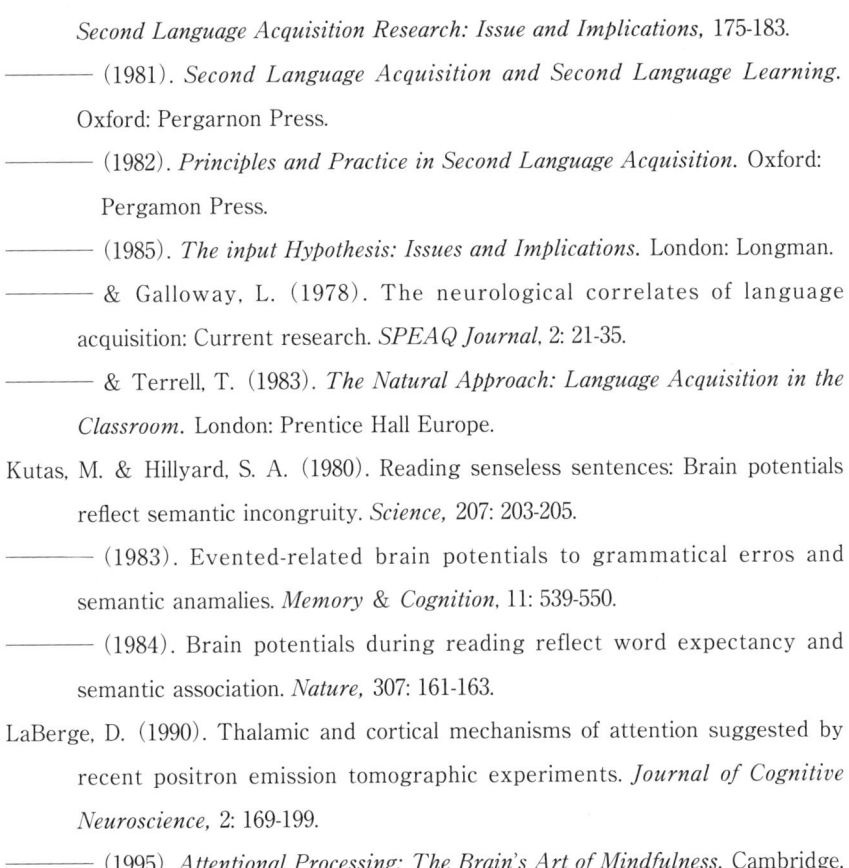

Second Language Acquisition Research: Issue and Implications, 175-183.

———— (1981). *Second Language Acquisition and Second Language Learning.* Oxford: Pergarnon Press.

———— (1982). *Principles and Practice in Second Language Acquisition.* Oxford: Pergamon Press.

———— (1985). *The input Hypothesis: Issues and Implications.* London: Longman.

———— & Galloway, L. (1978). The neurological correlates of language acquisition: Current research. *SPEAQ Journal*, 2: 21-35.

———— & Terrell, T. (1983). *The Natural Approach: Language Acquisition in the Classroom*. London: Prentice Hall Europe.

Kutas, M. & Hillyard, S. A. (1980). Reading senseless sentences: Brain potentials reflect semantic incongruity. *Science*, 207: 203-205.

———— (1983). Evented-related brain potentials to grammatical erros and semantic anomalies. *Memory & Cognition*, 11: 539-550.

———— (1984). Brain potentials during reading reflect word expectancy and semantic association. *Nature*, 307: 161-163.

LaBerge, D. (1990). Thalamic and cortical mechanisms of attention suggested by recent positron emission tomographic experiments. *Journal of Cognitive Neuroscience*, 2: 169-199.

———— (1995). *Attentional Processing: The Brain's Art of Mindfulness*. Cambridge, MA: Harvard University Press.

Lee, J. F. (1986). Background knowledge and L2 reading. *The Modern Language Journal*, 70: 4, 350-354.

Lennon, P. (1990). Investigating fluency in EFL: A quantitative approach. *Language Learning*, 40: 387-417.

Leow, R. P. (2003). Awareness, different learning conditions, and L2 development. A Paper Presented at American Association of Applied Linguistics, Virginia,: Arlington.

Levelt, W. J, M. (1977). Skill theory and language teaching. *Studies in Second*

Language Acquisition, 1: 53-70.

─────── (1989). *Speaking From Intention to Articulation.* Cambridge, MA: MIT Press.

─────── (1993). The architecture of normal spoken language use. In G. Blanken et al. (eds.), *Linguistic Disorders and Pathologies: An International Handbook,* 1-15, Berlin: de Gruyter.

Levin, H. & Kaplan, E.L. (1968). Eye-voice span (EVS) within active and passive sentences. *Language and Speech,* 11: 251-258.

Logan, G. D., Taylor, S. E., & Etherton, J. L. (1999). Attention and automaticity: Toward a theoretical integration. *Psychological Research,* 62: 165-181.

Long, M. (1991). Focus on form: A design feature in language teaching methodology. In K. de Boot, R. B. Ginsberg, & C. Kramsch (eds.), *Foreign Language Research in Cross-cultural Perspective,* 39-52. Amsterdam: John Benjamins.

─────── (1996). The role of the linguistic environment in second language acquisition. In W. C. Richie & T. K. Bhatia (eds.), *Handbook of Second Language Acquisition,* 413-468. New York: Academic Press.

─────── & Richards, J. C. (eds.) (1987). *Methodology in TESOL: A Book of Readings,* Rowley, Mass: Newbury House.

─────── & Robinson, P. (1998). Focus on form: Theory, research, and practice. In C. Doughty & J. Williams (eds.), *Focus on Form in Classroom Second Language Acquisition,* 15-41. Cambridge: Cambridge University Press.

Macnamara, J. (1973). The cognitive strategies of language learning. In Oller & Richards. *Focus on the Learner: Pragmatic Perspectives for the Language Teacher.* Rowley, 57-65. MA: Newbury House Publishers.

Mazoyer, B. M., et al. (1993). The cortical representation of speech. J. *Cognitive Neuroscience,* 5: 467-479.

McGuigan, F. J. (1970). Covert oral behavior during the silent performance of language tasks. *Psychological Bulletin,* 74: 309-326.

McLaughlin, B. (1978). *Second language acquisition in childhood*. Hillsdale, NJ: Lawrence Erlbaum Associates.

────── (1987). *Theories of Second-language Learning*. London: Edward Arnold.

────── (1990). Restructuring. *Applied Linguistics*, 11: 113-128.

────── & Rossman, T., & McLeod, B. (1983). Second language learning: An information-processing perspective. *Language Learning*, 33: 135-158.

McLeod, B. & McLaughlin, B. (1986). Restructuring of automaticity？ Reading in a foreign language. *Language Learning*, 36: 109-124.

Mellow, J. D. (1996). On the primacy of theory in applied studies: A critique of Pienemann and Johnston (1987). *Second Language Research*, 12: 3 , 304-318.

Michael, E. B., Keller, T. A., Carpenter, P. A., & Just, M. A. (2001). fMRI investigation of sentence comprehension by eye and by ear: Modality fingerprints on cognitive processes. *Human Brain Mapping*, 13 (4): 239-252.

Miller, G.A. (1956). The magical number seven, plus or minus two: Some limits on our capacity for processing information. *Psychological Review*, 63: 81-97.

Mitchell, R. & Myles, F. (1998). *Second Language Learning Theories*. London: Edward Arnold.

Mitrofanis, J. & Guillery, R. W. (1993). New views of the thalamic reticular neucleus in the adult and the developing brain. *Trends in Neuroscience*, 16(6): 240-245.

Molfese, D. L. & Molfese, V. J. (1979). Hemisphere and stimulus differences reflected in the new born infants to speech stimuli. *Developmental Psychology*, 15: 505-511.

Muranoi, H. (2000). Focus on form through interaction enhancement: Integrating formal instruction into a communicative task in EFL classrooms. *Language Learning*, 50: 4, 617-673.

Nagasaka, A. (2003). EFL writing anxiety: Relationships with student self-perceived and actual proficiency. A Paper Presented at American Association of Applied Linguistics, Virginia, USA: Arlington.

Neville, H., Nicole, J. L., Baars, A., Forster, K. I., & Garrett, M. F. (1991). Syntactically based sentence processing classes: Evidence from event-related brain potentials. *Journal of Cognitive Neuroscience*, 3: 151-165.

Newman, J. (1995). Review: Thalamic contributions to attention and consciousness. *Consciousness and Cognition*, 4 (2): 172-193.

─────── Baars, B. J. & Cho, S. B. (1997). A neurocognitive model for attention and consciousness. In S. O' Nuallain, P. McKevitt, & E. Mac Aogdin (eds.), *Two Sciences of Mind*. Philadelphia, PA: John Benjamins of North America.

─────── & Baars, B. J. (1993). A neural attentional model for access to consciousness: A Global Workspace perspective. *Concepts in Neuroscience*, 4, (2): 255-290.

Obler, L. K., & Gjerlow. (1999) . *Language and the Brain*. Cambridge: Cambridge University Press. (若林茂則監訳, 2000,「言語と脳」, 新曜社)

Obler, L., Albert, M., & Gordon. H. (1975). A symmetry of cerebral dominance in Hebrew-English bilinguals. Paper presented at 13th Annual Meeting of the Academy of Aphasia. Victoria, British Columbia.

─────── (1977). Right hemisphere participation in second language acquisition. Paper presented at the Conference on Individual Differences and Universals in Language Learning Aptitude, Durham, New Hampshire.

─────── (1981), Right hemisphere participation in second language acquisition. In K, Diller (ed.) *Individual Differences and Universals in Language Learning Aptitudes*, 53-64. Rowley, MA: Newbury House.

Odlin, T. (1986). *Language Transfer*. Cambridge: Cambridge University Press.

Oishi, H. & Kinoshita, T. (2003). Cortical activation patterns in listening : reading as revealed by optical topography. A Paper Presented at Annual Conference of American Association of Applied Linguistics. Arlington, Virginia USA

─────── (1993). From cognitive theory to practice in reading pedagogy.「京都小橘女子大学外国語教育センター紀要」創刊号, 1-19.

Oller, J. (1976). A program for language testing research. *Language Learning*,

Special Issue, 4: 141-165.
―――― (1979). *Language Tests at School: A Pragmatic Approach.* London: Longman Group Limited.
―――― (1982). Gardner on affect: A reply to Gardner. *Language Learning,* 32: 183-189.
Osaka, N. (1997). In the theatre of working memory of the brain. *Journal of Consciousness Studies,* 4: 332-334.
O' Malley & Chamot A. U. (1990). *Learning Strategies in Second Language Acquisition.* Cambridge: Cambridge University Press.
Paradis, J, Mathieu, Le C., & Genesee, F (1998). The emergence of tense and agreement in child L2 French. *Second Language Research.* 14: 3, 227-256.
Paradis, M. (1994). Neurolinguistic aspects of implicit and explicit memory: Implications for bilingualism and SLA. In N. Ellis (ed.), *Implicit and Explicit Language Leaning,* 393-419. London: Academic Press.
―――― (1977). Bilingual and aphasia. In H. Whitaker & Witaker (eds.), Studies in neurolinguistics, 3: 65-122. NY: Academic Press.
Paris, S.G., Lipson, M.Y., & Wixson, K.K. (1983). Becoming a strategic reader. *Contemporary Educational Psychology,* 8: 293-316.
―――― Wasik, B.A., & Turner, J.C. (1991). The development of strategic readers. In Barr, et al. (eds.), *Handbook of Reading Research,* 2: 609-640. New York: Longman.
Patkowski, M. (1980). The sensitive period for the acquisition of syntax in a second language. *Language Learning,* 30: 449-472.
Paulesu, E., Frith, S. C. D., & Frackowiak, R. S. J. (1993). The neural correlates of the verbal component of working memory. *Nature,* 362: 342-345.
Penfield, W. & Roberts, L. (1959). *Speech and Brain Mechanisms.* Princeton: Princeton University Press.
Perfetti, C. A. & Goldman, S. R. (1976). Discourse memory and reading comprehension skill. *Journal of Verbal Learning and Verbal Behavior,* 15:

32-42.

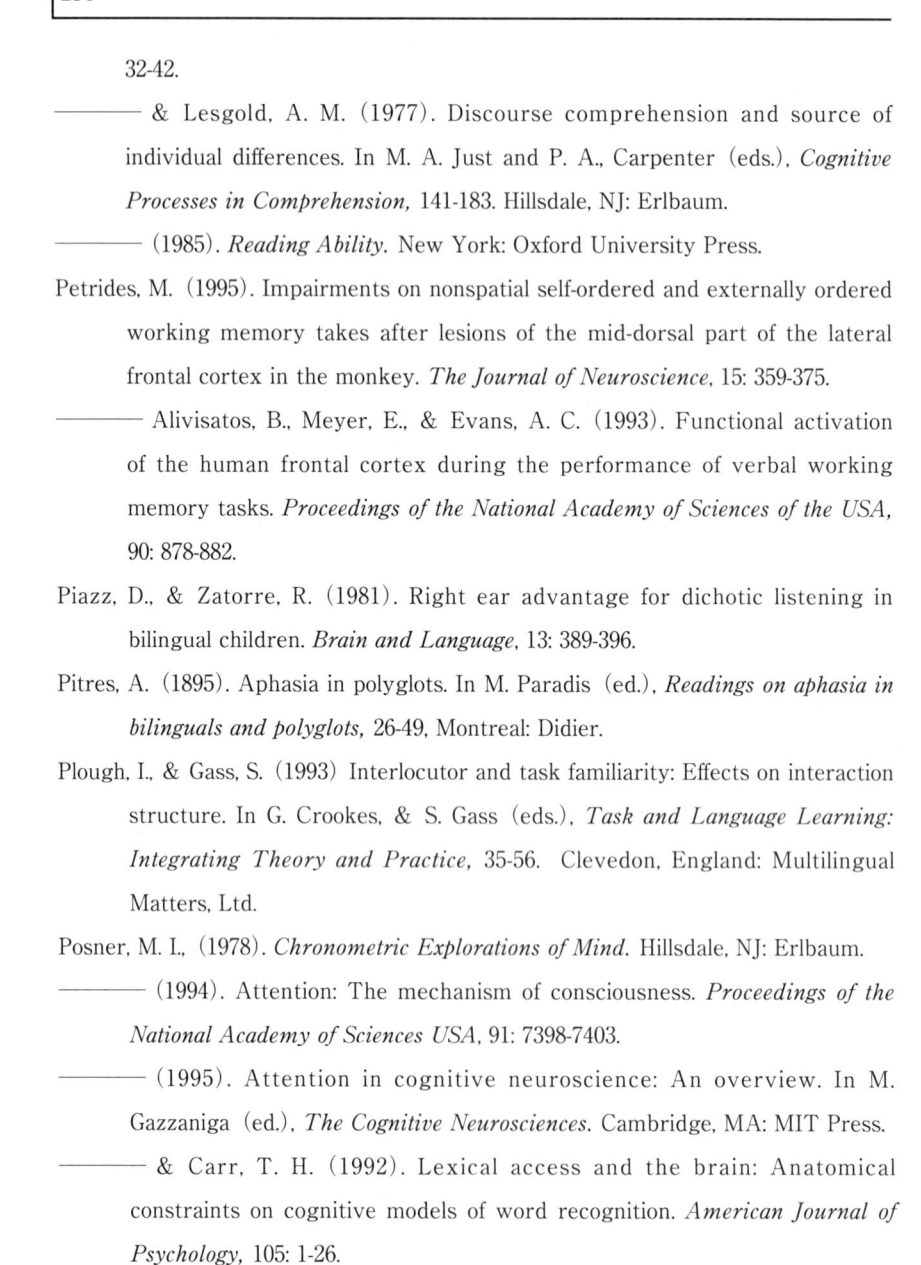

―――― & Lesgold, A. M. (1977). Discourse comprehension and source of individual differences. In M. A. Just and P. A., Carpenter (eds.), *Cognitive Processes in Comprehension*, 141-183. Hillsdale, NJ: Erlbaum.

―――― (1985). *Reading Ability*. New York: Oxford University Press.

Petrides, M. (1995). Impairments on nonspatial self-ordered and externally ordered working memory takes after lesions of the mid-dorsal part of the lateral frontal cortex in the monkey. *The Journal of Neuroscience*, 15: 359-375.

―――― Alivisatos, B., Meyer, E., & Evans, A. C. (1993). Functional activation of the human frontal cortex during the performance of verbal working memory tasks. *Proceedings of the National Academy of Sciences of the USA*, 90: 878-882.

Piazz, D., & Zatorre, R. (1981). Right ear advantage for dichotic listening in bilingual children. *Brain and Language*, 13: 389-396.

Pitres, A. (1895). Aphasia in polyglots. In M. Paradis (ed.), *Readings on aphasia in bilinguals and polyglots*, 26-49, Montreal: Didier.

Plough, I., & Gass, S. (1993) Interlocutor and task familiarity: Effects on interaction structure. In G. Crookes, & S. Gass (eds.), *Task and Language Learning: Integrating Theory and Practice*, 35-56. Clevedon, England: Multilingual Matters, Ltd.

Posner, M. I., (1978). *Chronometric Explorations of Mind*. Hillsdale, NJ: Erlbaum.

―――― (1994). Attention: The mechanism of consciousness. *Proceedings of the National Academy of Sciences USA*, 91: 7398-7403.

―――― (1995). Attention in cognitive neuroscience: An overview. In M. Gazzaniga (ed.), *The Cognitive Neurosciences*. Cambridge, MA: MIT Press.

―――― & Carr, T. H. (1992). Lexical access and the brain: Anatomical constraints on cognitive models of word recognition. *American Journal of Psychology*, 105: 1-26.

―――― Inhoff, S., Friedrich, F., & Cohen, A. (1987). *Isolating Attentional Systems*.

Psychobiology, 15: 107-121.

―――― I. & Petersen, S. E. (1990). The attention system of the human brain. *Annual Review of Neuroscience,* 13: 25-42.

―――― & Snyder, C. R. R. (1975). Facilitation and inhibition in the processing of signals. In P. M. A. Rabbit & S. Dornic (eds.), *Attention & Performance* V. London: Academic Press.

Price C, Wise R, Ramsay S, Friston K, Howard D, Patterson K, & Frackowiak R. (1992). Regional response differences within the human auditory cortex when listening to word. *Neuroscience Letters,* 146: 179-182.

Raichle, M. E., Fiez J.A., Videen,T.O., MacLeod, A. M., Pardo, J.V., & Fox, P.T., Petersen, S. E. (1994). Practice-related changes in human brain functional anatomy during nonmotor learning. *Cerebral Cortex,* 4: 8-26.

Randall, L. (1991). A comparison of second language listening and reading comprehension. *The Modern Language Journal,* 75: 198-203.

Rayner, k. & Pollatsek. (1989). *The Psychology of Reading.* Hillsdale, New Jersy: Lawrence Erlbaum Associates.

Richards, J. (1983). Listening comprehension: Approach, design, procedure. In M. Long & J. Richards (1983). *Methodology in TESOL: A Book of Reading.*

Robinson, P. (1995). Attention, memory, and the "noticing" hypothesis. *Language Learning,* 45: 283-331.

Ribot, T. (1882). *The Diseases of Memory: An Essay in the Positive Psychology.* London: Kegan Paul, Trench, & Co.

Rode, S. S. (1974). Development of phrase and clause boundary reading in children. *Reading Research Quarterly,* 21: 422-438.

Rogoff, B. (1990). *Apprenticeship in Thinking: Cognitive Development in Social Context.* New York: Oxford University.

Rost, M. (1990). *Listening in Language Learning.* London: Longman.

Rozansky, E. (1975). The critical period for the acquisition of language: Some cognitive developmental consideration. *Working Papers on Bilingualism,* 6:

92-102.

Roy, C. & Sherrington, C. (1890). On the regulation of the blood-supply of the brain. *J Physiology*, 11: 85-108.

Rumelhart, D. E. & Ortony, A. (1977).The representation of knowledge in memory. In R. C. Anderson, R. J. Spiro, & W. E. Montague (eds.), *Schooling and the Acquisition of Knowledge*. NJ: Lawrence Erlbaum.

―――― (1977) . Toward an interactive model of reading. In S. Dornic (ed). (1977). *Attention and performance VI*. NJ: Lawrence Erlbaum.

―――― (1980). Schemata: the building blocks of cognition. In R. J. Spiro, B.C. Bruce, & W. F. Brewer (eds.), (1980) *Theoretical Issues in Reading Comprehension*, 33-58. NJ: Lawrence Erlbaum.

Sakai, K. L., Hashimoto, R. & Homae, F. (2001). Sentence processing in the cerebral cortex. *Neuroscience Research*, 39: 1-10.

―――― Homae, F. & Hashimoto, R. (2003). Sentence processing is uniquely human. *Neuroscience Research*, 46: 273-279.

Salmelin R, Service E, Kiesilä P, Uutela K, Salonen O. (1996). Impaired visual word processing in dyslexia revealed with magnetoencephalography. *Ann Neurol*, 40: 157–62.

Samuels, S. J. (1994). Toward a theory of automatic information processing in reading, revisited. In R. B. Ruddell, M. R. Ruddell, & H. Singer, H (eds.), *Theoretical Models and Processes of Reading*, 816-837. Newark, DE: International Reading Association.

Sato, H, Takeuchi, T. & Sakai, K. L. (1999). Temporal cortex activation during speech recognition: An optical topography study. *Cognition*, 73: B55-B66.

Sato, E. & Jacobs, B. (1992). From input to intake: Towards a brain-based perspective of selective attention. *Issues in Applied Linguistics*, 3,2,267-292.

Schank, R. C, & Abelson, R. P. (1977). *Scripts, Plans, Goals and Understanding*. Hillsdale, N.J.: Lawrence Erlbaum.

Scheibel, A. B. (1980). Anatomical and physiological substrates of arousal: A view

from the bridge. In J. A. Hobson & M.A. B. Brazier (eds.), *The Reticular Formation. Revisited.* New York: Raven Press.
—— (1987). Reticular formation, brain stem. In G. Adelman (ed.), *Encyclopedia of Neuroscience,* 2: 1058-1059.
Schmidt, R. (1990). The role of consciousness in second language learning. *Applied Linguistics,* 11: 129-158.
—— (1993). Awareness and second language acquisition. *Annual Review of Applied Linguistics,* 13: 206-226.
—— (1994). Implicit learning and the cognitive unconscious. In N. Ellis (ed.), *Implicit and Explicit Learning of Languages.* 165–209. London: Academic Press.
—— (1995). Consciousness and foreign language learning: A tutorial on the role of attention and awareness in learning. In Schmidt (ed.), *Attention and Awareness in Foreign Language Learning,* 1-63. Honolulu: University of Hawaii at Manoa.
—— (2001). Attention. In P. Robinson (ed.), *Cognition and Second Language Instruction,* 3-32. Cambridge, UK: Cambridge Press.
—— & Frota, S. (1986). Developing basic conversational ability in a second language: A case study of an adult learner of Portuguese. In R. Day (ed.), *Talking to Learn: Conversation in Second Language Acquisition,* 237-326. Rowley, MA: Newbury House.
Schneider, W. & Shiffrin, R. M. (1977). Controlled and automatic human information processing: 1. Detection, search, and attention. *Psychological Review,* 84: 1-66.
Schneiderman, E., & Wesche, M. (1980). The role of the right hemisphere in second language acquisition. In K. Bailey et al. (eds.), *Second Language Acquisition Studies.* Rowley, MA: Newbury House.
Schumann, J. (1990). The role of the amygdala in mediating affect and cognition in second language acquisition. In J. E. Alafis (ed.), *Proceedings of the*

Georgetown University Round Table on Language and Linguistics, 169-176. Washington, DC: Georgetown University Press.

─────── (1991). Stimulus appraisal in second language acquisition. Paper presented at the 1991 Second Language Research Forum, Los Angeles: University of Southern California.

Scovel, T. (1978).The effect of affect on foreign language learning: A review of the anxiety research. *Language Learning,,* 28: 129-142.

─────── (1982). Questions concerning the application of neurolinguistic reseach to second language learning/teaching. *TESOL Quarterly* 16: 323-31.

─────── (2001). Learning new languages: A guide to second language acquisition. Boston: Heinle & Heinle. China. Unpublished Doctral Dissertataion. Pittsburgh, PA: University of Pittsburgh.

─────── (1988). *A Time to Speak.* Rowley, MA: Newbury House.

Searleman, A. (1977). A review of right hemisphere linguistic capabilities. *Psychological Bulletin,* 84: 503-528.

Segalowitz, N. & Hebert, M. (1990). Phonological coding in the first and second language reading of skilled bilinguals. *Language Learning,* 40: 503-538.

─────── (2000). Automaticity and attentional skill in fluent performance. In H. Riggenbach (ed.), *Perspectives on Fluency,* 200-219. Ann Arbor, MI: University of Michigan Press.

─────── (2001). Automaticity and second language acquisition. In C. Doughty & M. Long (eds.), (2001). *The Handbook of Second Language Acquisition.* Oxford: Blackwell Publishers.

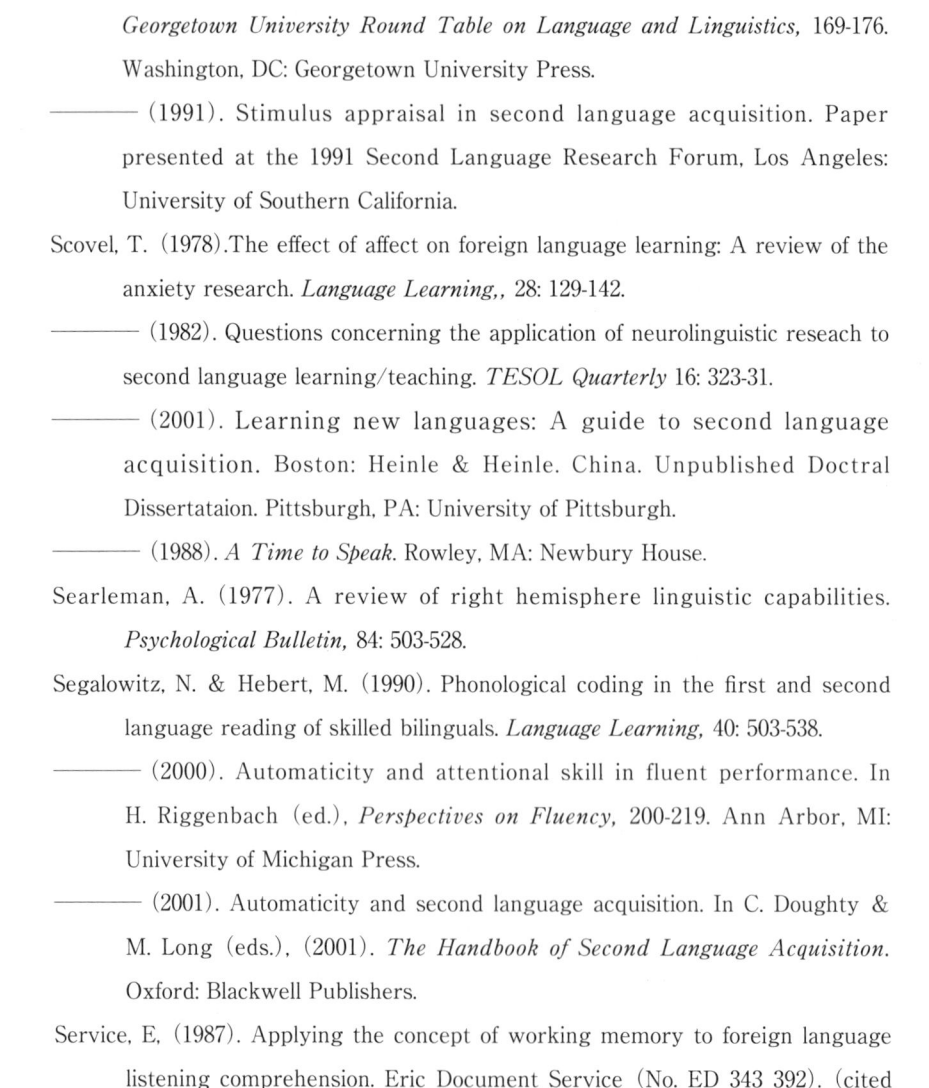

Service, E, (1987). Applying the concept of working memory to foreign language listening comprehension. Eric Document Service (No. ED 343 392). (cited by 門田 (2001)).

Shallice, T. (1982). Specific impairments of planning. *Philosophical Transaction of the Royal Society of London,* B, 298: 199-209.

Sharwood-Smith, M. (1981). Consciousness-raising and the second language learner.

Applied Linguistics, 2: 159-169.

―――― (1991). Speaking to many minds: On the relevance of different types of language information for the L2 learner. *Second Language Research*, 7: 118-132.

―――― (1993). Input enhancement in instructed SLA. *Studies in Second Language Acquisition*, 15: 165-179.

Silverberg, R., Bentin, S., Gaziel, T., Obler, L. & Albert, M. (1979). Shift of visual field preference for English words in native Hebrew speakers. *Brain and Language*, 8: 184-190.

Simard, D., & Wong, W. (2001). Alterness, orientation, and detection: The conceptualization of attentional functions in SLA. *Studies in Second Language Acquisition*, 23: 103-124.

Skehan, P. (1989). *Individual Differences in Second Language Learning*. London: Edward Arnold.

―――― (1998). *A Cognitive Approach to Language Learning*. Oxford: Oxford University Press.

Skutnabb-Kangas, T. (1981). *Bilingualism or Not: The Education of Minorities*. Clevedon: Multilingual Matters.

Smith, E. E., Jonides, J., & Koeppe, R. A. (1996). Dissociating verbal and spatial working memory using PET. *Cerebral Cortex*, 6: 11-20.

Smith, F. (1988). *Understanding Reading*. New York: Holt, Rinehart and Winston.

Smith, N. (1999). *Chomsky: Ideas and Ideals*. Cambridge: Cambridge University Press,

Soares, C., & Grosjean, F. (1981). Left hemisphere language lateralization in bilinguals and monolinguals. *Perception and Psychophysics*, 29: 599-604.

Sperry, R. W. (1968). Hemisphere deconnection and unity in conscious awareness. *American Psychology*, 23, 712-733.

Stanovich, K. E. (1980). Toward an interactive-compensatory model of individual differences in the development of reading fluency. *Reading Research*

Quarterly, 16: 32-71.

Stchit, T.G., Beck, L. J., Hauke, R. N., Kleiman, G. M., & James, J. H. (1974). *Auditing and Reading: A Developmental Model.* Alexandria, VA: Human Resources Research Organization.

Stern, H. H. (1970). *Perspectives on Second Language Teaching.* Toronto: Ontario Institute for Studies in Education.

Stromswold, K., Caplan, D., Alpert, N., & Rauch, S. (1996). Localization of syntactic comprehension by positron emission tomography. *Brain and Language,* 52: 452-473.

Susanne, R. (2002). The neurocognition of second language acquisition: The influence of proficiency level on cortical brain activation patterns. *Views,* 11 (1 & 2): 27-46.

Swain M. (1985). Communicative competence: Some roles of comprehensible input and comprehensible output in its development. In S. Gass & C. Madden (eds.), (1985). *Input in Second Language Acquisition.* 235-253. Rowley, MA: Newbury House.

─────── (1998). Focus on form through conscious reflection. In C. Doughty & J. Williams (eds.), *Focus on Form in Classroom Second Language Acquisition,* 64-81. Cambridge: Cambridge University Press.

─────── (2001). The output hypothesis and beyond: Mediating acquisition through collaborative dialogue. In J. P. Lantolf (ed.), *Sociocultural Theory and Second Language Learning,* 97-114. Oxford: Oxford University Press.

Talieber, L. K., Johnson, L. L., & Yarbrough D. B. (1988). Effects of pre-reading activities on EFL reading by Brazilian college students. *TESOL Quarterly,* 22: 455-472.

Tamai, K. (2000). Strategic effect of shadowing on listening ability. A Paper Presented at the 4th Conference on Foreign Language Education and Technology. Kobe, Japan.

Tarone, E. (1983). On the variability of interlanguage systems. *Applied Linguistics,*

4: 143-163.
Tarone, E. (1985). Variability in interlanguage use: A study of style-shifting in morphology and syntax. *Language Learning*, 35: 373-404.
────── (1988). *Variation in Interlanguage*. London: Edward Arnold.
Tesink, C., van den Noort, M., Vandemaele, P., Deblaere, K., Van Borsel, J., Vingerhoets, G. & Achten, E. (2002). Processing of multiple languages in the brain: An fMRI study. International Conference on Functional Mapping of the Human Brain, Japan.
Tomlin, R, S. (2003). Attention and SLA: Empirical and theoretical issues. A paper Presented at American Association of Applied Linguistics, Arlington, Virginia, USA.
────── & Villa, V. (1994). Attention in cognitive science and second language acquisition. *Studies in Second Language Acquisition*, 16, 2: 183-203.
Treisman, A. M. (1969). Strategies and models of selective attention. *Psychological Review*, 76: 282-299.
Truscott, J. (1998). Noticing in second language acquisition: A critical review. *SLA Research*, 14: 103-135.
Tulving, E., Schacter, D. L., & Stark, H. A. (1982). Priming effects in word-fragment completion are independent of recognition. *Canadian Journal of Psychology*, 18: 62-71.
Vaid, J. (1983). 'Bilingualism and brain lateralisation'. In S. Segalowitz (ed.), *Language Function and Brain Organisation*, 315-339, Academic Press.
────── & Genesee, F. (1980).Neurological approaches to bilingualism: A critical review. *Canadian Journal of Psychology*, 34: 417-445.
────── & Lambert, W. E. (1979). Differential cerebral involvement in the cognitive functioning of bilinguals. *Brain and Language*, 8: 92-110.
Van Patten, B. (1994). Explicit instruction and input processing. *Studies in Second Language Acquisition*, 15: 225-241.
Wagner, R. & Torgeson, T. (1987). The nature of phonological processing and its

casual role in the acquisition of reading skills. *Psychological Bulletin,* 101: 192-212.

Wagner-Gough, J. & Hatch, E. (1975). The importance of input data in second language acquisition studies. *Language Learning,* 25: 297-308.

Wanat, S. F. (1971). Linguistic structure in reading: Model from the research of project literacy. In F. B. Davix (ed.), *The Literature of Research in Reading with Emphasis on Models.* New Brunswick, N. J.: Rutgers-The State University.

Weaver, W. W. & Garrison, N. (1977). The coding of phrases: An experimental study. In A. J. Kingston (ed.), *Toward a Psychology of Reading and Language,* 113-118. Athens: University of Georgia Press.

────── & Kingston, A. J. (1971). Modeling the effects of oral language upon reading language. In F. B. Davis (ed.), *The Literature of Research in Reading with Emphasis on Models.* New Brunswick, N. J.: Rutgers-The State University.

Witelson, S. F. (1977). Early hemisphere specialization and interhemisphere plasticity: An empirical and theoretical review. In S. Segalowitz & Gruber F. A. (eds.), *Language Development and Neurological Theory.* New York: Academic Press.

Wolf D. (1993). Issues in reading comprehension assessment: Implications for the development of research instruments and classroom tests. *Foreign Language Annals,* 26, 3: 322-331.

Yamada, R. A. and Tohkura, Y. (1992). The effects of experimental variables on the perception of american english /r/ and /l/ by Japanese listeners. *J. Perception & Psychophysics,* 52, 4: 376-392.

Yingling, C. D. & Skinner, J. E. (1975). Regulation of unit activity in nucluer reticularis thalami by the mesencephalic reticular formation and frontal granular cortex. *Electoroencephalography and Clinical Neurophysiology,* 39: 635-642.

Yorio, C. A. (1971). Some sources of reading problems for foreign language learners. *Language Learning,* 21: 107-115.

Yoshida, M. (2000). Working memory capacity and the use of inference in L2 reading. A Paper Presented at Annual Conference of American Association of Applied Linguistics. Vancouver, Canada.

Zangwill, O. L. (1967). Speech and the minor hemisphere. *Acta Neurologica et Psychiatrica Belgica,* 67: 1013-1020.

和文文献

安西祐一郎他（編）(1994)．岩波講座・認知科学　第9巻『注意と意識』岩波書店．

乾敏郎 (1997)．言語機能の脳内ネットワーク『心理学評論』40：287-299．心理学評論刊行会．

岩田誠 (1987)．『脳とコミュニケーション』朝倉書店．

―――― (1996)．『脳とことば・言語の神経機構』共立出版．

上村和夫 (2000)．ポジトロンCTによる脳活動の画像化『脳から心へ――高次機能の解明に挑む――』360-367．岩波書店．

大石晴美 (1994)．読解のメタ認知過程おけるBreakdown．第33回大学英語教育学会．

―――― (1999)．言語情報処理の多次元的プロセスの探求-ListeningとReadingにおける情報処理方法について――『ことばの科学』第12号：93-112．名古屋大学言語文化部言語文化研究会．

―――― (2001a)．インプットからインテイクへの言語情報処理過程――言語の脳科学視点より英語教育への応用――『ことばの科学』第14号：321-340．名古屋大学言語文化部言語文化研究会．

―――― (2001b)．言語能力の多次元性についての神経学的考察――言語情報処理過程：ボトムアップ処理とトップダウン処理について――『金城学院大学論集』英米文学編42号：45-60．

―――― (2002a)．リスニングとリーディングにおける言語情報処理過程を探る――光トポグラフィ装置による脳科学的の解明に向けて――『金城学院大学論集』　英米文学編43号：25-47．

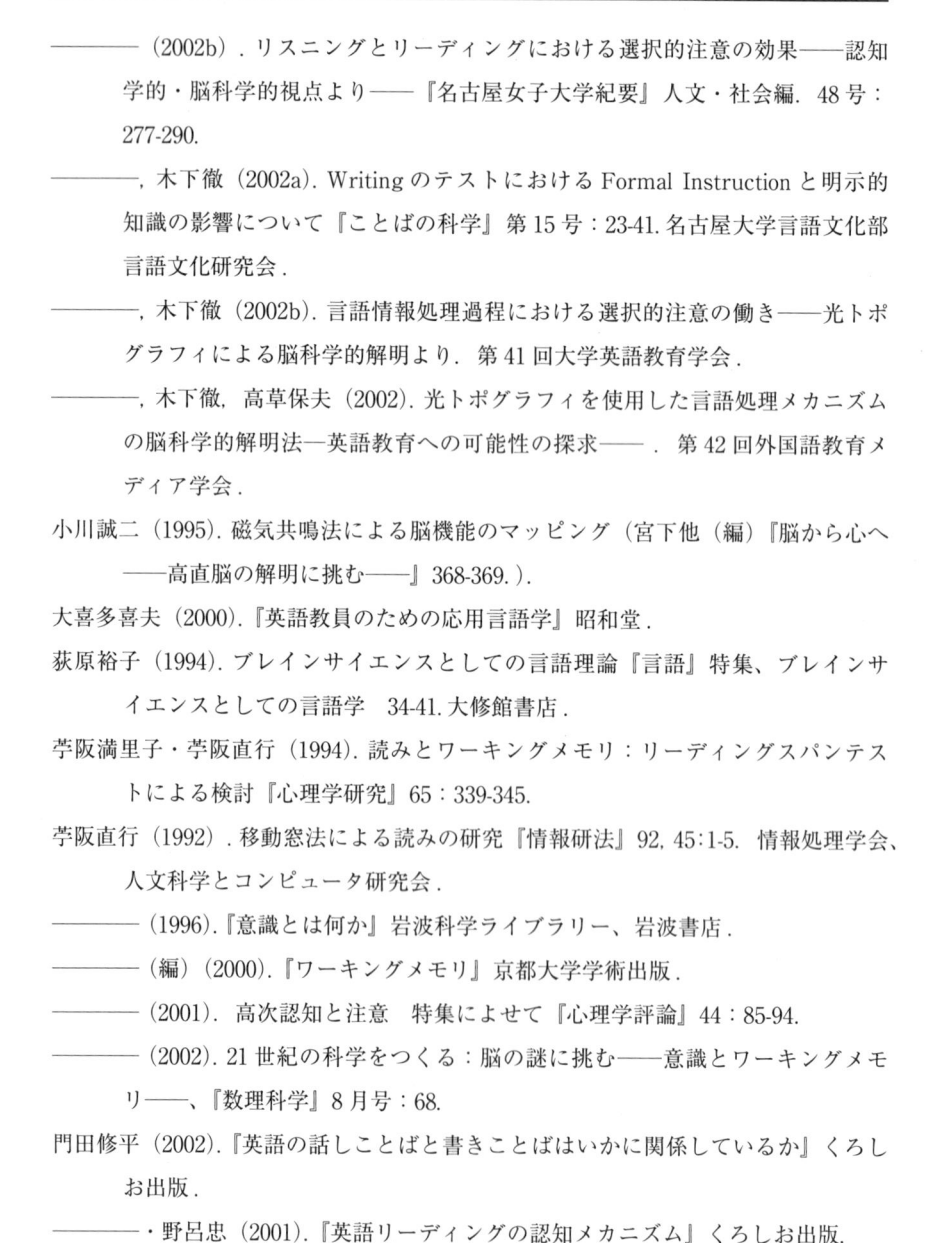

───── (2002b). リスニングとリーディングにおける選択的注意の効果──認知学的・脳科学的視点より──『名古屋女子大学紀要』人文・社会編. 48号：277-290.

─────, 木下徹 (2002a). Writingのテストにおける Formal Instruction と明示的知識の影響について『ことばの科学』第15号：23-41. 名古屋大学言語文化部言語文化研究会.

─────, 木下徹 (2002b). 言語情報処理過程における選択的注意の働き──光トポグラフィによる脳科学的解明より. 第41回大学英語教育学会.

─────, 木下徹, 高草保夫 (2002). 光トポグラフィを使用した言語処理メカニズムの脳科学的解明法─英語教育への可能性の探求──. 第42回外国語教育メディア学会.

小川誠二 (1995). 磁気共鳴法による脳機能のマッピング（宮下他（編）『脳から心へ──高直脳の解明に挑む──』368-369.）.

大喜多喜夫 (2000).『英語教員のための応用言語学』昭和堂.

荻原裕子 (1994). ブレインサイエンスとしての言語理論『言語』特集、ブレインサイエンスとしての言語学　34-41. 大修館書店.

苧阪満里子・苧阪直行 (1994). 読みとワーキングメモリ：リーディングスパンテストによる検討『心理学研究』65：339-345.

苧阪直行 (1992). 移動窓法による読みの研究『情報研法』92, 45：1-5. 情報処理学会、人文科学とコンピュータ研究会.

───── (1996).『意識とは何か』岩波科学ライブラリー、岩波書店.

───── (編) (2000).『ワーキングメモリ』京都大学学術出版.

───── (2001). 高次認知と注意　特集によせて『心理学評論』44：85-94.

───── (2002). 21世紀の科学をつくる：脳の謎に挑む──意識とワーキングメモリ──、『数理科学』8月号：68.

門田修平 (2002).『英語の話しことばと書きことばはいかに関係しているか』くろしお出版.

─────・野呂忠 (2001).『英語リーディングの認知メカニズム』くろしお出版.

川島隆太 (2003)『脳を育て、夢をかなえる──脳の中の脳「前頭前野」のおどろく

べき働きときたえ方』くもん出版.

小池生夫（編集主幹）(2003). 『応用言語学辞典』研究社.

小泉英明(2000). 光トポグラフィーが拓く21世紀の脳機能研究——トランスディシプリナリな研究へのアプローチ—『脳の科学』22, 12：1243-1254. 星和書店.

─── (2001). 脳機能イメージングと言語. *Computer Today*, 5：103.

河野守夫（編著）(1998).『認知・言語能力の発達におけるプロソデイーの役割——神経心理学的考察——』文部省重点領域研究.「認知・言語の成立」総括班.

齋藤洋典・都築誉史・楠見孝・乾敏郎(1996)「心的辞書と記憶表象の活性化・抑制過程」日本心理学会第60回大会シンポジウム「知識の自己組織化」.

酒井邦嘉(1997, 2001).『心にいどむ認知脳科学』記憶と意識の統一論　岩波科学ライブラリー48、岩波書店.

─── (2000). 光トポグラフィによる脳機能マッピング *Radioisotopes*, 49：115, 67-68.

─── (2002).『言語の脳科学』中公新書.

澤口俊之(2000). 脳内の言語処理過程　*Computer Today*, 3. 96：4-13.

白畑知彦他（編）(1999).『英語教育用語辞典』大修館書店.

高木貞敬(1996).『脳を育てる』岩波新書.

寺島俊雄(2004).「e-Learning 神経解剖学」神戸大学大学院医学系研究科脳科学講座神経発生分野.

中込和幸(1994). 脳における言語処理過程『言語』4：特集ブレインサイエンスとしての言語学 76-82. 大修館書店.

多賀厳太郎(2000). 光トポグラフィによる新生児の脳血流変化の観測『脳の科学』22. 12：305-1310. 星和書店.

天満美智子(1989).『英文読解のストラテジー』大修館書店.

牧　敦・Marcela Pena・Ghislaine Dehaene-Lambertz・川口文男・藤原倫行・市川祝善・小泉英明・Jacques Mehler（2000). 光トポグラフィによる乳幼児言語機能の計測『脳の科学』22. 12：1299-1304. 星和書店.

本状巖(編)(1999).『脳からみた言語』脳機能画像による医学的アプローチ、中山書店.

山下優一・牧敦・山本剛・小泉英明（2000). 光トポグラフィ技術の将来像『脳の科学』

22.12：1263-1268.星和書店.

山田恒夫・足立隆弘（1998）.『英語リスニング科学的上達法』講談社.

索　引

あ

アイカメラ　195
i + 1　13, 14, 44, 164
アウェアネス　awareness　31, 33, 81, 83
アクションダイアログ　action dialogue　45
Attention-Processing Model（注意-処理モデル）　1, 17, 27, 152
暗示的知識　implicit knowledge　12, 70
　→　明示的知識
意識　awareness/consciousness　1, 2, 4, 6-20, 22, 24-41, 44, 45, 48-52, 62, 66, 70, 72, 80, 81, 85, 87, 89, 98, 99, 106-121, 126-29, 139, 141, 152, 153, 160, 163, 169-171, 187, 190, 195, 199, 207, 208, 222, 242-244
　──的処理　1, 8, 9, 12, 19, 25, 26, 27, 31, 32, 49, 52, 70, 141, 152, 153, 190
　──的注意　conscious attention　8, 9, 29, 32, 44, 50, 51, 98,
　──の高揚　consciousness-raising　29, 40, 108
　──の脳モデル　45, 98
意味　semantic　7, 9-11, 14, 16, 30, 31, 33, 34, 37, 40, 41, 44-46, 52-54, 56-58, 60, 62, 65-68, 71, 75, 80, 82, 84, 85, 88, 94, 96-98, 101, 102, 106, 107, 110, 111, 120, 124, 127, 139, 150, 153, 158, 164
インターフェイスの立場　interface position　12, 17
インテイク　intake　2, 14, 20, 25, 29, 30, 40-44, 47, 48, 51, 119, 242
インプット　input　2, 13, 14, 16, 20, 25, 29-32, 36, 40-47, 48, 51, 56, 81, 98, 119, 139, 160, 163, 164, 191, 193, 242
　──仮説　The Input Hypothesis　13, 14, 29, 163
　──強化　30, 31
ウェルニッケ野　Wernicke's area　5, 92, 95-97, 99, 101, 102, 108, 110, 120, 127, 129-131, 133, 142, 148, 153, 159, 161, 164, 165, 174, 184, 186, 187, 189, 192, 194
右脳　right hemisphere　5, 92, 93, 103-107, 111, 124, 130-142, 174, 184
NRT　nucleus reticularis thalami　47-49, 119
エピソード　episode　78
fMRI　functional magnetic resonance imaging　2, 3, 50, 88, 93, 99, 109-115, 119, 121, 127, 198, 212, 214, 219, 225, 230, 240
MEG　magnetoencepharogram　2, 93, 213

縁上回　supramarginal gyrus　5, 88, 96, 97, 99, 101, 108, 110, 120, 127, 131, 133, 142, 148, 153, 159, 161, 164, 165, 174, 184, 186, 192
オートマティック処理（自動的処理・無意識的処理）　17-19, 23, 24, 152　→　コントロール処理
音韻符号化（音韻的な符号化）　101, 129
音韻ループ　phonological loop　81, 82, 88, 110, 142

か

角回　angular gyrus　5, 96, 97, 99, 101, 108, 110, 120, 127, 129, 131, 133, 142, 148, 153, 161, 164, 165, 174, 184, 186, 192
学習　learning　1-35, 37-52, 54-57, 59-62, 65-72, 74-76, 78-82, 84-87, 89, 91, 94, 101, 105-108, 111-115, 119-121, 124-132, 134-145, 147-184, 186-197, 199, 207, 209　→　習得
学習者の記憶容量　85
覚醒　33
カクテルパーティ現象　8, 36
過剰活性型　159, 173, 174, 177, 179, 182, 190, 191
可変性（ゆらぎ説）variability position　2, 5, 25-27, 141, 163, 171, 181, 193　→　中間言語の可変性
感覚記憶　sensory memory　69, 77, 78, 83
感覚貯蔵庫　sensory memory storage　78, 79
感覚野　sensory area　44, 96

眼球運動　eye movement　57, 62
眼球停留　eye fixation　62
還元ヘモグロビン（還元型ヘモグロビン）de-oxy hemoglobin,Hb　109, 116, 117, 119, 212, 214　→　酸化ヘモグロビン
干渉　interference　124
感知　33
記憶容量　85, 195
機械的学習　rote learning　46　→　有意味学習
気づき　noticing　2, 25, 29-32, 40, 44, 57, 199
――仮説　noticing hypothesis　29, 31
機能局在論　95
機能的磁気共鳴画像法　2, 93
機能的脳画像法　89
教授法開発　163, 182, 195, 196
共通仮説　63, 66, 67
局在化　localization　92, 103, 106
筋電位　EMG: electromyogram　101
警戒　alertness　35
形式教授　formal instruction　140, 141, 191
形式的知識　21, 31
ゲート機能　48
劇場のメタファ　32, 51
ゲシュタルト学習（形態的学習）gestalt learning　18, 19
言語運用　performance　69-72, 74, 120, 170
――能力　69-71, 74, 170
言語形式の焦点化　Focus on Form　31

言語習得の生態学的モデル　The ecology of language acquisition　43
言語情報処理過程　1, 8, 19, 31, 44, 63, 69, 75, 91, 96, 128, 199, 242, 243
言語処理　153, 154, 158, 161, 173, 187, 190-195, 243, 244
言語習得装置　LAD: Language Acquisition Device　13, 98
言語知識　linguistic knowledge　1, 12-14, 21-27, 29, 62, 70, 73, 74, 121, 152, 163, 164, 170, 171
言語能力　linguistic competence　14, 43, 70-74, 76, 87, 92, 97, 98, 104, 141, 150, 152, 170, 194, 242, 244
言語のモジュール　5, 98, 113, 142, 143, 147, 148, 153, 191
言語野　language area　5, 6, 95, 97, 99, 102, 108, 109, 112, 120, 126-130, 133, 142, 143, 148, 153-59, 161, 164, 165, 169, 171, 173, 174, 176-187, 190-195
顕在的知識　explicit knowledge　12, 15-17, 20, 21, 25, 26, 40, 51, 70, 141, 162, 163, 170, 171　→　潜在的知識
後期バイリンガル　late bilingual　138
高次脳機能測定装置　51, 77
後頭葉　occipital lobe　94, 96
コミュニケーション能力　communicative language ability　16, 73
コンテントスキーマ　content schema　55, 171
コントロール処理（意識的処理）control processing　17, 19, 23, 24, 152　→ オートマティック処理

さ

再構成　restructuring　2, 19
最適脳活性状態（最適活性型）　optimal activation pattern　50, 152, 153, 161, 190, 191
左脳　left hemisphere　5, 91-93, 96, 103-107, 124, 126, 130-145, 147-150, 153, 155, 164, 165, 174, 184, 185, 191, 192, 195
　――優位性　92, 137, 141
酸化ヘモグロビン（酸化型ヘモグロビン）oxy-hemoglobin,Hb　3, 112, 114, 117-120　→　還元ヘモグロビン
自意識　33,
視覚情報　53, 57-59, 61, 63, 83, 96,
　――貯蔵　visual information store　57
視空間スケッチパッド　visuo-spatial sket-chpad　81, 82, 88, 142
刺激　stimulus　6, 10, 11, 32, 33, 37, 42, 45-48, 92, 93, 102-104, 108-110, 112, 120, 128, 196
自己モニター　33,
視床網様核　47　→　NRT: nucleus reti-cularis thalam
自然習得順位仮説　The Natural Order Hypothesis　13,
失語症　aphasia　5, 74, 91, 92, 101-103, 111, 130
自動化　automatization　3, 4, 6, 8-10, 12, 19, 22-25, 28, 29, 38, 40, 50, 61, 62, 89, 91, 121, 129, 143, 152, 153, 159, 161, 162, 173, 183, 185, 187, 188, 194

自動性　automaticity　　2, 4, 13, 21-23, 25, 152
自動的活性化　automatic activation　　8, 9
自動的処理　automatic processing　　1, 6, 8-12, 14, 19, 20, 21, 25-28, 38, 44, 52, 70, 131, 152, 153, 159, 169, 182, 187, 194, 199　→　意識的処理
自動的注意　automatic attention　　44　→　意識的注意
社会言語能力　sociolinguistic competence　　73
習得　acquisition　　1-4, 6, 8, 11-18, 20, 21, 24-31, 34, 35, 39-45, 48-52, 66, 67, 69, 71, 74, 90, 91, 94, 98, 103-107, 111, 113, 115, 131, 137, 138, 141, 148, 151, 152, 164, 183, 190, 195, 198-200, 218　→　学習
――学習仮説　The Acquisition-Learning Hypothesis　　13, 17, 18, 25, 28, 141, 190
周辺的注意　peripheral attention　　19
受動的注意　passive attention　　32　→　能動的注意
情意フィルター仮説　The Affective Filter Hypothesis　　13, 16
焦点的注意　focal attention　　19
情報処理のしくみ　　8, 52
情報の保持　　75, 80
処理と保持のトレードオフ　　82, 84, 89
処理容量　processing capacity　　9, 60, 61, 192
神経言語学　neurolinguistics　　69, 94, 99, 103, 110

心的資源　mental resource　　9
心的辞書　mental lexicon　　75, 244
心理言語学的推理ゲーム　psycholinguistic guessing game　　64
スキーマ（背景知識）schema　　6, 11, 52, 54, 55-58, 65, 66, 75, 76, 111, 121, 122, 171-173, 175, 181-183, 188, 189, 191, 193, 194
――理論　schema theory　　11, 55, 56, 65, 76, 171, 172
スキャニング　scanning　　36, 50
スキル　skill　　19, 22, 35, 38, 52, 65, 66, 73, 105
スクリプト　script　　54, 55, 65
ストラテジー　strategy　　7, 20, 29, 37, 38, 40-42, 51, 61, 64, 66, 87, 120, 121, 125, 126, 128, 130, 133, 137, 139, 149, 150, 165, 175, 185, 192, 196, 197, 244
スポットライト　spot light　　32, 50, 51
正書法　orthographic　　57
生成文法　generative grammar　　71, 94
生得的　innateness　　13, 42, 98
切断脳　split brain　　92
宣言的知識　declarative knowledge　　22, 70　→　手続き的知識
潜在的知識　implicit knowledge　　12, 15-17, 20, 21, 25, 26, 40, 44, 51, 70, 106, 141, 162, 163, 169, 171　→　顕在的知識
選択的活性型　selective activation pattern　　159, 173, 174, 176, 177, 179, 182, 190, 191
選択的注意　selective attention　　4, 6, 25, 29, 31-54, 57, 60, 62, 64, 76, 77, 80-85,

索　引　251

87-89, 115, 119, 121, 127, 140, 160, 161, 169, 170, 173, 192, 193, 243
前頭前野　88, 89, 142, 143, 191, 244
前頭葉　frontal lobe　5, 88, 94, 124, 142-145, 147-151, 191, 192, 195
相違仮説　66, 67
早期バイリンガル　111, 138
相互作用（インタラクティブ）interactive　45, 48, 52, 54, 56-62, 66, 70, 75, 76, 79, 86, 95, 96, 140, 171
──モデル（インタラクティブモデル）interactive model　52, 57, 76
促進性不安　facilitating anxiety　16
→　抑制性不安
側頭葉　temporal lobe　74, 88, 91, 94, 97, 131-133, 142, 165, 174, 184, 195

た

第一効果　first effect　103
第一次視覚野　primary visual area　96
第一次聴覚野　primary auditory area　96
第二言語習得　SLA: Second Language Acquisition　1-4, 6, 8, 11, 12, 20, 30, 34, 39, 40, 42, 44, 45, 50, 90, 91, 94, 105, 107, 111, 113, 131, 137, 138, 148, 151, 190, 199, 218
大脳皮質　cerebral cortex　3, 47, 92, 94-96, 116-120, 195, 196, 212, 213
タキストスコープ　tachistoscope　92
ためらい　hesitation　74
単一仮説　73
段階仮説　The Stage Hypothesis　5, 104, 105, 131, 132, 134-139, 142, 191

段階的学習（連続学習）incremental learning　18, 19
短期記憶　short-term memory　31, 36, 41, 65, 77-81, 83, 111　→　長期記憶
短期貯蔵庫（短期記憶貯蔵庫）short-term storage　79, 80, 82
談話能力　discourse competence　73
知識の操作性　1, 21, 22, 152
知識の分析性　21
注意資源　attentional resource　9, 60-62, 82, 85
注意と読みのモデル　attention and reading model　60
注意のモデル　82
中央実行系　central executive　81, 88, 142
中間言語　interlanguage　2, 5, 26, 40, 141, 162, 163, 169, 171, 181, 193
──の可変性（ゆらぎ説）　5, 26, 141, 163, 171, 181, 193　→　可変性
聴覚野　auditory area　44, 88, 96, 97, 99, 101, 108, 110, 112, 120, 127, 129, 131, 133, 142, 148, 153, 159, 161, 164, 165, 174, 184, 186, 192
長期記憶　long-term memory　14, 17, 31, 36, 41, 55, 57, 58, 65, 76-81, 83, 89, 96, 172　→　短期記憶
長期貯蔵庫（長期記憶貯蔵庫）long-term storage　80
調整　tuning　2, 19, 32, 61
貯蓄システム　36
適応　orientation　35, 102
手続き的知識　procedural knowledge　22, 70　→　宣言的知識

電気刺激　48, 92
動機づけ　motivation　16
統　語　syntactic　57, 58, 63, 86, 98, 99, 105, 107, 153, 183, 188
統制　control　2, 22
特徴抽出装置　feature extraction device　57
トップダウン処理　top-down processing　46, 52, 54, 56-58, 60-62, 65, 66, 69, 70, 75, 76, 79, 80, 82, 85, 86, 139, 140, 172, 242
トレードオフ　trade-off　82-85, 89

な

認知資源　cognitive resource　40, 61, 83-87, 148
認知的経験則　rules of cognitive experiences　1, 2, 4, 28, 50, 91, 129, 130
認知的能力　70-72
認知のくぎ　cognitive peg　46, 84
認知の認知　cognition of cognition　37
脳活性パターン（脳活性状態）　104, 121, 155, 173, 174, 190, 198
脳幹　brain stem　116, 117, 212
脳機能　2, 3, 4, 28, 44, 49-51, 77, 91, 93, 94, 96, 97, 99, 101-104, 106, 108, 109, 111-113, 115, 116, 119, 124, 127, 130, 131, 142, 165, 196, 197, 199, 213-215, 243-245
脳機能イメージング法　2, 50, 99, 109, 112, 214
脳機能測定装置　4, 28, 49, 51, 77, 93, 102, 124, 165
脳血流増加量の割合　134, 143, 152, 153, 164, 167, 174, 175, 187, 192-194
脳血流量　6, 7, 92, 94, 108, 109, 113, 119, 120, 121, 124, 125, 128, 129, 159, 161-164, 169, 170, 173, 181, 183, 195, 196, 200
　――の解釈　6
脳磁図　2, 93　→　MEG
脳図　brain map　94, 95, 120, 124, 142, 211, 213
脳損傷　brain damaged　91, 92, 103
能動的注意　32　→　受動的注意
脳のしくみ　71, 94
脳の世紀　115, 197
脳波計　EEG: electroencephalograph　116, 131, 196
能率性　2, 22
脳梁　corpus callosum　92, 94, 104, 130
ノン・インターフェイスの立場　non-interface position　12
ノンパラメトリック　125, 134, 144, 155, 166, 175, 185

は

背景知識（スキーマ）　background knowledge/schema　6, 11, 19, 38, 42, 44, 45, 58, 79, 83, 96, 102, 171, 207, 208
バイリンガル　5, 58, 59, 103-105, 111, 112, 130, 131, 137, 138
　――の失語症　5, 111, 130
　――の脳　103, 111
パターン統合器　pattern synthesizer　57
発見　detection　35, 38, 49, 92, 129, 211
反応　response　11, 20, 21, 37, 103,

索引 253

108, 110, 120, 128, 196, 198
PET　positron emission tomography
　　2, 3, 50, 93, 97, 108-110, 112, 113, 115,
　　119, 216, 219, 238
PDPモデル　parallel distributed processing
　　74-76　→　並列分散処理
光トポグラフィ　optical topography
　　3, 4, 6, 93, 112, 113, 115-121, 124-129,
　　133, 144, 152, 165, 174, 184, 190,
　　194-196, 198-215, 243-245
非視覚情報　58, 59, 61
飛翔運動　62
非侵略的脳機能計測装置　116
不安　anxiety　16, 198
フィルター　filter　13, 15, 16, 32, 36, 44,
　　45, 48, 84, 160
　──モデル　The Filter Model　36
フォーマルスキーマ　formal schema
　　55, 171
普遍文法　Universal Grammar　31, 71,
　　94, 98
プライミング効果　priming effect　10,
　　11
プランニング　planning　23, 24
フレーム　55
ブロードマン　Brodmann　94, 95, 120,
　　124, 142
　──の脳図　Brodmann brain map
　　94, 95, 120, 124, 142
プローブ　probe　119, 120, 124, 127,
　　133, 144, 165, 174, 184, 199
ブローカ野（ブローカ領域）Broca's area
　　91, 95-97, 99-102, 108, 110, 153
分散協調説　88, 89, 142, 191

分析性　analytic　21, 25
文法指導　grammar teaching　31
併用仮説　66
並列分散処理　parallel distributed
　　processing　74　→　PDPモデル
方略の能力　strategic competence　73
ボトムアップ処理　bottom-up processing
　　45, 52-54, 56-58, 60-62, 65, 66, 70, 75,
　　76, 78, 79, 82, 85, 86, 89, 101, 139, 140,
　　172, 242
ボトルネック　36, 88

ま

無意識的注意　unconscious attention
　　32　→　意識的注意
無活性型　non-activation pattern　159,
　　173, 174, 177, 179, 180, 181, 190, 191
明示的知識　explicit knowledge　12,
　　70, 243　→　暗示的知識
メタ認知　metacognition　7, 29, 37, 38,
　　40-42, 51, 57, 72, 73, 120, 121, 125, 126,
　　128, 130, 137, 139, 192, 196, 242
　──ストラテジー　metacognitive strategy
　　29, 37, 38, 40-42, 51, 120, 121, 125,
　　126, 130, 137, 139, 192, 196
メンタルモデル　mental model　65
メンタルレキシコン　mental lexicon
　　62
モニター　monitor　13-15, 33, 42, 81,
　　160
　──仮説　The Monitor Hypothesis
　　13, 14

や

有意味学習　meaningful learning　46, 84　→　機械的学習
ゆらぎ説（中間言語の可変性）　2
陽電子放射断層法　PET: position emission tomography　2, 93
読みの1秒間モデル　one second of reading model　53
抑制性不安　debilitating anxiety　16　→　促進性不安

ら

リーディングスパン　reading span　86, 87, 90, 148, 149, 195, 243
──テスト　reading span test: RST　86, 87, 90, 148, 149, 195, 243
リーディングモデル　38, 64
リカーシブ　33, 81, 83
リスニングスパン　listening span　149, 195
──テスト　listening span test: LST　149, 195
リハーサル　rehearsal　23, 24, 31, 32, 41, 78, 79, 80, 82, 89, 110
流暢さ　fluency　9, 10, 23
領域局在説　87-89, 142, 143, 147, 149
両耳分離聴法　dichotic listening　34, 93
臨界期　critical period　138

わ

ワーキングメモリ　working memory　4, 5, 30-32, 36, 41, 54, 57, 61, 62, 77-90, 98, 99, 142, 143, 147-151, 191, 192, 195, 243
──の容量　30, 78, 82, 84, 87, 148
──モデル　working memory model　81, 83, 89

◆◇著者略歴◆◇

大石晴美（おおいし・はるみ）

愛知県瀬戸市生まれ。1992年 サンフランシスコ州立大学大学院英語学研究科（TEFL/TESL）修士課程修了。2003年 名古屋大学大学院国際開発研究科国際コミュニケーション専攻博士後期課程修了 博士（学術）。現在、岐阜聖徳学園大学経済情報学部准教授（英語教育学）。2005年度大学英語教育学会賞（新人賞）受賞。著書に田中春美他編『社会言語学への招待』（共著）ミネルヴァ書房、1996年他。

脳科学からの第二言語習得論

2006年 3月28日　初版第1刷発行
2009年10月20日　初版第4刷発行

著　者　大石晴美
発行者　齊藤万壽子
〒606-8224　京都市左京区北白川京大農学部前
発行所　株式会社 昭和堂
振替口座　01060-5-9347
TEL (075) 706-8818 / FAX (075) 706-8878

ⓒ大石晴美，2006　　　　　　　　印刷 亜細亜印刷

ISBN 4-8122-0618-9

＊落丁本・乱丁本はお取替いたします。
Printed in Japan

大喜多喜夫 著
英語教員のための応用言語学
――ことばはどのように学習されるか

A5判 272頁
定価 2940円

大喜多喜夫 著
英語教員のための授業活動とその分析

A5判 232頁
定価 2940円

中井 悟 著
言語学は自然科学か

A5判 224頁
定価 3990円

京都ノートルダム女子大学
人間文化学部英語英文学科 編
応用英語研究論集
――英語圏をひもとく新たなるアプローチ

A5判 250頁
定価 3990円

（定価には消費税5%が含まれています）

昭和堂